pfeiffer

Zu diesem Buch

Die in diesem Band zusammengefaßten Arbeiten des Autors aus den letzten Jahren gehen von dem Ärgernis aus, daß die Psychoanalyse zu einem immer subtileren Verständnis gesunden wie gestörten menschlichen Erlebens geführt und dabei schon früh die Grenzen des Individuums in Richtung auf Familie und Institutionen der Gesellschaft überschritten hat, in ihren Therapiekonzepten und Behandlungsmethoden jedoch diesem Theoriestand nicht entspricht. Die Aufsätze dieses Bandes entwickeln die theoretischen Grundlagen in einem systemtheoretischen Rahmen und ziehen die Konsequenzen für eine umfassende differenzierte psychoanalytisch-systemische Behandlungstheorie. Die Arbeiten greifen die unterschiedlichen mannigfaltigen Herausforderungen auf, denen Therapeuten heute in unserer spannungsvoll sich wandelnden Gesellschaft gegenüberstehen. Die Ausweitung des Behandlungsbereiches auf schwerer gestörte Patienten, die Vorzüge der Familientherapie, die stationäre Behandlung von Patienten und die Gruppentherapie werden dabei besonders berücksichtigt.

Prof. Dr. phil. Peter Fürstenau ist Leiter des Instituts für angewandte Psychoanalyse in Düsseldorf und Honorarprofessor im Fachbereich Humanmedizin der Universität Gießen.

Peter Fürstenau

Entwicklungsförderung durch Therapie

Grundlagen psychoanalytisch-systemischer Psychotherapie

Verlag J. Pfeiffer · München

Die Deutsche Bibliothek – CIP-Einheitsaufnahme
Fürstenau, Peter:
Entwicklungsförderung durch Therapie: Grundlagen psychoanalytisch-systemischer Psychotherapie / Peter Fürstenau. – München: Pfeiffer, 1992
(Reihe leben lernen; Nr. 81)
ISBN 3-7904-0590-6
NE: GT

Reihe »Leben lernen«
Nr. 81
herausgegeben von Monika Amler und Siegfried Gröninger

Printed in Germany
Druck: G. J. Manz AG, Dillingen
Umschlagentwurf: Hermann Wernhard

ISBN 3-7904-0590-6

Inhalt

Vorwort

Die in diesem Band zusammengefaßten Aufsätze der letzten Jahre enthalten Studien des Verfassers zu einer umfassenden psychoanalytischen Praxeologie, die die Anwendungschancen der Psychoanalyse möglichst auszuschöpfen und die leidige Unterscheidung von »eigentlicher Psychoanalyse« und »Psychotherapie« in einer kohärenten umfassenden Konzeption zu überwinden sucht. Die Arbeiten gehen von der Beobachtung aus, daß die bei uns heute praktizierte Psychoanalyse und die mit ihr verbundene Lehre und Fortbildung diese Möglichkeiten nicht ausschöpfen, sondern in der Gefahr sind, einerseits in einer bestimmten begrenzten Tradition zu erstarren, andererseits als eine theorielose »tiefenpsychologisch fundierte Psychotherapie« jeglichen wissenschaftlichen Anspruch zu verfehlen. Gegenüber diesen Verhältnissen plädiert der Verfasser für ein erweitertes psychoanalytisches Paradigma, das den mannigfaltigen unterschiedlichen Umständen und Umgebungsbedingungen der Anwendung von Psychoanalyse ausdrücklich konzeptionell Rechnung trägt. Nach seiner Auffassung bewegt sich der Psychoanalytiker stets in einem mehrdimensionalen klinischen Entscheidungsraum, dessen Strukturen ausdrücklich reflektiert werden müssen, wenn psychoanalytische Gesichtspunkte und Methoden optimal angewandt werden sollen. In diesem Sinne sind die Aufsätze Fortsetzungen und Konkretisierungen früherer Arbeiten des Verfassers (Fürstenau 1979).

Anknüpfungs- und Ausgangspunkt solcher Überlegungen ist der Ich-Begriff Freuds, der sich immer mehr als wissenschaftlich produktiv und weitsichtig konzipiert erweist. Indem Freud dem Ich die Aufgabe zuweist, zwischen der inneren (Erlebnis-)Welt einschließlich der in ihr repräsentierten Leiblichkeit und der Außenwelt (Umgebung) zu vermitteln, formuliert er nicht nur ein Ziel gelingenden Lebens, sondern auch ein Ziel für Beratung und Psychotherapie. Die von ihm beschriebenen unbewußten Mechanismen und Prozesse, insbesondere die Abwehrvorgänge, lassen sich in Hinblick auf diese Aufgabe der Vermittlung im Einzelfall als adaptiv oder hemmend, einschränkend bewerten. Die Beschäftigung mit »dem Unbewußten« hat sich an dem Ziel einer bestmöglichen Vermittlung zwischen innerer Welt einschließlich erlebter Leiblichkeit und Außenwelt zu orientieren. Sie ist nicht Selbstzweck, weder in der Forschung und Lehre noch in der therapeutischen oder sonstigen Anwendung.

Die Produktivität des Ich-Begriffs erweist sich unter anderem auch darin, daß dieser Begriff den Anschluß an die gegenwärtige Sozialwissenschaft mühelos ermöglicht, die sich als systemische Theorie zu entfalten beginnt. Diese systemische Theorie fokussiert Systeme unter dem Gesichtspunkt der Bewältigung und Gestaltung ihrer Existenz in der Umwelt. Diese Umweltgerichtetheit ist als »Objektbeziehungstheorie« in Verbindung mit der entwicklungsgeschichtlich orientierten psychoanalytischen Ich-Psychologie ein wesentlicher Aspekt des gegenwärtigen theoretischen Verständnisses innerhalb der Psychoanalyse. Diese Perspektive sieht das Individuum in seinem familiale und nichtfamiliale Momente enthaltenden Beziehungsnetz und die Familien und Institutionen in ihrer Intention, ihr Überleben in der umgebenden Gesellschaft zu sichern und produktiv zu gestalten. Wegen des Heranwachsens der Kinder und des Alterns der Erwachsenen befinden sich Familien in einem kontinuierlichen Transformationsprozeß, und dasselbe gilt für den einzelnen im Laufe seines Lebens. Seelische Erkrankung und Gesundung und damit zusammenhängend die Suche nach Beratung und Therapie hängen mit den Krisen dieses Transformationsprozesses zusammen.

Psychoanalytische Beratung und Therapie gewinnen aus dieser Perspektive lebenslanger Veränderung, die den einzelnen wie die Familien, übrigens auch die Institutionen, immer wieder vor neue Aufgaben der Lebensbewältigung stellt, ihre Ziele, ihre Thematik und ihre Methodik. Letzteres insofern, als die psychoanalytische Beziehung eine nach dem Muster einer angemessenen Eltern-Kind-Relation konstruierte artifizielle Helferbeziehung ist. Darin liegt das suggestive Moment einer jeden Beratungs- und Behandlungsbeziehung. So, wie Eltern ihren Kindern von Geburt an bis zum Erwachsensein je nach ihrer Eigenart und ihrem Alter in unterschiedlicher Weise helfend zur Verfügung stehen und dies je nach ihrer eigenen seelischen Verfassung in dieser oder jener Hinsicht erfolgreich oder weniger erfolgreich tun, stellt die psychoanalytische Behandlungs- oder Beratungsbeziehung den Therapeuten vor die Aufgabe, je nach den persönlichen Umständen seines Klienten oder Klientensystems eine fachlich angemessene kompetente Hilfe-Beziehung einzugehen. Für die konsequente Reflexion der damit umrissenen Beratungs- und Behandlungstheorie als Praxeologie möchte der Verfasser mit seinen Ausführungen eine Grundorientierung anbieten. Diese Perspektive führt zur Revision mancher nicht voll reflektierter Traditionen in diesem Bereich.

Der Verfasser wünscht sich Leser, die sich von den Herausforderungen der umrissenen Aufgabe ansprechen und zur Mitarbeit an der Diskussion, Formulierung und Konkretisierung eines erweiterten psychoanalytisch-systemischen Paradigmas gewinnen lassen.

Wandlungen des Verständnisses und der Therapie psychogener Störungen in jüngster Zeit

In der jüngsten Zeit hat sich ein beträchtlicher Wandel bezüglich des Verständnisses und der Therapie psychogener (erlebnisbedingter) Störungen vollzogen, dessen Konsequenzen noch nicht voll zu übersehen sind. Die wichtigste Veränderung ist eine wesentlich engere Verknüpfung von Verständnis (Theorie) und Therapie (Praxis) erlebnisbedinger Störungen als dies früher üblich und möglich war. Das hängt mit der wissenschaftstheoretischen Einsicht zusammen, daß Erforschung wie Therapie erlebnisbedingter (psychischer) Störungen nur innerhalb von Beziehungen (Interaktionen) möglich ist (Devereux 1973, 1974, 1984) und eine diesen Sachverhalt nicht primär berücksichtigende Verfahrensweise, die sich als bloße Beschreibung von Störungen (Krankheiten) versteht, das spezifisch Erlebnisbedingte, Psychische verfehlt. Dies hat zu einer Krise der beschreibenden Lehre von »den Krankheiten« (Nosologie, Psychopathologie) und der nicht interaktionell ausgerichteten Therapeutik geführt, die bestimmte Krankheiten mit bestimmten Behandlungsmethoden zu kurieren sucht. Im folgenden werden zunächst (Abschn. A) die wesentlichen Wandlungen des Verständnisses erlebnisbedingter Störungen, dann (Abschn. B) die der Therapie von Menschen, die an solchen Störungen leiden, dargestellt.

A) Verständnis psychogener Störungen

Die Geschichte des Verständnisses erlebnisbedinger Störungen der letzten Jahrzehnte führt von der Beschreibung punktueller grober Auffälligkeiten und auffälliger Veränderungen des Sichverhaltens und Sichbefindens, deren Klassifizierung als seelischer Krankheiten und Störungsformen sowie der Registrierung der diesen Krankheiten und Störungen jeweils zugeordneten seelischen „Mechanismen“

zu einem subtilen Verständnis unterschiedlicher gesunder wie gestörter Persönlichkeitsstrukturen als Verlaufsstrukturen. Zudem wurden diese Verlaufsstrukturen nach innen wie nach außen genauer erforscht. Unser Verständnis wurde so an jeder Stelle dichter und zugleich umfassender, weiter: Immer weitere systemische Zusammenhänge wurden als für das Verständnis einer bestimmten seelischen Auffälligkeit oder Störung relevant erkannt. Die Ausweitung geschah sowohl in diachroner (entwicklungsmäßiger, das Nacheinander betreffender) wie synchroner (das gleichzeitige Nebeneinander betreffender) Richtung.
Die Vorstellung erlebnisbedinger Krankheiten und Störungen wandelte sich diachron zu dem Konzept unterschiedlicher sich lebenslänglich verändernder Persönlichkeitsstrukturen, deren auffällige bzw. krankhafte Züge nur auf dem Hintergrund der gesamten Entwicklung von Geburt (eigentlich Konzeption) an bis zur jeweiligen Gegenwart in ihrer Entstehung, Eigenart und Veränderlichkeit verständlich werden. In synchroner Hinsicht ergab sich in den letzten Jahren, daß selbst diese sich lebenslang verändernden Persönlichkeitsstrukturen mit unterschiedlichen Zügen in ihrer Entstehung, Eigenart und Dynamik nur durchsichtig werden, wenn die (früheren und gegenwärtigen) Lebensverhältnisse und -bezüge (Familie und Verwandtschaft, Arbeitsverhältnisse, gesellschaftlich-kulturelle Einbettung) mitberücksichtigt werden. Diese synchrone Ausweitung zum Verständnis psychosozialer Systeme bedeutet zugleich eine Ausweitung der diachronen Perspektive: Denn die jeweils aktuellen Lebensverhältnisse haben ja eine umfassendere Geschichte als die jeweils fokussierte Einzelperson.
Dies erweiterte Verständnis gesunder wie gestörter Erlebnisverarbeitung mündet in einer dynamischen Theorie der Entwicklung von Menschen in psychosozialen Verbänden (Familiensystemen) mit mehrfachem Positionswechsel des einzelnen im Laufe seines Lebens: Kind, Erwachsener, Elternteil, Schwiegerelternteil, Großelternteil. Erlebnisbedingte Störungen entwickeln sich latent, werden (durch Dekompensation oder schleichend) akut, remittieren, rezidivieren, alles dies im Kontext psychosozialer (systemischer) Konstellationen. Psycho- bzw. Soziotherapie ist dann eine künstliche (zwar nicht familiale, aber doch familienähnliche)

»systemische Konstellation«, durch die dieser Prozeß möglicherweise beeinflußt werden kann. Mit dieser letzten Bemerkung ist bereits angedeutet, worauf die bereits oben erwähnte wechselseitige Annäherung von Verständnis (Theorie) gesunden wie gestörten psychosozialen Lebens und einschlägiger Therapie (Praxis) beruht: Die konsequente Verfolgung der interaktionellen Perspektive führt zugleich zu einem grundlegenden Verständnis der psycho- bzw. soziotherapeutischen Beziehung und damit auch der Chancen und Möglichkeiten psycho- bzw. soziotherapeutischer Intervention (ggf. im Zusammenhang mit somatischer Therapie). Störungsverständnis und therapeutisches Handeln werden zunehmend durch einen gemeinsamen und umfassenden Verständnis-(Sinn-, Bedeutungs-)zusammenhang bestimmt und damit aufeinander beziehbar, ein entscheidender Fortschritt der Therapeutik erlebnisbedingter Störungen. Umrisse einer solch umgreifenden psychotherapeutischen Praxeologie werden jetzt erkennbar.

I. Entwicklungsperspektive

Die Entwicklungsperspektive besagt, daß sich eine psychogene Störung nur aus dem Zusammenwirken von Einflüssen in jeder der bisher durchlaufenen Entwicklungsphasen der betreffenden Person hinsichtlich Entstehung, Aufbau, Verlauf und prognostischer Erwägungen verschiedener Art verstehen läßt, daß also alle psychogenen Störungen nur auf dem Wege einer systematischen Rückverfolgung bis zur Geburt der betreffenden Person in ihrer Eigenart, Entstehung und Verlaufsform durchsichtig werden. Es muß unter diesen Umständen davon ausgegangen werden, daß sämtliche Entwicklungsphasen zur Bildung der betreffenden Störungen (als eines Zuges einer Verlaufsstruktur) beigetragen haben: im positiven (verstärkenden), negativen (abschwächenden) oder sonst modifizierenden Sinne. Die bisher geläufige Vorstellung einer mehr oder minder regelhaften Zuordnung bestimmter Störungstypen zu bestimmten Entwicklungsphasen hat demgemäß nur noch die Bedeutung eines seltenen Grenzwertes.
Diese Entwicklung hat beispielsweise die psychoanalytische Krank-

heitslehre in eine ziemliche Krise gebracht. Denn es hat sich immer mehr gezeigt, daß ähnliche Störungen (im Sinne von Syndromen) sehr unterschiedlich entwicklungsmäßig determiniert sein können und daß nur eine systematische Berücksichtigung dieser Entwicklungs-(Schichtungs-)Konstellation die Chance hat, zu angemessenen klinisch-therapeutischen Prognosen und Entscheidungen zu führen (Blanck u. Blanck 1974, 1979; Gedo 1979, 1981; Kernberg 1981).

Zwei Forschungs- und Konzeptualisierungsschwerpunkte der letzten Jahre waren für die damit angedeuteten – folgenreichen – Veränderungen von besonderer Bedeutung: die Erforschung der Phase der Ich- bzw. Selbst-Bildung (im Gegensatz zu den späteren Phasen der Entwicklung des strukturell ausgebildeten Selbst bzw. Ich) und die Ausweitung der Entwicklungsperspektive auf das gesamte Leben.

In den letzten Jahren hat sich eine Konvergenz verschiedener Forschungsansätze ergeben, die sich mit den psychosozialen Prozessen der Ichbildung, Selbstbildung bzw. Individuation in den ersten beiden Lebensjahren beschäftigen. Dabei handelt es sich um Rekonstruktionen aus Erwachsenenpsychoanalysen und Kinderanalysen wie um Konzeptualisierungen aufgrund direkter Mutter-Kleinkind-Beobachtungen.

Auf dem Hintergrund älterer mit direkter Beobachtung operierender Forschungsansätze ist vor allem Mahler (zusammenfassend 1975 a, 1975 b) dem frühkindlichen Individuationsprozeß im Zusammenhang mit Studien über kindlichen Autismus nachgegangen und hat Phasen der allmählichen Entwicklung des Kindes aus einer Mutter-Kind-Symbiose näher beschrieben und den Bezug zu psychotischen und psychosenahen Störungen herausgestellt. Vom psychoanalytischen Umgang mit psychotischen und neurotischen Patienten hat E. Jacobson (1977, 1978) rekonstruktiv eine Konzeptualisierung des Prozesses der Differenzierung zwischen Ich (einschließlich Überich) und der Welt der Objekte, das heißt zunächst: der Mutter, vorgelegt.

Durch diese und weitere amerikanische Forschungen (vgl. Blanck u. Blanck 1978) ist ein englischer Ansatz, der seit den dreißiger Jahren von der Kinderanalyse ausgehend der Konzeptualisierung früher psychopathologischer Prozesse gewidmet ist, erneut zu besonderer Bedeutung gelangt: der Melanie Kleins und ihrer Schule sowie verwandter Richtungen der »Objektbeziehungstheorie« (Meltzer 1978; Racker 1978; Rosenfeld 1981; Segal 1983; Guntrip 1977; Khan 1977; Winnicott 1974, 1976; Balint 1973; Ogden 1982). Welche Variante dieser Konzeptualisierung man auch präferieren mag, die Bedeutung dieser Untersuchungen liegt darin, daß sie uns die eigentümliche Psychologik des frühen pathologischen Ich (Selbst) nahe gebracht haben, eines Ich, das sich Schritt für Schritt durch Aufbau einer eigenen Struktur von der Mutter und den weiteren Bezugspersonen abzugrenzen sucht und dabei scheitert: die archaischen Prozesse der Projektion und Introjektion, der Spaltung, des Zusammensetzens und Wiederzerstückelns, des Aufbaus und Zerfalls, des Erlebens innerer Prozesse als äußerer und äußerer als innerer, der Angst vor Verfolgung von außen und innen durch Teilobjekte (paranoid-schizoide Position), des Aufbaus und der libidinös-aggressiven Besetzung eines ganzen (Mutter-)Objekts und der Besorgtheit über mögliche Beschädigung oder Zerstörung dieses Objekts durch eigene Aggression (depressive Position; Schulderleben, Gewissensbildung). Diese Konzeptualisierung hat uns überhaupt erst instand gesetzt, verstehenden Zugang zu den pathologischen Aspekten des Strukturbildungsprozesses der Persönlichkeit zu finden und uns vom Adultomorphismus des mit normalem Ich ausgestatteten Erwachsenen möglichst frei zu machen.

Von diesen begrenzten Verstehensmöglichkeiten der mit strukturell gesundem Ich operierenden Erwachsenen ist noch weitgehend der negative Begriff der »Alexithymie« bestimmt, mit dem amerikanische Autoren die Schwierigkeit psychosomatisch Kranker, sich affektiv und verbal »angemessen« (= erwachsen) mitzuteilen, zu umschreiben suchen (zusammenfassend Stephanos 1979; ferner von Rad 1983). Dagegen schlagen französische Untersuchungen über die »atomistisch-mechanistische Objektbeziehung« psychosomatisch Kranker in der Interpretation und Fortbildung von Stephanos (1979) schon einen Bogen zum Verständnis früher Ichbildungsprozesse einschließlich des Aufbaus der leibbezogenen Ich-Anteile, des sogenannten »Körperschemas«, im Zusammenhang mit der Mutter-Kind-Symbiose. Ciompi (1982) hat versucht, die gut erforschten, aber mit der affektiven Entwicklung bisher wenig in Beziehung gesetzten Prozesse der Bildung kognitiver Strukturen mit psychoanalytischen Verlaufsmodellen zu integrieren.

Unser Verständnis der frühkindlichen Entwicklung in Hinsicht auf pathogenetisch relevante Faktoren für spätere psychische Erkrankungen ist noch durch einen weiteren Forschungsansatz in den letzten Jahrzehnten wesentlich gefördert worden, zu dem verschiedene Autoren mit unterschiedlicher Begrifflichkeit beigetragen haben: Die Erforschung der Entwicklung des Selbstwertgefühls und der Selbstwertregulation als einer eigenen Persönlichkeitsdimension in dialektischer Auseinandersetzung mit der Trieb-Ich-Objektbeziehungs-Entwicklung. Grunberger (1976), Kohut (1973, 1979) und Kernberg (1978, 1981) haben jeweils in unterschiedlicher Form die Besonderheit dieses mit der Sehnsucht nach Wiederherstellung intrauteriner Harmonie und Vollkommenheit zusammenhängenden Bereichs der dauernden Suche nach Allmacht, Sicherheit, Bestätigung der hervorragenden Bedeutung des eigenen Selbst und Kränkungsvermeidung in der Entwicklung verfolgt, die zugehörigen Manöver und Mechanismen untersucht und die Voraussetzungen gesunder wie unterschiedlich gestörter Entfaltung beschrieben.

Welche Bedeutung hat die skizzenhaft dargestellte Erweiterung des psychoanalytischen Verständnisses der Frühentwicklung des Kindes in der Interaktion mit seinen nächsten Bezugspersonen, das heißt der Ich- bzw. Selbstbildungsphase, für unser Verständnis psychogener Störungen? Die Bedeutung liegt in der Radikalisierung des epigenetischen Ansatzes, psychogene Störungen hinsichtlich Entstehung, Verlauf, Veränderlichkeit und Prognose zu verstehen. In vielen Fällen ist erst durch diese Vertiefung in die Anfänge der Persönlichkeitsentwicklung die Voraussetzung dafür geschaffen worden, Symptome und Verhaltensweisen, die uns bisher von unserer Erwachsenenlogik, der Logik des bereits strukturierten Ich (Selbst) her unverständlich und damit auch therapeutisch nicht zugänglich waren, verständnismäßig zu erreichen. Die Erforschung der Frühphase der Persönlichkeitsentwicklung unter klinisch relevanten psychoanalytischen Gesichtspunkten gibt uns die Möglichkeit, solche als Ichdefekte imponierende klinische Erscheinungen auf die traumatisierende Ursprungssituation zurückzuführen und dies Verständnis psychotherapeutisch fruchtbar zu machen. Die Erlebnisverarbeitung in dieser frühkindlichen Situation verstehen wir unter solchen Umständen zugleich als einen gewichtigen Beitrag zur späteren Erkrankung im Sinne eines frühen psychogenen dispositionellen Faktors für die Genese der häufig sich erst später manifestierenden Störung.

Der damit ermöglichte verständnismäßige Zugang zur aktuellen Symptomatik und Verhaltensweise eines Patienten und die dadurch ermöglichte Identifizierung eines frühen psychogenen dispositionellen Faktors entheben uns jedoch nicht der Verpflichtung, dem Schicksal der Störung in den weiteren Entwicklungsphasen des Patienten bis zur gegenwärtigen Lebenssituation nachzuspüren, da mit der Identifizierung früher psychogener Dispositionen ein notwendiges, aber noch kein zureichendes ätiologisches Verständnis gewonnen ist. Insofern ist die häufig gebrauchte Wendung von den »Frühstörungen« irreführend. Erst die Abklärung auch der späteren Erlebnisverarbeitung bis zur Gegenwart komplettiert die Kenntnis der für die »Entstehung« der gegenwärtig vorgefundenen psychogenen Störung entscheidenden verstärkenden, abschwächenden oder sonst modifizierenden dispositionellen und der letztlich auslösenden Faktoren. Nur eine solche konsequente und systematische Entwicklungsdiagnostik (Blanck u. Blanck 1980; Gedo 1979, 1981) entspricht dem heutigen Stand unseres Verständnisses psychogener Störungen; nur ein solches konsequent epigenetisches Vorgehen schafft festen diagnostischen Boden für angemessene therapeutische Einschätzungen und Entscheidungen. Damit ist ein beträchtlicher Wandel unseres klinischen Verständnisses psychogener Störungen formuliert, eines Fortschritts, der allerdings noch nicht Allgemeingut in der Psychiatrie und Psychotherapie der Bundesrepublik ist.

In den letzten Jahren ist das Verständnis erlebnisbedingter Störungen nicht nur durch die Erforschung und Rückverfolgung der Persönlichkeitsentwicklung bis in die Strukturbildungsphase wesentlich vertieft worden, sondern auch durch eine konsequente Verfolgung der Entwicklung der Person (in der Interaktion mit ihrer psychosozialen Umwelt) über das gesamte Leben hin bis zum hohen Alter. Dem liegt die Beobachtung zugrunde, daß die eigentümliche

Verlaufsform psychogener Störungen, in bestimmten Entwicklungsphasen oder Lebenssituationen allmählich oder (durch Dekompensation) akut manifest zu werden, unter bestimmten entwicklungs- oder milieumäßigen Veränderungen zu remittieren bzw. latent zu bleiben, eine konzeptuelle Orientierung erfordert, die diese lebenslangen Prozesse verständlich zu machen vermag.
Seit Eriksons Darstellung von »Wachstum und Krisen der gesunden Persönlichkeit« (1953) ist dieser Ansatz als Lebensereignis- bzw. Krisenforschung in der Psychiatrie und Psychosomatischen Medizin der letzten Jahre sehr ausgearbeitet worden (Joraschky u. Köhle 1979). Obgleich die psychologische Bedeutung bestimmter Lebensereignisse für eine bestimmte Person von deren individueller psychischer Konstellation entscheidend abhängt, gibt es doch ähnlich wie bei der Entwicklung innerhalb von Kindheit und Jugend auch im Erwachsenenalter typische familiäre und familiären äquivalente Situationen, die eine Neueinstellung erfordern und daher unter bestimmten Umständen eine persönliche Anpassungskrise auszulösen eine Chance haben. Dieser Ansatz beruht darauf, daß das Thema »Kind-Eltern-Beziehung“, »verbliebene Kindlichkeit« durch den mehrmaligen Wechsel der familiären Position, und das heißt: Relation zu Familienangehörigen, während des Lebens immer wieder variiert und damit aktualisiert wird: durch Tod der Eltern, Trennung oder Tod von Lebenspartnern, Geburt, Heranwachsen, Heirat oder Tod von Kindern, aber auch durch Avancieren im Beruf, Arbeitslosigkeit, Pensionierung, somatische Erkrankungen oder sonstige Erschütterungen. Immer wieder steht jeder Mensch während seines Lebens vor der Aufgabe, auf dem Hintergrund seiner bisher entwickelten Struktur emotional gravierende Veränderungen des Lebensfeldes zu verarbeiten (Haley 1978 b; Hoffman 1982, S. 167 ff.; Minuchin 1978).

II. Systemperspektive

Die im letzten Abschnitt geschilderte Radikalisierung der Entwicklungsperspektive als Weg zum vertieften Verständnis psychogener Störungen betrifft die Person im psychosozialen Austausch mit ihrer

mitmenschlichen Umgebung. Das heißt, eine konsequente Verfolgung der für die Persönlichkeitsbildung, -entfaltung und -veränderung entscheidenden Vorgänge führt mühelos und direkt zur Familie als einem kontinuierlich sich wandelnden psychosozialen System, an dem mehrere Personen in unterschiedlichen Positionen (Rollen) langfristig beteiligt sind. Dieser (sozialpsychologische) Aspekt war schon immer in der psychoanalytischen Theorie seelischen Geschehens und persönlicher Entwicklung angelegt, ist jedoch erst in der letzten Zeit konsequent verfolgt und ausgearbeitet worden. Diese methodische Ausarbeitung der systemischen, insbesondere familiendynamischen Perspektive ist eins der wichtigsten, weil folgenreichsten Ereignisse der Psychiatrie und Psychotherapie der letzten Jahre. Sie geschah in unterschiedlichen parallel sich entfaltenden Forschungsansätzen, die einen mehr psychoanalytisch-inhaltlich, die anderen eher wissenschaftstheoretisch (systemisch) orientiert. Jetzt zeichnet sich jedoch eine wechselseitige Beeinflussung und damit Integration ab. Ein besonderer Vorteil dieses Ansatzes besteht darin, daß er auch nicht-psychologische, z. B. somatische, konstitutionelle, genetische Faktoren zu integrieren vermag.
Ist man aber erst einmal auf systemische Zusammenhänge, d. h. auf Interdependenzen im Bereich von seelischer Gesundheit und Krankheit, ausdrücklich aufmerksam geworden, dann ist kein Halten mehr: Sehr schnell werden die gesellschaftlichen und kulturellen Voraussetzungen und Implikationen seelischer Gesundheit, Erkrankung, Erkrankungsverhütung, Therapie und Rehabilitation mehr oder minder klar sichtbar. So gehört zum Bild der letzten Jahre eine starke Entwicklung der sozialwissenschaftlichen Erforschung dieses ganzen Lebensbereiches.

1. Von der psychoanalytischen Erforschung der Einzelperson zur Erforschung von Familien als psychosozialen Systemen

Nachdem deutlich geworden war, daß sich der Beitrag der nächsten Bezugspersonen eines Kindes zur Entwicklung von dessen Persönlichkeitsstruktur nicht darauf beschränkt, Initiator von kulturspezifischen Triebregulierungsvorgängen zu sein, sondern die Entwicklung der Persönlichkeit des Kindes mit ihren mannigfaltigen

Trieb-, Ich-, Überich- (Wert-) und Selbst-Aspekten in der kontinuierlichen Wechselbeziehung mit der Persönlichkeit der Eltern, Geschwister und übrigen Bezugspersonen erfolgt, lag es nahe, die Eltern nicht als globale Erziehungsinstanzen in Ansatz zu bringen – mit der fiktiven Unterstellung psychischer Normalität –, sondern die Persönlichkeit der Eltern in klinisch differenzierter Form zu berücksichtigen und der unbewußten und bewußten Dynamik innerhalb der Familie als eines psychosozialen (Gleichgewichts-) Systems nachzugehen. Denn wenn in die Partnerbeziehungen Erwachsener verbliebene Kindlichkeit in Form von Übertragungen (frühen Objektbeziehungen) und Projektionen eigener bekämpfter oder besonders geliebter Ich-Anteile eingeht, dann gilt dies natürlich auch gegenüber Kindern (Richter 1963), dann erfüllen Kinder für Eltern, Eltern für Kinder, überhaupt Familienangehörige für einander jeweils spezifische unbewußte und bewußte Funktionen der Stabilisierung. Diese Stabilisierungsfunktion hängt offensichtlich ebensosehr von der aktuellen Lebensgemeinschaft wie von der jeweils geronnenen (zur inneren Struktur gewordenen) Vorerfahrung (Persönlichkeitsstruktur) aller jeweils Beteiligten ab.
Von verschiedenen konzeptuellen (und therapeutischen) Ansätzen her ist die psychiatrische und psychotherapeutische Forschung dieser Funktions-(Arbeits-)Teilung innerhalb psychosozialer Systeme, insbesondere Familien, in den letzten Jahren intensiv nachgegangen. Dabei hat sich gezeigt, daß psychogene Störungen hinsichtlich ihres Auftretens, Sichverschlimmerns, Sichbesserns, Verschwindens (und hinsichtlich therapeutischer Beeinflussung) in diese familiäre (systemische) Funktionsaufteilung einbezogen sind (Hoffman 1982; Minuchin et al. 1981; Stierlin 1978; Selvini-Palazzoli et al. 1978; Wirsching u. Stierlin 1982).
Dies führte zur Beschreibung familiärer Mechanismen und Strategien der Bedürfnisregulation durch unbewußte Delegation (aufgrund von Übertragungen und Projektionen), der Ordnung der verschiedenen familiären Aufgaben und Tätigkeiten, der familiären Einstellung zu Werten und Normen und des familiären Selbstverständnisses (»Mythologie«) unter Gesichtspunkten gesunder wie gestörter (mißlingender) gemeinsamer Meisterung der sich in Abständen (diskontinuierlich) markant ändernden familiären Le-

bensituation. Dabei findet die Einstellung der betreffenden Familie zu den beiden Großelternpaaren, der übrigen Verwandtschaft und zu weiteren Dritten (außerehelichen Partnern, Arbeitskollegen, Freunden) ebenso Berücksichtigung wie der Umgang mit der Generationsgrenze innerhalb der Kernfamilie (Boszormenyi-Nagy u. Framo 1975; Minuchin 1978, 1983). Für das Verständnis psychogener Störungen hat dieser familiendynamische Forschungsansatz deutlich gemacht, daß von den biographischen Störungsdispositionen der an dem Familienverband jeweils beteiligten Individuen störungsrelevante Determinanten unterschieden werden müssen, die aus dem Zusammenleben dieser Personen in diesem psychosozialen System durch Wechselwirkung hervorgehen, eigentlich: die Regelung dieses Zusammenlebens ausmachen. Sie sind nur in einer entsprechenden System-(Familien-)Untersuchungssituation eruierbar.

Die aus der somatischen Medizin übernommene psychotherapeutische, aufs Individuum eingeschränkte Einzeluntersuchung wird damit entscheidend relativiert – und problematisiert. Sie fokussiert nur ein Teilsystem (Person) des für den Gesamtzusammenhang psychogener Störung relevanten (hierarchisch übergeordneten) psychosozialen (Familien-)Systems, das seinerseits in noch größere systemische Zusammenhänge eingefügt ist. Wenn man bedenkt, daß unsere Medizin und unser gesamtes Gesundheitssystem auf Individuen abgestellt ist, ist klar, daß die Folgen dieser systemischen Orientierung für das Verständnis psychogener Störung bis heute nur sehr unvollkommen übersehen werden können.

2. *Kybernetischer Ansatz*

Neben Ansätzen, die sich der Familiendynamik mehr oder minder ausgeprägt mittels psychoanalytisch-psychodynamischer Konzeptualisierung zugewandt haben, sind in den letzten beiden Jahrzehnten Forschungsansätze entwickelt und ausgearbeitet worden, die – zum Teil in Abgrenzung von der Psychoanalyse als einer bis dahin vorzugsweise individuumszentrierten Arbeitsrichtung – die Familie als Kommunikationssystem auffassen und untersuchen. Die dazu gehörige Begrifflichkeit ist von der Kybernetik (Informations- und Kommunikationstheorie) und Allgemeinen Systemtheorie abgeleitet. Deutlicher noch als in den mehr oder minder psychoanalytisch beeinflußten Ansätzen wird hier die Synchronizität systemischer Zusammenhänge im Sinne offener hierarchisch organisierter Wechselwirkungs- bzw. Gleichgewichts-Systeme mit bestimmter Regelung (Normierung) artikuliert.

Diese Forschungsrichtung faßt psychogene Störungen als Kommunikationsstörungen auf, d. h. als Störungen der Interaktion innerhalb von Kommunikationssystemen. Anstoß für die Ausarbeitung des systemtheoretischen Konzeptes war das Problem der Kommunikation und Interaktion Schizophrener mit ihren Familien. Die intensive Untersuchung der eigentümlich widersprüchlichen Kommunikationsweisen von Familien Schizophrener und der systemstabilisierenden Funktion dieser Kommunikationsform hat unser Verständnis schizophrener Phänomene wesentlich vertieft und stellt den bedeutendsten Beitrag neben dem psychoanalytischen zur Klärung des psychogenen (soziogenen) Determinationsanteils schizophrener Störung in jüngster Zeit dar (Bateson et al. 1969; Selvini-Palazzoli et al. 1978; Haley 1978 a).

Vor allem werden durch diesen Forschungsansatz die Möglichkeiten und Voraussetzungen erfolgversprechender psychotherapeutischer Einflußnahme durchsichtig. Das in diesem Zusammenhang entwickelte Instrumentarium, eine spezifische Weiterentwicklung der Kybernetik in Richtung auf eine »Pragmatik der menschlichen Kommunikation« (Watzlawick et al. 1969), hat sich sehr bald auch bei der Analyse anderer Erscheinungen erlebnisbedingter Störung, z. B. psychosomatischer und süchtiger Phänomene, außerordentlich bewährt. Diese Forschungen sind ein hervorragendes Beispiel dafür, wie sehr die Güte von Forschungsergebnissen durch Klarheit, Stimmigkeit und Angemessenheit der zugrunde liegenden Konzeption beeinflußt wird. Auch in methodischer Hinsicht ist dieser Ansatz daher von großer Bedeutung. Die Untersuchungen dieser Forschergruppe verweisen alle Vorstellungen einfacher (»linearer«) Kausalität bezüglich des Verständnisses psychogener Störungen und überhaupt menschlicher Phänomene in den Bereich der Unwissenschaftlichkeit. Wissenschaftliches Denken ist hier wie auch sonst in den wissenschaftlichen Ansprüchen nachkommenden Grundlagendisziplinen der Medizin, ein Denken mit Konzepten

funktionaler Wechselbeziehung innerhalb offener hierarchisch gestufter Systeme.
Diese wissenschaftstheoretische Position hat den Vorteil, über Alternativen wie »exogen« oder »endo-(somato-)gen« endgültig hinauszuführen. Denn eine systemtheoretische Orientierung hat, wie schon bemerkt, wegen der Hierarchie-Dimension keine Schwierigkeit, neben erlebnisbedingten Faktoren auch somatische (konstitutionelle, genetische, traumatische, neurologische, biochemische) Determinanten (Subsysteme) vorzusehen und zu integrieren (vgl. bezüglich Schizophrenie Ciompi 1982; Scheflen 1981; Wing 1978). Das ist wohl das wichtigste Ergebnis der im Zusammenhang mit den skizzierten Entwicklungen intensiv in den letzten Jahren wieder aufgenommenen Diskussion über das Verständnis schizophrener Störungen, bei der es letzten Endes wie bei allen diagnostischen und »psychopathologischen« Auseinandersetzungen um Therapiechancen, -möglichkeiten und -aufwendungen geht, aber auch darum, wieviel Komplexität Wissenschaftler (Theoretiker wie Praktiker) kontinuierlich bei ihrer Arbeit im Auge zu behalten willens und imstande sind und wie sie auf diesem Hintergrund Arbeitsteiligkeit (Spezialistik) und Kooperation neu verstehen (vgl. hierzu Dörner 1981; Reiter u. Becker 1977).

3. *Die Bedeutung der weiteren sozial-kulturellen Umgebung für das Verständnis psychogener Störungen*

Die synchrone Perspektive auf die Zusammenhänge, die für Entstehung und Verlauf psychogener Störungen bestimmend sind, hat schon Freud über die Familie hinaus auf die »Gesellschaft« und deren »Kultur« blicken lassen. Dieser in den dreißiger Jahren weiter ausgebaute Ansatz erwies sich besonders in der Verbindung mit ideologiekritischen Aspekten der marxistischen Gesellschaftstheorie als sehr produktiv zum Verständnis gesellschaftsstruktureller Faktoren, die auf Familien und Einzelne einen die freie Entfaltung jeweils in bestimmter Hinsicht mehr oder minder stark eingrenzenden (»repressiven«) Einfluß nehmen. In der Nachkriegszeit ist dieser psychoanalytisch-sozialwissenschaftliche Ansatz im Zusammenhang mit Bürgerrechts- und Emanzipationsbewegungen, insbesondere der Studentenbewegung, auf breites Interesse gestoßen (vgl.

z. B. Marcuse 1957, 1967; Gente 1970, 1972; Lorenzer 1974; Parin 1978; Dahmer 1973).

Das sozialwissenschaftliche Instrumentar der Analyse institutioneller Faktoren unterschiedlicher Art hat sich in den letzten Jahrzehnten wesentlich verfeinert: strukturell-funktionale Ansätze aus der Ethnologie und Organisationspsychosoziologie, rollentheoretische Ansätze und sozialpsychlogische Forschungsrichtungen haben uns instand gesetzt, die verhalts- und mentalitätskanalisierenden Aspekte der Institutionen unserer Gesellschaft konkret und scharf zu sehen, d. h. zu erkennen, wie Einrichtungen und institutionalisierte Regelungen über Rollenangebote – teils durch Repression, eher noch durch Verführung, vor allem aber schon durch die Bereitstellung »üblicher«, »normaler« Verfahrensweisen – auf Personen, ihre Bedürfnisbefriedigung und ihr internes Bewertungssystem steuernd Einfluß nehmen, einen Einfluß, der unterstellbaren »wahren Interessen« der Menschen oder bestimmter Grupen von Menschen in vielen Fällen keineswegs dienlich ist, sondern politischen Grundverhältnissen einer herrschaftlich gespaltenen Gesellschaft entspringt.

Der Gesichtspunkt, wie weit Institutionen den Interessen der in ihnen tätigen oder der sie benutzenden Menschen in der Art ihrer Organisation und Arbeitsgestaltung entsprechen, hat nicht nur ein breites öffentliches, sondern auch wissenschaftliches Echo gefunden (Pflanz 1979). Der Blick dafür, daß viele Institutionen, vor allem solche der sozialen und medizinischen Dienstleistung, ihrer deklarierten Zielsetzung durch die Art der Organisation ihrer Arbeit widersprechen, hat zu einer intensiven kritischen Auseinandersetzung mit diesen Einrichtungen in verschiedenen Lebensbereichen geführt. Das Verständnis sozialer Faktoren, die auf Entstehung und Verlauf erlebnisbedingter Störungen »von außen« aktuell (situativ) oder chronisch (strukturell) Einfluß nehmen, ist durch diese und weitere, z. B. epidemiologische, Forschungen (Pflanz 1979) wesentlich vertieft worden.

Vor allem aber ist die Definition von »psychisch krank« in der Psychiatrie und Psychopathologie, d. h. seitens der Psychiater, als ein brisanter sozialer Vorgang der Zuschreibung und Kontrolle identifiziert und analysiert worden. Psychiatrisch-psychopathologische Kritik (besonders Szasz 1978, 1982), mannigfaltige sozialpsychologische Forschungen (zusammenfassend Keupp 1972, 1974) und sozialhistorische Studien (Foucault 1969; Dörner 1975; Castel 1983; Deleuze u. Guattari 1974) sind den sozialen Prozessen nachgegangen, die die Einstellung der bürgerlichen Gesellschaft zu und ihren Umgang mit seelischer »Krankheit« als auffälligem (abweichendem) Verhalten zum Ausdruck bringen und ihren Niederschlag in der psychopathologischen Begriffsbildung und dem psychiatrischen Procedere finden.

Durch mannigfaltige sich ergänzende Forschungsansätze gesellschaftsstruktureller oder prozessualer Art sind diese Zusammenhänge in den letzten Jahren durchsichtig geworden. Sie haben zu einer Problematisierung des medizinischen Modells der Auffassung seelischer Krankheit als einer organischen Störung des Individuums geführt, indem nachgewiesen wurde, daß dies organismisch-individualistische Modell genau diesen gesamten sozialen Zusammenhang und seine angemessene sozialwissenschaftliche Reflexion ausblendet und damit zu kritikloser Exekution gesellschaftlicher Aufträge an die Psychiatrie verführt.

Besonders stark werden strukturelle gesellschaftliche Interessen tangiert, wenn die strikte Unterscheidung von seelischer »Gesundheit« und »Krankheit« in Frage gestellt wird. Denn eine Änderung der Definition dessen, was eine seelische Störung von Krankheitswert sei, hat gesundheitspolitisch massive ökonomische Konsequenzen. Das traditionelle medizinische Modell ist an einer solchen strikten Unterscheidung und damit engen Definition seelischer »Krankheit« stark interessiert. Im Zusammenhang mit den gesellschaftlichen Prozessen, in denen sich wachsendes Bewußtsein für psychosoziale Lebenszusammenhänge und ihre günstige oder ungünstige Auswirkung im Befinden und Sichverhalten der einzelnen Menschen artikuliert, hat sich das Selbstverständnis der Menschen hinsichtlich seelischer »Gesundheit« und »Krankheit« in gewissen Bereichen der Gesellschaft wesentlich verändert. Manche potentielle Patienten sind ihren potentiellen Therapeuten hinsichtlich Sensibilität für gesundheitsrelevante gesellschaftliche Zusammenhänge weit überlegen und nicht mehr bereit, sich dem traditionellen medizinischen Modell und seinen Repräsentanten kritiklos zu unterwerfen.

H. E. Richter hat darauf hingewiesen, daß sich in der Praxis psychoanalytischer Therapeuten neue Klienten häufen, die sich »einerseits wie bisher als Träger eines persönlichen Defektes, andererseits als Glied eines defekten Kommunikationssystems« sehen. Sie verstehen sich »primär als Mitglieder eines sozialen Zusammenhangs, und so beziehen sie ihr psychisches Leiden auch unmittelbar auf die Struktur und die Dynamik dieses sozialen Zusammenhanges" (1972, S. 29).

Diese Klientel ist sich der Abhängigkeit ihres Erlebens, Sichbefindens und Sichverhaltens von den gesellschaftlichen Zusammenhängen, in denen sie lebt, voll bewußt. Sie fühlt sich im Bereich der Arbeit und gegenüber den Behörden bürokratischen Regelungen, aber auch Gruppenprozessen weitgehend ausgeliefert, erlebt familiale Interdependenz intensiv und beobachtet schmerzlich, daß ähnliche Prozesse auch in den Initiativgruppen auftreten, in denen sie sich engagiert. »Unbewußte Hörigkeit« schreibt Richter »ist kein Sonderfall, sondern ein Merkmal des durchschnittlichen Menschen« (1976, S. 78). Die Mitarbeit in Initiativgruppen hat Richters Blick für die Überschätzung, Überforderung und Isolation der Menschen geschärft, die in der Gesellschaft und in der Wissenschaft vom Anspruch des fiktiven Begriffs »autonomes Individuum« ausgehen (Richter 1972, 1974, 1976, 1979). Die historische Singularität dieses Begriffs wird allerdings erst dann voll deutlich, wenn man andere mögliche Gestaltungen des Ichs (innerhalb anderer Kulturen) damit vergleicht, z. B. das von Parin u. Morgenthaler beschriebene »Gruppen-Ich« (Parin 1978). Indem sich Richter aktiv an Initiativgruppenarbeit beteiligt, sich in den letzten Jahren stark in der Friedensbewegung engagiert, zugleich diese Entwicklung reflektiert, partizipiert er an gesellschaftlichen Reflexionsprozessen, die die wissenschaftlichen Studien der Psychologie, Psychopathologie, Psychoanalyse und Psychotherapie zu überholen drohen.

Während sich die Wissenschaft schwer tut, gesundes wie gestörtes Erleben von Menschen in einen kohärenten umfassenden Verständnisrahmen (Kontext) zu stellen, der weit genug ist, um all den Faktoren differenziert Rechnung zu tragen, die auf das Erleben der Menschen Einfluß haben, werden sich die Menschen ihrer Abhängigkeit von weltweiten gesellschaftlichen Prozessen hinsichtlich

Lebenschancen, Gesundheit und Krankheit immer mehr bewußt. Allerdings bedeutet dies Bewußtsein noch nicht Durchsichtigkeit der so klar als bedrohlich erlebten weltweiten gesellschaftlichen Komplexität. Ob die Bewältigung dieser Komplexität in den Diskussions- und Aktionsformen gelingen wird, in denen sich das wachsende Bewußtsein der Problematik gegenwärtig niederschlägt, scheint sehr fraglich. Dazu bedürfte es geistiger Anstrengungen, zu denen bisher nur wenige in der Lage und bereit sind. Es bedürfte einer gemeinsamen Grundorientierung an einem Konzept, das die Wechselbeziehungen zwischen der unbelebten Natur, der nichtmenschlichen belebten Natur, den Gesellschaften und den in ihnen lebenden Menschen angemessen artikuliert. Bateson hat dazu in zwei Büchern (1981, 1982) entscheidende Anregungen gegeben.
Er entwickelt eine »Ökologie des Geistes“, die »Geist und Natur«, alle beteiligten wissenschaftlichen Disziplinen, in einem von der Informationstheorie und Kybernetik geprägten morphologischen Ansatz zu umgreifen sucht. Er setzt dies geistige Instrumentarium zur Bewältigung der Komplexität, mit der und in der wir leben, ein und weist damit einen Weg, der über die Beschränktheit der Sicht der einzelnen beteiligten wissenschaftlichen Ansätze hinweg zu ihrer Integration führt. Allerdings ist diese Integration nicht nur auf dem Niveau der Philosophie und Wissenschaftstheorie, d. h. in den Köpfen weniger, zu vollziehen; sie bedarf, um wirksam zu werden, der Aneignung und Ausarbeitung in den Köpfen vieler.
Und darin liegt ein bisher nicht gelöstes Problem, das sich hier im Bereich des Verstehens zeigt: Die Aufgabe, erlebnisbedingte (psychogene) seelische Störungen angemessen, d. h. in ihrer vollen weiten Bezüglichkeit, zu verstehen, zieht weiteste Kreise, führt voll und ganz in die Komplexität unseres Lebens hinein. Sie fordert einen geistigen Aufwand, der sich mit der uns vertrauten und von uns praktizierten Arbeitsteiligkeit (Spezialistik) der beruflichen Tätigkeit, der wissenschaftlichen Orientierung und Forschung, der Ausbildung und Weiterbildung nicht verträgt. Fast archaische Primitivität in der Verfolgung beschränkter Perspektiven verhindert einen angemessenen Umgang mit der uns bestimmenden Komplexität (Dörner 1981). Viele Psychiater und Psychotherapeuten schaffen es ja heute noch nicht einmal, sich von einem Patienten soweit

emotional zu lösen, daß sie die zugehörige Familie als System zu erfassen vermögen, geschweige denn ihre Position und die ihrer Patienten in der institutionell strukturierten Gesellschaft. Sie verfangen sich in Alternativen wie »Pharmakotherapie oder Psychotherapie«, »Endogenität oder Exogenität«. So haben trotz des hohen Standes komplexer wissenschaftlicher Forschungsreflexion (Reiter u. Becker 1977) in der Praxis längst überholte begrenzte Perspektiven immer wieder die Chance, neue Anhänger zu finden.

B. Therapie psychogener Störungen

Der Bereich der Therapie psychogener Störungen ist in der letzten Zeit durch das Auftreten neuer Orientierungen, das Sichtbarwerden neuer Möglichkeiten, die Formulierung neuer Anspruchsniveaus und die Infragestellung von bisher Selbstverständlichem gekennzeichnet.

Die entscheidendste Veränderung ist vielleicht, daß die Medizin mit ihrer somatisch-naturwissenschaftlich-technischen Orientierung und Legitimation ihre unbestrittene Autorität im Bereich der Therapie psychogener Störungen verloren hat. Für die Medizin war und ist dieser Bereich ein peripheres Aufgabengebiet (s. dazu Abschn. B. V.). Wie weit es sich hier überhaupt um ernstzunehmende »Krankheiten« handelt, war und ist vielleicht auch heute noch mancherorts umstritten. Viele Ärzte haben daher bis heute die Tendenz, bei diesen Störungen mit mehr oder minder unspezifischen Techniken der Entspannung und Übung, Beruhigung, Überredung oder des Ratgebens, notfalls aber auch der Reglementierung durchzukommen. In den letzten Jahren hat sich im Zusammenhang mit gesellschaftlichen Veränderungen, die den immer stärkeren Ausbau helfender, beratender und psychotherapeutischer Dienstleistung erforderlich machten, eine wachsende Konkurrenz psychologischer und soziologischer, überhaupt sozialwissenschaftlicher Ansätze der Beratung, Psychotherapie und Sozialtherapie psychogener Störungen entwickelt, die die Medizin, die Psychiatrie, aber auch die Innere Medizin und andere organmedizinische Fächer, immer mehr unter Druck setzen. Die

Vorstellung, daß die somatisch-naturwissenschaftlich-technisch orientierte Medizin eine zureichende Basis für das Verständnis von und den Umgang mit psychogenen Störungen darstelle, läßt sich nicht mehr aufrecht erhalten.

Jedenfalls sind sozialwissenschaftlich orientierte Therapiekonzeptionen in den letzten Jahrzehnten unbeschadet berufsrechtlicher und versicherungsrechtlicher Einschränkungen außerhalb, aber auch innerhalb bzw. in Kooperation mit der Medizin entwickelt, erprobt und verbreitet worden. Diese sozialwissenschaftliche Fundierung der Psychotherapie hat zu dem Ergebnis geführt, daß die konzeptuellen und methodischen Ansprüche innerhalb der Psychotherapie als Praxis wesentlich gewachsen sind. An die Stelle globaler normativer Vorstellungen (z. B. in der Psychoanalyse), wie Psychotherapie betrieben werden und was sie erreichen solle, tritt in den letzten Jahren eine immer mehr um Differenzierung bemühte klinische Theorie psychotherapeutischer Praxis (Praxeologie), die von der psychotherapeutischen Beziehung als einem Sozialverhältnis und vom klinischen Entscheidungsraum des Psychotherapeuten ausgeht (Fürstenau 1979; Kraiker 1980). Für diesen Ansatz ist die vergleichende Psychotherapieforschung von besonderem Interesse, aber auch die Ergebnisse der transkulturellen Ethnopsychiatrie (Devereux 1974, 1984; Wulff 1972 a) und die zugehörige wissenschaftstheoretisch-methodologische Grundlagenforschung über das Subjekt-Objekt-Verhältnis in den Verhaltenswissenschaften (Devereux 1973, 1974, 1984), die konstruktiv-konzeptuellen Voraussetzungen von therapeutischem Handeln als Einflußnahme. Im Mittelpunkt dieses Ansatzes steht die psychotherapeutische Beziehung als Handlung (Praxis) innerhalb eines soziokulturellen Feldes. Rolle und Funktion des Psychotherapeuten sind auf diesem Hintergrund problematisiert und geklärt worden.

Dieser Ansatz hat in den letzten Jahren zu einer starken Vermannigfaltigung vorgeschlagener und praktizierter psychotherapeutischer Methoden und Techniken geführt, und zwar auf dem Hintergrund des Zugangs zu schwerer gestörten Gruppen von Patienten und kulturell spezifizierten Patientengruppen. Die sozialwissenschaftliche Grundorientierung hatte weiter die Konsequenz, daß dem Behandlungsarrangement als einer kurativ sehr wichtigen

Dimension der psychotherapeutischen Beziehung erhöhte Beachtung geschenkt wird, was zur Auflösung mancher schulabhängiger »Selbstverständlichkeiten« bezüglich Behandlungssetting geführt hat. Folgerichtig gehören zu diesem Ansatz schließlich Untersuchungen der Funktion der therapeutischen Institutionen und der Bedeutung der sozio-kulturellen Umgebung für deren Gestaltung, Aufrechterhaltung und Veränderung. Der gesamte sozialwissenschaftliche Ansatz ist jedoch selbst in umfassende gesellschaftlich-kulturelle Bewegungen und Diskussionsprozesse eingebettet, die ihrerseits in Konkurrenz mit der professionellen Psychotherapie die Phänomene psychogener Störung nicht-professionell zu bewältigen suchen (»Selbsthilfe«-Bewegung). Darauf kann hier jedoch nur hingewiesen werden (Badura u. von Ferber 1981; Moeller 1978).

I. Problematisierung und Präzisierung der Rolle des Psychotherapeuten

Der wichtigste psychoanalytische Beitrag zur Klärung von Rolle und Funktion des Psychotherapeuten besteht in der Ausarbeitung des psychoanalytischen Konzepts der »Gegenübertragung«. In dem Maße, in dem sich das Verständnis der psychoanalytischen Beziehung, des psychoanalytischen Prozesses und der Genese psychogener Störungen in den letzten zwei Jahrzehnten wesentlich vertieft hat, wurde deutlich, daß sich die angemessene Ausübung der psychoanalytischen Funktion seitens des Analytikers nicht mehr nach dem medizinischen Modell des mühelos distanzierten »objektiven« Sachverständigen verstehen läßt, an dem sich noch Freud orientierte. Die persönlichen und fachlichen Voraussetzungen, die besonders im Umgang mit schwereren Störungen erfüllt sein müssen, erwiesen sich als sehr kompliziert und präzisierungsbedürftig. Hinter vielen vermeintlich strukturiert neurotischen Störungen wird nämlich im Laufe des psychoanalytischen Prozesses eine »Grundstörung« (Balint 1973) sichtbar und gegenüber dem Psychoanalytiker übertragungsdynamisch wirksam, die eine entsprechende basale (Gegen-)Übertragungsreaktion auf seiten des Analytikers unbemerkt auszulösen tendiert [Gegenübertragung im

Sinne einer durch den Patienten provozierten (unbewußten) Übertragung des Analytikers auf den Patienten (Racker 1978)]. Die Aufgabe, diese provozierte Übertragung des Analytikers auf den Patienten so weit zu mildern, daß für den Analytiker eine ausdrückliche Wahrnehmung der jeweiligen Gefühle (Ängste) und die professionelle Verarbeitung der Wahrnehmung bis hin zu angemessener Intervention gegenüber dem Patienten möglich wird, erwies sich als ein mehr oder minder ständig aktuelles professionelles Problem, das auch durch die Lehranalyse nicht etwa vollständig vorweg ausgeräumt werden kann. Das führte zur Klärung der Aufgabe des Analytikers: anhand der von ihm möglichst vollständig und klar wahrgenommenen Gegenübertragungsgefühle und -phantasien (trotz ihrer Mitdetermination durch eigene emotionale Probleme) die jeweils aktuelle emotionale Problematik (Übertragung) des Analysanden klar zu erfassen, klinisch-psychoanalytisch in Hinblick auf die ursprüngliche traumatisierende Erlebnisverarbeitungssituation auszuwerten und auf diesem Hintergrund angemessen zu intervenieren [Gegenübertragungswahrnehmung und -auswertung als Methode der Analyse von Übertragung und Widerstand des Analysanden (Langs 1978; Giovacchini et al. 1975)]. Diese Radikalisierung des psychoanalytischen Verständnisses der bewußten und unbewußten Interaktion zwischen Analytiker und Analysand und damit auch der psychoanalytischen Auffassung vom Psychoanalytiker macht es möglich, psychoanalytische Prozesse fachlich klar zu beurteilen und das heißt auch: stagnierende bzw. maligne therapeutische Prozesse daraufhin zu untersuchen, welchen Anteil der Psychoanalytiker durch Verharren in der reaktiven Gegenübertragung an Stagnation oder malignem Verlauf hat, d. h. wie weit ein Gegenübertragungsagieren bzw. ein defensiver Pakt zwischen beiden Parteien vorliegt (Langs 1978; Ogden 1982; Strupp et al. 1977). Die gemeinsame Abwehr erwies sich als eine Grenze des therapeutischen Prozesses und der kurativen Möglichkeiten.

Dies ist ein für die Psychiatrie wichtiger Gesichtspunkt, da ja im Bereich der Psychiatrie häufig Therapeuten mit sehr begrenzter psychoanalytischer persönlicher wie fachlicher Vorbildung psychotherapeutisch gerade mit schwer gestörten Gruppen von Patienten arbeiten.

Die Aufklärung emotionaler Verwicklungen zwischen Psychoanalytiker (Psychotherapeuten) und Patienten mittels des (mehrdimensionalen) Gegenübertragungsbegriffs hat häufig – selbst in Psychoanalytikergruppen – übersehen lassen, welche Bedeutung für die Distanzierung (Dezentrierung) des Gegenübertragungserlebens und die anschließende angemessene Auswertung der Gegenübertragungsgefühle und -phantasien kognitiven klinischen Orientierungen über den psychoanalytischen Prozeß, die Eigenart der Störung, die Schichtung der Persönlichkeit, systemische Bezüge und den sozialkulturellen Rahmen zukommt. Neben der persönlich bedingten Gegenübertragungsproblematik gibt es professionell bedingtes Gegenübertragungsagieren (bzw. -reagieren), das mit ungenügender bzw. unangemessener klinischer Erfahrung und Orientierung des betreffenden Therapeuten (Analytikers) zusammenhängt. Wenn z. B. ein analytischer Pychotherapeut oder Psychiater eine Persönlichkeitsstörung als strukturierte neurotische Störung verkennt und entsprechend unangemessen mit ihr umgeht, muß dies nicht an seiner persönlichen »Restneurose« liegen, es kann schlicht auf ein fachliches Informationsdefizit über psychiatrisch relevante Persönlichkeitsstörungen und den Mechanismus der projektiven Identifizierung (Ogden 1982) zurückgehen. Das heißt: Gefühle und Phantasien können nicht im leeren Raum analysiert werden. Der Psychoanalytiker muß neben seiner Fähigkeit zum Erleben und Verarbeiten von Gefühlen und Phantasien das Gesamt des verfügbaren Wissens und Könnens in dem eben skizzierten Sinn in die psychoanalytische Beziehung einbringen. Wenn man es so versteht, kann man sagen, daß in dem durch die psychoanalytische Beziehung eröffneten psychoanalytischen Raum konstruktiv, nicht nur, wie man früher unter ausschließlichem Blick auf späte Phasen der Persönlichkeitsentwicklung meinte: re-konstruierend, Schritt für Schritt im Zusammenhang mit dem Abbau von aus der Kindheit überkommenen Ängsten, Phantasien und Strukturbildungen eine neue biographische Sinn-(Bedeutungs-)Struktur von Analytiker und Analysand gemeinsam aufgebaut wird (Viderman 1970; Loch 1972, S. 66 ff.).

Die besondere Beachtung der mit der frühen Ich-(Selbst-)bildungsphase zusammenhängenden interaktionellen Probleme hat auch dazu geführt, deutlicher als das früher der Fall war, zu sehen, daß die psychoanalytische Beziehung eine artifizielle professionell gestaltete Variante der Eltern-Kind-Beziehung darstellt. (Bekanntlich sprach ja schon Freud gelegentlich in diesem Zusammenhang von »Nacherziehung«). Das geht schon aus Bedeutung und Funktion von Übertragung und Regression innerhalb des psychoanalytischen Verfahrens hervor und führt, konsequent weitergedacht, zu einem systemisch-interaktionellen Verständnis des Behandlungsarrangements (s. unter B. III.).

Wenn aber die psychotherapeutische Beziehung, wie schon lange im Zusammenhang mit suggestiven Verfahren bekannt, methodisch (mehr oder minder ausdrücklich) auf die Beziehung zwischen Eltern und Kindern zurückgreift, dann müssen Forschungen sehr relevant sein, die der Macht- und Einflußproblematik zwischen Eltern, Kindern und Elternersatzpersonen wie Therapeuten näher nachgehen. Das ist in den kommunikations- und systemtheoretischen Untersuchungen der letzten Jahre geschehen. Bateson et al. (1969), Haley (1977, 1978 a), Selvini-Palazzoli et al. (1978), Watzlawick et al. (1969) und einige andere Forscher haben zum Teil im Anschluß an den Hypnotherapeuten Erickson den Macht-(Einfluß-)Aspekt verbaler Kommunikation herausgearbeitet und damit für das Verständnis von Funktion und Methodik des Psychotherapeuten einen wesentlichen Beitrag geleistet.

Sie haben gezeigt, daß die kurativen (verändernden) Chancen der therapeutischen Beziehung einerseits wesentlich davon abhängen, daß der Therapeut die Beziehung definiert und auch während des Prozesses Herr der Situation bleibt (was eigentlich eine Selbstverständlichkeit sein sollte, jedoch eben nicht ist). Andererseits hängen die Veränderungschancen der Psychotherapie davon ab, ob der Therapeut Autorität und Einfluß innerhalb der therapeutischen Beziehung als subtile enge Bezugnahme auf Mentalität, Eigenart und Lebensverhältnisse, d. h. die bewußte Motivation des Patientensystems ausübt. Nur dann hat die Therapie Erfolgschancen, wenn sie sich als Hilfe zu Optimierung der Lebens-, Gesundheits-, Entfaltungsmöglichkeiten des Patienten innerhalb seiner Familie versteht und sich im einzelnen genauestens auf den Patienten und seine Familie einstellt, sich somit deren Eigenart, Mentalität und

Lebensregelung für die therapeutische Einflußnahme mehr oder minder verdeckt nutzbar macht (Utilitätsprinzip Ericksons). [Darin liegt ein Hauptunterschied der hypnotherapeutischen Position Ericksons gegenüber der älteren, in Deutschland noch sehr verbreiteten suggestivtherapeutischen Auffassung und Praxis (vgl. Haley 1978 b)].

Die Untersuchungen und Positionen dieser Forschungsgruppe sind für die Psychotherapie deshalb von so großer Bedeutung, weil sie manche Orientierungsprobleme und Unsicherheiten von Psychotherapeuten bezüglich Autoritätsausübung und Interventionsmethodik zu beheben vermögen. Sie stellen eine klare Kritik der aus der Tradition des deutschen Idealismus stammenden Philosophie des zu freier Entscheidung fähigen (autonomen) Individuums dar, die auf der Seite des Therapeuten zu einer liberalen (wenn nicht Laissez-faire-) Position oder »antiautoritären« Einstellung und zu einer klinischen Überschätzung von Einsicht und Eigenverantwortung verführt.

Die dargestellten kommunikations- und systemtheoretischen Positionen relativieren diesen Freiheitsaspekt, indem sie die systemischen Bezüge und Abhängigkeiten auch des freiesten, reifsten und autonomsten Individuums mit zur Geltung bringen, damit (psychoanalytisch häufig übersehene) unbewußte familienbezogene Motive eines Patienten überhaupt erst identifizieren und nachdrücklich vertreten, daß der Umgang mit Patienten je nach ihrem Entwicklungs- bzw. Regressionsstand und der Eigenart ihrer Störung unterschiedlich starke Einflußnahmen seitens des Therapeuten erfordert, wenn therapeutische Ziele auch wirklich erreicht werden sollen. Denn in der Therapie ist die gute Absicht zwar honorig, es zählt jedoch nur der Erfolg.

Die kommunikationstheoretische Analyse der Psychotherapeuten-Patienten-Beziehung hat zugleich plausibel gemacht, weshalb es unbedingt nötig ist, sich ausdrücklich mit Eigenart, Chancen aber auch Risiken dieser Beziehung zu beschäftigen: weshalb psychotherapeutische Ansätze, die diese Beziehung als zu wenig »wissenschaftlich« ursprünglich meinten weitgehend außer Betracht lassen zu können, wie der verhaltenstherapeutische, sich bald nach ihrem Eintritt in das mannigfaltige Reich wirklich klinisch

relevanter Störungen gezwungen sahen, ihre Auffassung zu revidieren.
Verschiedene Ansätze: psychoanalytisch-sozialwissenschaftliche, institutions-soziologische und wissenschaftskritische, haben schließlich in den letzten Jahren intensiv die sozialen Abhängigkeiten und Bezüge des Psychotherapeuten untersucht und offengelegt, wie diese neben persönlichen und fachlichen Faktoren als soziale Determinanten über ihn in die psychotherapeutische Beziehung und den psychotherapeutischen Prozeß hineinwirken. Von engeren institutionellen Bindungen aus dem Arbeitsverhältnis (bei in Institutionen tätigen Psychotherapeuten) über die Loyalität zu einer Fachvereinigung und Bindungen berufsrechtlicher Art bis hin zu Verpflichtungen gegenüber Kostenträgern und öffentlich-rechtlichen Instanzen sowie schließlich Folgen der Sozialklassenposition des Psychotherapeuten reichen die dabei identifizierten Faktoren, unter deren Einfluß der Psychotherapeut bei seiner Arbeit steht (Strotzka 1980).
Wie er mit diesen sozialkulturellen Einflußfaktoren umgeht, wie er die expliziten und impliziten Anforderungen aus diesem weiten Bereich erlebt und wie reflektiert oder unreflektiert er sie beantwortet, davon hängen das Selbstverständnis seiner Tätigkeit, die Eigenart seiner Arbeit und deren Wirkung wesentlich mit ab. Intensität und Art seiner Reflexion auf seine soziale Position und seinen sozialen Ort entscheiden wesentlich mit darüber, ob seine fachlichen Überzeugungen auch hinsichtlich ihrer gesellschaftlich-politischen Implikationen vertretbar sind oder ob sie aus der Position umfassender gesellschaftlich-politischer Reflexion, Information und Orientierung eher als ideologisch bezeichnet werden müssen.

II. Aufnahme des Kontaktes mit dem Patienten und Ernstnehmen seiner Eigenart

Gilt es nicht mehr, genau definierte »Krankheiten« nach bestimmten dafür »indizierten« Methoden zu behandeln, dann ist die erste Aufgabe des Psychotherapeuten, auch mit schwierigen Patienten therapeutischen Kontakt herzustellen, die nicht von sich aus wie ein strukturierter Neurotiker um Hilfe nachsuchen oder die nicht wie er ein Problem klar artikulieren. Im Mittelpunkt der psychotherapeutischen Bemühungen der letzten Jahre steht die Umsetzung des oben beschriebenen neuen tieferen Verständnisses schwerer gestörter Patientengruppen in die Tat anläßlich der Aufgabe, mit solchen Patienten überhaupt Kontakt aufzunehmen, sich ihnen mit dem Ziel der Realisierung psychotherapeutischer Hilfe zu nähern, d. h. den Kontakt zu ihnen aktiv herzustellen und ihn dann auch über kritische Situationen hinweg möglichst aufrechtzuerhalten. Als ein wesentlicher Weg dazu hat sich eine im Grunde alte ärztliche Maxime erwiesen: den Patienten ernst zu nehmen hinsichtlich seiner Beschwerden, Klagen, der Eigentümlichkeit seines Erlebens, seiner Mentalität, Lebensart und Lebensumstände – anstatt ihn schnell als Fall unter eine bekannte Krankheit zu subsummieren und von seinen subjektiven Beschwerden, seiner »Abwehr« oder seinem »Widerstand« zu seinem (ihm unbewußten bzw. unbekannten) »eigentlichen Problem« vorzustoßen.

Diesem Ernstnehmen der geklagten Beschwerden, dem Sicheinlassen auf die Erlebensweise des Patienten verdankt die Verhaltenstherapie, die sich in den letzten Jahren intensiv auf klinische Mannigfaltigkeit eingelassen hat, einen guten Teil ihres klinischen Erfolgs. Insbesondere hat jedoch die kommunikations- und systemtheoretisch orientierte Psychotherapie mit ihrer schlicht zu formulierenden, aber nicht immer leicht zu realisierenden Anweisung, die Symptomatik von Patienten positiv (im Sinne des Patienten und seines Umfeldes) zu verstehen und solch positives Verständnis dem Patienten gegenüber vor allem zum Ausdruck zu bringen, dazu beigetragen, Psychotherapeuten den Weg zum Kontakt mit schwierigen Patienten zu weisen. Das hat ermöglicht, so mit solchen Patienten umzugehen, daß eine begründete Chance entsteht, auch diese Patienten therapeutisch zu erreichen.

Die wachsende Kompetenz von Psychotherapeuten, sich auf Patientengruppen einzustellen, die in unterschiedlicher Richtung stark vom Selbstverständnis bürgerlicher Normalität und »Autonomie« in ihrem Erleben, Sichverhalten, ihrer Mentalität und Lebensweise abweichen, hat die Grenze der sogenannten

Therapierbarkeit beträchtlich verschoben, leider jedoch nicht voll aufgehoben. Zu Süchtigen, Dissozialen, narzißtischen und schizoiden Charakteren, aber auch zu Menschen mit psychotischen oder psychosomatischen Störungen, zu schwer somatisch Kranken und Behinderten, aber auch zu extrem sozial oder politisch Belasteten: Randgruppen, politisch Verfolgten, Gastarbeitern und Minoritätsgruppen verschiedener Art haben Psychotherapeuten, die sich spezifisch informiert und engagiert haben, Zugang gefunden und damit bewiesen, daß die bezüglich vieler dieser Gruppen von manchen Psychotherapeuten konstatierte Unzugänglichkeit bzw. Nicht-Therapierbarkeit eine Folge der besonderen (für diese Patientengruppen nicht geeigneten) Umstände ist, mit denen die Annäherung dieser Therapeuten an diese Patientengruppen ganz selbstverständlich und unbemerkt für die Therapeuten verbunden ist, d. h. ein professionelles Interaktionsartefakt darstellt.

Erkennt man, daß Vertrautheit mit der Besonderheit von Mentalität, Milieu und Subkultur eine wesentliche Voraussetzung erfolgreicher Kontaktaufnahme in diesen Fällen ist, dann ergibt sich ein weiterer neuer Gesichtspunkt, daß Psychotherapie in bezug auf diese Gruppen möglicher Patienten nicht ausschließlich als verbale Therapie gestaltet werden kann. Im Zusammenhang mit den hier angesprochenen Erweiterungen des psychotherapeutischen Tätigkeitsfeldes haben Handeln, Gestalten und Erfahren der eigenen Leiblichkeit in mannigfaltigen unterschiedlichen Formen zentrale Bedeutung innerhalb eines – verbale Kommunikation allerdings stets miteinschließenden – therapeutischen Gesamtkonzepts gewonnen. Der Zugang zu Patienten auf diesen Wegen, die bis heute oft nur als Hilfsmethoden der verbalen Psychotherapie angesehen werden, hat sich in vielen Fällen als derjenige erwiesen, durch den überhaupt erst ein intensiver Kontakt mit dem Patienten zustande kam. Zu den schon länger bekannten Verfahren dieser Art sind eine große Mannigfaltigkeit neuer Verfahren hinzugekommen, die von psychologischer Seite entwickelt wurden, weitgehend außerhalb der Psychiatrie betrieben werden, schrittweise jedoch in psychiatrische und psychotherapeutische Institutionen Einlaß finden (Petzold 1977, 1982 a, b; Becker 1981; Damm 1985).

Die klinische Bedeutung dieser aktions-, gestaltungs- oder leibbezogenen Verfahren liegt darin, daß sie viele psychogene Störungen direkt und unmittelbar zur Manifestation bringen, wodurch für die Bearbeitung eine lebensnahe konkrete Situation entsteht. Gegenüber der Unmittelbarkeit des Handelns, Gestaltens und Sich-Leiblich-Erlebens ist die verbale Mitteilung über sich selbst trotz ihrer Verknüpfung mit allen Aspekten der Person eine vermittelte, distanzierte Form der Äußerung. Da psychogene Störung stets mit Desintegration unterschiedlicher Art und unterschiedlichen Ausmaßes verbunden ist, wie uns Suggestivtherapie (Hypnose) wie Psychoanalyse gleichermaßen gelehrt haben, ist in all diesen Fällen die Beziehung der Kognition zum Antriebs- und Handlungsbereich, den Affekten, dem Leiberleben und der Motorik gestört. Es gibt keinen klinischen Grund für die Vorstellung, daß gerade der Zugang über die Kognition (sprachliche Mitteilung) für alle klinisch relevanten Patientengruppen den besten Weg zu therapeutisch günstiger Beeinflussung der personalen Integrationsstörung darstelle.
Eine gewisse Nähe zu den eben behandelten Verfahren zeigt die Verhaltenstherapie, die sich ebenfalls in den letzten Jahren beträchtlich weiterentwickelt hat. Sie hat in dem Maße, in dem sie sich neben Ratten und Studenten auch psychiatrisch Kranken zugewandt hat, zu einer immer intensiveren Auseinandersetzung mit dem (nicht unmittelbar wie Verhalten beobachtbaren) Bereich der Konzepte und Erwartungen, Überzeugungen, Einstellungen, Maximen und sonstigen Ordnungsschemata geführt, die Verhalten steuern und damit Verhaltensstörungen wesentlich mitbestimmen. Auf ihre Art hat die Verhaltenstherapie damit der Domäne der Psychoanalyse (die sie früher so sehr wegen ihrer Unwissenschaftlichkeit verachtet hat) Tribut gezahlt. Aus dieser verhaltenstherapeutischen Forschung sind eine Reihe von auf den kognitiven Bereich im Zusammenhang mit Verhalten direkt gerichteten Therapieverfahren hervorgegangen, die unser therapeutisches Repertoire des konkreten direkten handlungsmäßigen Umgangs mit Patienten durch Aufgabenstellung sehr bereichert haben (Goldstein 1978; Hautzinger 1981; Hoffmann 1979; Jaeggi 1979; Kanfer u. Goldstein 1977; Schmidtchen 1978).

In noch stärkerem Maße gilt dies für die kommunikations- und systemtheoretisch fundierten Behandlungsverfahren. Beruhen sie doch therapeutisch auf dem Prinzip, auf einzelne, insbesondere aber Familien so verbal (kognitiv) Einfluß zu nehmen, daß die jeweils intendierte Verhaltensänderung zustande kommt, indem die das neue Verhalten bisher verhindernde Kognition modifiziert wird, ohne daß es zu einer (die Verhaltensänderung erschwerenden, wenn nicht überhaupt in Frage stellenden kognitiv determinierten) Widerstandsreaktion des Patienten(systems) kommt. Dies gelingt (wenn es gelingt) durch eine sorgfältige und genaue Berücksichtigung der Regeln, die das dysfunktionale (gestörte) Verhalten des Patientensystems bisher bestimmen, unter Ausnutzung der Möglichkeit, plausible (bewußte) Zielsetzungen und Interessen, d. h. Kognitionen, einerseits ausdrücklich zu verstärken, andererseits durch die Art der Verstärkung unbemerkt umzudeuten, neu zu definieren.

Die anregende Bedeutung dieses scharfsinnigen Verfahrens für psychiatrisch ernster gestörte Patienten besteht darin, daß das klinische Risiko des Steckenbleibens im »Widerstand« oder in folgenloser bloßer »Einsicht« bezüglich Hintergründen der eigenen Pathologie (einer Variante von Widerstand) weitmöglichst vermieden wird. Dies Verfahren hat das Verdienst, daran sehr nachdrücklich erinnert zu haben, daß nicht Einsicht des Patienten in Hintergründe seiner Störung Sinn und Ziel der Psychotherapie ist, sondern ein gesünderer, reiferer, zu weiterer Entwicklung fähiger Mensch (bzw. Familie), und daß psychotherapeutische Verfahren nur so weit vertretbar sind, wie sie eine gute Chance haben, dies Ziel in bezug auf eine bestimmte Klientel auch wirklich zu erreichen. Das leitet bereits zur Psychoanalyse über.

Die oben skizzierte Vertiefung des psychoanalytischen Verständnisses psychiatrisch relevanter Störungen war und ist mit bedeutenden Veränderungen der psychoanalytischen Möglichkeiten des Zugangs zu Patienten und des Umgangs mit ihnen verbunden. Immer deutlicher stellte sich im Laufe der letzten Jahre heraus, daß die klassische Weise des psychoanalytischen Umgangs mit Patienten für neurotische Störungen konzipiert ist, die sich erstens auf dem strukturellen Hintergrund eines intakten (strukturell normalen) Ich

(Selbst) und zweitens relativ spät, nämlich aus der Konfliktverarbeitung der (spät angesetzten) ödipalen Phase, entwickeln. Viele Eigentümlichkeiten der psychoanalytischen Beziehung, viele Erwartungen bezüglich des Analytikers wie des Patienten, lassen sich daraus ableiten, viele Normen und Maximen des Umgangs mit Patienten sind in diesem Zusammenhang plausibel und gültig – aber eben auch *nur* in diesem Zusammenhang. Folgerichtig stellte schon Freud fest, daß Patienten mit Ich-Defekten dieser klassischen psychoanalytischen Therapie gegenüber einen meist unüberwindlichen »Widerstand überhaupt« produzieren (vgl. Fürstenau 1979, S. 44 ff.).

In den letzten zwei Jahrzehnten entwickelte die psychoanalytische Forschung Modelle eines komplexen Umgangs mit Patienten, d h. manche Analytiker entdeckten Variablen (Dimensionen mit unterschiedlichen Werten), wo früher eine Konstante »selbstverständlich« und die Dimension ganz unbekannt war: z. B. Anzahl der in die Behandlung einbezogenen Personen auf der Patientenseite, Zielsetzung, Behandlungssetting, zeitliche Gestaltung der Behandlung, Anzahl der an der Behandlung beteiligten Personen auf der Analytikerseite, Einbeziehung von Aktion, Gestaltung und Leiberfahrung in die psychoanalytische Behandlungssituation (im Gegensatz zu ausschließlich verbaler Behandlungsgestaltung), deklaratorische Interventionsweisen (neben sinnkommunizierenden). Damit wandelte sich die ziemlich global-normative und ziemlich idealistische psychoanalytische Behandlungstheorie in eine auf klinische Unterschiede bezugnehmende recht komplexe Praxeologie.

Das führt konsequent sogar zu einer »neuen Sprache« für die nun primär als Handeln aufgefaßte psychoanalytische Therapie (Schafer 1982). Die mit all dem angedeutete Erweiterung des psychoanalytischen Behandlungsparadigmas zeugt von der bisher nicht ausgeschöpften Potenz des psychoanalytischen Prinzips: der Dialektik der bewußten und unbewußten Aspekte in der Beziehung zwischen Eltern und Kindern, der Dialektik von innerer Welt und sozialer Welt des Miteinander. So hat die Entwicklung der letzten Jahre viele für selbstverständlich erachtete Normen (Maximen) der psychoanalytischen Tradition in ihrem Geltungsbereich eingeschränkt,

d. h. relativiert, und zu einer Erweiterung des psychoanalytischen Verständnisses und des psychoanalytischen Umgangs mit Patienten(systemen) geführt.

III. Das Behandlungssetting als kurativer Faktor

Der sozialwissenschaftliche Ansatz der vergleichenden Psychotherapieforschung der letzten Jahre hat uns das Behandlungssetting (-arrangement) als soziale Struktur sehen gelehrt und sehr dazu beigetragen, im Setting einen wesentlichen kurativen Wirkfaktor der Psychotherapie zu erkennen. Neben, ja schon »vor« dem, was der Psychotherapeut in der jeweiligen Behandlungssituation tut, sagt oder veranlaßt, »arbeitet« das Behandlungssetting als soziale Struktur für – oder gegen die Behandlungsintention. Diese sozialwissenschaftliche Perspektive sieht ein wesentliches Moment der Therapie als Veränderung schon darin, daß der Patient in diese für ihn neue Situation überhaupt eintritt, sich auf sie einläßt, sie akzeptiert und für längere oder kürzere Zeit als ein einzuhaltendes Ritual in sein Leben integriert. Das bedeutet konkret, daß sich das psychosoziale System, in dem der Patient (bzw. die Familie) lebt, durch Aufnahme der Therapie um die Behandlungsbeziehung erweitert. Diese Erweiterung ist ein mehr oder weniger folgenreicher Eingriff in das Patientensystem. Auf dem Hintergrund dieses soziodynamischen Verständnisses hat sich eine Sensibilität für die Bedeutung der Gestaltung des Behandlungsarrangements entwickelt. Die unbefangene Selbstverständlichkeit, mit der manche psychotherapeutische Schulen ohne Berücksichtigung des Systemgesichtspunkts bis heute Standardsettings propagieren und praktizieren, läßt sich unter diesen Umständen wissenschaftlich nicht mehr aufrechterhalten.

Versteht man die Etablierung einer Behandlungsbeziehung mit einem bestimmten Arrangement als Eingriff in ein bestimmtes psychosoziales System, dann wird sofort deutlich, daß das jeweilige Arrangement bestimmte Beziehungsaspekte und damit Themen, »Probleme«, (Lebens-)Aufgaben fokussiert, d. h. zu besonderer Manifestation und Bearbeitung bringt, andere eher nur am Rande berührt. So setzen z. B. die Partnertherapie oder Familientherapie unter Einbeziehung von Kindern bzw. Großeltern bestimmte Akzente; aber auch die Einzeltherapie, die zur Beschäftigung mit »sich selbst« und den »inneren« Problemen einlädt.

Hinzu kommt ein zweiter soziodynamischer Gesichtspunkt: Jede psychotherapeutische Beziehung stellt eine artifizielle (professionelle) Variante der Eltern-Kind-Beziehung dar und aktualisiert diesbezügliche Regression und Übertragung (fixierte Verarbeitung von Eltern-Kind-Erlebnissen). Das haben Suggestivtherapie wie Psychoanalyse gleichermaßen gezeigt. Insofern bringt jedes psychotherapeutische Beziehungsarrangement konflikthafte (innere wie äußere) Elternbindung, verbliebene Kindlichkeit zur Manifestation zwecks Bearbeitung. Mit diesem Bindungsaspekt hängen nun die klinischen Risiken insbesondere langfristiger Settings zusammen: Die Wirkungen der Einführung eines Elternrepräsentanten in das bestehende Beziehungssystem des Patienten durch das Setting können stärker sein als die gegenläufigen therapeutischen Anstrengungen, die Elternbindung durch verbale Intervention aufzuarbeiten, d. h. aufzulösen. Darin besteht systemdynamisch das klinische Mißlingensrisiko aller langfristigen psychotherapeutischen Arrangements, insbesondere jedoch des einzelpsychotherapeutischen. Indikationsentscheidungen ohne Berücksichtigung und d. h. Abklärung der erwartbaren systemdynamischen Rückwirkungen des erwogenen Behandlungsarrangements werden künftig deshalb als leichtfertig angesehen werden müssen.

Wiederum läuft der sozialwissenschaftlich begründete Fortschritt des Verständnisses auf eine Problematisierung der Vorbildfunktion der Organmedizin für die Psychotherapie hinaus, diesmal bezüglich der langfristigen Einzelpsychotherapie als »Methode der Wahl«.

In dem Maße, in dem in der Psychotherapie der letzten Zeit eine Mannigfaltigkeit unterschiedlicher Behandlungsarrangements entwickelt wurde, tritt die akzentuierende Besonderheit, aber auch Beschränktheit jedes einzelnen Settings klarer hervor. Dies gilt natürlich auch für die im vorigen Abschnitt bereits besprochenen unterschiedlichen Zugangsweisen neben dem verbalen.

Das führt zu einem weiteren wichtigen Gesichtspunkt aus den Erfahrungen der letzten Jahre: Die Vorstellung, daß sich die gesamte psychogene Problematik eines bestimmten Patienten in einer einzigen Behandlung in einem einzigen Setting mit einem einzigen Therapeuten in der Regel und im wesentlichen erschöpfend aufarbeiten lasse, muß angesichts der klinischen Erfahrung aufgegeben werden, daß psychotherapeutische Beratung und Behandlung eher einem fraktionierten, seriellen, sequentiellen Muster entsprechen. Behandlungen in unterschiedlichen Settings folgen häufig aufeinander: Psychoanalyse, analytische Gruppentherapie oder: Krisenintervention, kurzfristige Beratungen, mittelfristige Behandlung, auch einmal eine längerfristige Therapie.

Dies hängt offensichtlich damit zusammen, daß neue Lebenslagen im Sinne des oben (Abschn. A.II.1.) skizzierten dynamischen Familienpositionsmodells Beschwerden aktualisieren, Krisen provozieren oder auch Beschwerden und damit auch Behandlungsmotivationen abklingen lassen, zu Überwindung von persönlichen Schwierigkeiten führen. In vielen Fällen suchen Klienten Hilfe in bestimmten Situationen für die Bewältigung bestimmter Lebensaufgaben oder Beschwerden, d. h. mit einem begrenzten Ziel, und suchen später in einer neuen Situation erneut um begrenzte Hilfe nach. Nur ein Teil der möglichen Klientel ist an langfristiger Behandlung interessiert. Schon vor 40 Jahren hat Glover (1955) registriert, daß viele Psychoanalysen nicht lege artis im Sinne einer idealistisch-normativen Theorie abgeschlossen werden.

Damit gewinnen Beratungen, Kriseninterventionen, kurz- und mittelfristige Behandlungsangebote besondere Bedeutung und fordern von der psychotherapeutischen Forschung entsprechende Beachtung (vgl. z. B. Bellak u. Small 1972; Strotzka 1978). Viele neuere Behandlungsverfahren sind von vornherein eher als kurz- bzw. mittelfristige angelegt; auch innerhalb der Psychoanalyse sind solche Verfahren in den letzten beiden Jahrzehnten konzipiert und erprobt worden.

Die Entwicklung vom Standardsetting zu einer beträchtlichen Differenzierung unterschiedlicher psychotherapeutischer Arrangements mit je verschiedener Akzentuierung hat dazu geführt, daß jetzt häufig mehrere Therapeuten mit einem bestimmten Patienten bzw. einer bestimmten Familie arbeiten. Organmediziner und Psychotherapeuten oder Stationsarzt, Gruppenpsychotherapeut, verschiedene Spezialtherapeuten und Pflegepersonal, d. h. ein ganzes Stationsteam sind an der Behandlung bestimmter Patienten beteiligt (Psychotherapiekombinationen bzw. komplexte Therapie; vgl. Helmchen et. al. 1982 a, S. 349; Janssen 1979; von Uexküll 1981). Damit sind an die Kooperationsfähigkeit der Therapeuten große, häufig nicht angemessen bewältigte Anforderungen gestellt. Ohne ein umfassendes differenziertes gemeinsames Behandlungskonzept kann diese Kooperation nicht gelingen, und gerade dies fehlt vielerorts.

IV. Interventionstechniken und ihre konzeptuell-strategische Einbettung

Die Vertiefung unseres Verständnisses für unterschiedlichste Formen psychogener Störung, d. h. verschiedenste Gruppen von Patienten mit erlebnisbedingten Schwierigkeiten, hat in den letzten Jahren zu einer großen Mannigfaltigkeit vorgeschlagener und praktizierter Behandlungsverfahren geführt, für die häufig ganz bestimmte in ihren Grundgedanken einfach zu beschreibende Techniken charakteristisch sind. Diese Techniken üben auf Therapeuten häufig große Faszination aus. Diese Faszination führt zu der Versuchung, die betreffende Technik als eine Standardtechnik zu verstehen und zu gebrauchen – ohne genügende Reflexion auf die gesamte Konzeption, innerhalb derer die Technik von ihren Urhebern entwickelt und erprobt wurde. Damit entfällt dann die Möglichkeit, eine spezifische Indikation mit maximaler Wirkungschance zu stellen. Allerdings haben manche der in den letzten Jahren aufgekommenen und verbreiteten Techniken keine konzeptuell-strategische Einbettung, sondern sind Ad-hoc-Entwicklungen aus den spezifischen Vorlieben ihrer Kreatoren. Wird ein Verfahren ohne konzeptuellen Hintergrund propagiert und verbreitet, liegt die Vermutung nahe, daß es höchstens für leichte neurotische Störungen gedacht und geeignet ist, die häufig ebenso gut oder besser durch ein bereits länger erprobtes Verfahren zu behandeln sind. Jedenfalls setzt die Verwendung psychotherapeutischer Techniken wie z. B. der des katathymen Bilderlebens voraus, daß der Anwender über

eine umfassende klinische Orientierung, z B. anhand der psychoanalytischen Praxeologie, verfügt, aus der heraus er die Indiziertheit der betreffenden Technik für die betreffende Behandlungssituation sicher und richtig einzuschätzen versteht.
An der Frage, wie reflektiert Psychotherapietechniken eingesetzt werden, entscheidet sich der klinische Standard der psychotherapeutischen Praxis zu einem guten Teil. Der heutige Stand des Verstehens psychogener Störungen und der Grad der Ausarbeitung klinisch umfassender differenzierter Behandlungskonzeptionen ermöglichen einen hohen Standard psychotherapeutischer Praxis, sofern die zugängliche klinische Erfahrung differenziert zur Kenntnis genommen und persönlich angeeignet wird.

V. Institutionalisierung der Behandlung psychogener Störungen

Auf dem Hintergrund der oben (Abschn. A.II.3.) geschilderten Entwicklung der Sensibilität für institutionelle, letztlich gesellschaftliche Zusammenhänge haben die mit der Institutionalisierung der Therapie psychogener Störungen zusammenhängenden Fragen in den letzten Jahren bei uns erhöhte Beachtung gefunden. Der Bedarf an Hilfe, Beratung und Psychotherapie wurde öffentlich diskutiert und führte zum Ausbau helfender, beratender, behandelnder Dienste und Einrichtungen, allerdings regional und auch sonst sehr unterschiedlich. Die Ausbildung für soziale, sozialpädagogische, psychologische und therapeutische Berufe wurde durch Grundorientierungen und -informationen bezüglich psychosozialer Zusammenhänge und psychologisch-beratenden Umgangs mit einzelnen Klienten, Gruppen und Familien erweitert. Auch in die Ärzteausbildung wurden neue – weitere – »Fächer« eingeführt; in der ärztlichen Weiterbildung stehen jetzt zwei Bereichsbezeichnungen (»Psychotherapie« und »Psychoanalyse«) zur Verfügung.
Das öffentliche Interesse am Stand der psychiatrischen und psychotherapeutisch-psychosomatischen Versorgung der Bevölkerung führte Anfang der siebziger Jahre zum Auftrag an die Bundesregierung, eine diesbezügliche Bestandsaufnahme und Reformvorschläge

zu veranlassen. Dies war der Anstoß zur Erarbeitung des umfassenden »Berichtes über die Lage der Psychiatrie und der psychotherapeutisch/psychosomatischen Versorgung der Bevölkerung« (1975), der gemeinsamen Leistung einer größeren Anzahl engagierter Fachkräfte aus den verschiedenen beteiligten Berufen.

Der Bericht fordert eine größere Differenzierung im Bereich der psychiatrisch-psychotherapeutischen Dienstleistung, fachliche und organisatorische Reformen und planmäßigen Ausbau der notwendigen Einrichtungen. Die Enquête steht jedoch nicht so sehr am Anfang einer Phase des Ausbaus psychiatrisch-psychotherapeutischer Dienste, sondern fast schon am Ende eines solchen Expansionsprozesses.

Im ambulanten Beratungsbereich konnten die Erziehungsberatungsstellen der Ausweitung der fachlichen Perspektive wegen ihrer inneren Gestaltungsfreiheit (im Rahmen der durch den jeweiligen Träger gesetzten Grenzen) am ehesten nachkommen. In speziellen ambulanten Bereichen wie der Drogenberatung, der Rehabilitationsarbeit im Justizvollzugswesen, der Studentenberatung und Schwangerenberatung wurde die politische Brisanz der entsprechenden Arbeit im Hin und Her von öffentlicher Förderung, Ausbau, Restriktion, Behinderung bis hin zur Schließung eklatant deutlich (vgl. Spazier u. Bopp 1975).

Die Institutionalisierung der analytischen bzw. tiefenpsychologisch fundierten Psychotherapie innerhalb der gesetzlichen Krankenversicherung (unter dem Einfluß der Rechtsprechung) mittels eines singulären Begutachtungs- und Genehmigungsverfahrens versucht, die diesbezüglichen Kosten in Grenzen zu halten. Dem gleichen Zweck dient das suggestive Verfahren, Begrenzungen des Leistungsumfangs durch Formulierung von »Regel-«Erwartungen über die Dauer einer ausreichenden Behandlung zu erreichen. Die Bereitschaft der Ärzte, sich im Einzelfall für eine längere notwendige und angemessene Behandlung einzusetzten, wird damit sehr gedämpft, und die Chance der Patienten, von ihren Ärzten über die Leistungspflicht ihrer Krankenkasse richtig und klar informiert zu werden, ebenfalls.

Dabei machen die genehmigungspflichtigen psychotherapeutischen Leistungen nach einer verdienstvollen Erhebung von Faber (1984)

häufigkeitsmäßig nur 7% (!) der gesamten Leistungen aus, die in den letzten Jahren im ambulanten Bereich von Kassenärzten für Psychotherapie geltend gemacht wurden.
Die Institututionalisierung der analytischen Psychotherapie ist mit fachlicher Unflexibilität und Rückständigkeit erkauft und erfüllt ihren Zweck, jedem Versicherten zu der nach heutigem Erfahrungsstand angemessenen und noch dazu wirtschaftlichen Behandlung zu verhelfen, nicht: Wichtige Behandlungssettings wie die Paar- und Familientherapie, und wichtige Zugangsweisen zum Patienten wie die Körpertherapie, kreative und psychodramatische Verfahren fehlen völlig.
Unter all diesen Umständen ist es verständlich, daß manche Psychoanalytiker mit diesem Verfahren zunehmend unzufrieden sind, es für adaptiv in einem schlechten Sinne halten und die psychoanalytische Beziehung am liebsten ganz von Krankenbehandlung abgegrenzt wissen wollen (Lohmann 1983, 1984; vgl. aber auch Cremerius 1981).
Vor- und Nachteile ambulanter psychologischer Beratung, die nur unter den unmittelbar Beteiligten vertraglich ausgehandelt wird, sind an den Verhältnissen ablesbar, die im Bereich der hauptsächlich von Psychologen außerhalb kassenärztlicher Regelungen in freier Praxis angebotenen und durchgeführten Beratungen herrschen. Die Nachteile dieses atomistischen Marktes sind evident, die Vorteile werden heute meistens übersehen und wohl erst deutlich im historischen Rückblick erkennbar werden, wenn öffentlich-rechtliche Regelungen früher oder später auch den Bereich der Psychotherapie durch Psychologen außerhalb der Kassenpsychotherapie erfaßt haben.
Für die Situation des psychotherapeutischen Umgangs mit psychogenen Störungen innerhalb der kassenärztlichen Versorgung überhaupt ist bemerkenswert, daß der Häufigkeitsanteil aller psychotherapeutischen Leistungen innerhalb des Gesamts abgerechneter ambulanter kassenärztlicher Leistungen 1982/83 weit unter 1% lag! Faber schreibt dazu: »Der Anteil psychodiagnostischer und psychotherapeutischer Interventionen in der medizinischen Versorgung ist mit 0,56% der gesamten Frequenz aller kassenärztlichen Leistungen so gering, daß man auf eine halbseitige Lähmung unseres

Gesundheitssystems und der medizinischen Wissenschaft schließen muß« (Faber 1984, S. 3652).
Im Bereich der stationären Behandlung psychogener Störungen zeigt sich ein beträchtlicher Unterschied zwischen psychosomatisch-psychotherapeutischen Kliniken und psychiatrischen.
Die psychosomatisch-psychotherapeutischen Kliniken, die meistens ursprünglich eher Neurosenkliniken als psychosomatische waren, haben sich den methodischen Fragen des erfolgreichen Umgangs mit schwerer gestörter Patientengruppen (Psychosomatosen, psychosenahen Persönlichkeitsstörungen, diffusen Angstzuständen, Abhängigkeitshaltungen) intensiv zugewandt. Janssen (1983) stellt in der Bundesrepublik in diesem Feld eine Entwicklung von pragmatisch orientierter Anwendung psychotherapeutischer Verfahren mit Übernahme ambulanter Behandlungsmodelle in den stationären Bereich über bipolare Modelle (die einen stationären Lebensraum und einen psychotherapeutischen Raum unterscheiden) zu integrativen gruppentherapeutischen Modellen fest, innerhalb deren die Therapie als Behandlung der Patientengruppe durch die Therapeutengruppe im Sinne einer dynamischen Einheit verstand wird (vgl. hierzu ferner Beese 1978; Heigl u. Neun 1981; Hilpert et al. 1981; von Uexküll 1981).
Was in diesem Bereich weitgehend noch aussteht, ist die methodische Berücksichtigung systemischer (familiendynamischer) Gesichtspunkte.
Schwieriger ist – aus vielerlei Gründen – die Lage im Bereich der stationären Psychiatrie (Helmchen et al. 1982 a, b). Auf die gesellschaftlichen Aspekte institutioneller Psychiatrie ist oben (Abschn. A.II.3.) bereits hingewiesen worden, ebenso auf einen gewissen Reformtrend, der insbesondere organisatorische Faktoren betrifft.
Zu einer konsequenten sozialpsychiatrischen Perspektive ist es in der Bundesrepublik bisher nicht gekommen. »Nicht zustande kommt eine eigenständige sozialpsychiatrische Perspektive, die weder Sozialhygiene, noch Fürsorge, noch Klinik, noch Rehabilitation allein anvisiert, sondern diesen und anderen Teil-Aspekten ihren Platz und ihre Vordringlichkeit erst einräumt aus der Einsicht, wie ökonomische, soziale, administrative sowie kulturell-normative

Prozesse durch die Institutionen hindurch – hier wären vor allem Familie und Arbeitsplatz zu nennen – pathogene Wirkungen entfalten können. Erst eine solche sozialpsychiatrische Perspektive würde den Teilbereichen sinnvolle Arbeitsziele und -methoden zuordnen können und ihren Wirkungskreis nach objektiv vernünftigen Gesichtspunkten eingrenzen. Die Freilegung eines solchen sozialpsychiatrischen Feldes würde allerdings den Rahmen der Medizin sprengen und neben fachbezogenen Entscheidungen auch politische Optionen nötig machen« schrieb Wulff 1972 (S. 142 f.). Aber das gilt auch noch heute: »Was bei uns fehlt, ist die politische Durchsetzung und die konkrete Bereitschaft der Aufnahme der psychisch Kranken in den normalen Lebens-, Ausbildungs- und Arbeitszusammenhang. ... Hierin scheint mir auch der objektive Grund dafür zu liegen, weshalb die Reformanstrengungen in der Psychiatrie in unserem Lande nicht so sehr auf eine tatsächliche Wiedereingliederung der seelisch Behinderten hinzielen, sondern auf eine zunehmende Perfektionierung des Versorgungssystemes und eine Schaffung von immer mehr und humaneren sozialen Nischen. Dies ist sicherlich ein Fortschritt gegenüber früher. Dieser Fortschritt bringt aber auch Gefahren mit sich. Die erstrittenen Lebenserleichterungen für Behinderte können in Krisensituationen vom Staat, aber auch von den Kommunen wieder rückgängig gemacht werden« (Wulff 1980, S. 253). Auf diesem Hintergrund ist es verständlich, daß es bezüglich des psychotherapeutischen Umgangs mit den Patienten einschließlich des sozio- und milieutherapeutischen in den psychiatrischen Einrichtungen keinen dem heutigen Erkenntnisstand entsprechenden Standard gibt (vgl. Helmchen et al. 1982 a, b). Stattdessen herrscht eine große Unsicherheit. Schon über den Umfang der psychotherapeutischen Aufgaben besteht wenig Klarheit. Handelt es sich nur um die Verarbeitung des Krankheitserlebens und die Herstellung einer verläßlichen Kooperation bezüglich Medikation, oder gehört das Eingehen auf die Lebensproblematik (die persönliche Vorgeschichte und die aktuelle soziale Situation) mit zu den Aufgaben auch schon der stationären psychiatrischen Behandlung? Soll man sich fast ganz auf die Medikamentenwirkung verlassen, was leicht zu einer gewohnheitsmäßigen Überdosierung und den damit verbundenen klinischen Risiken führt, oder existiert ein Konzept differenzierter Medikation, das auf die psycho-, sozio- und milieutherapeutischen Angebote abgestimmt ist? Gibt es ein unkoordiniertes Nebeneinander verschiedenster psycho-, sozio-, milieutherapeutischer Aktivitäten mit der Gefahr von Konfusions- und Spannungserhöhung bei Patientengruppe wie Personal, ein Experimentieren mit verschiedensten psychotherapeutischen und sonstigen Methoden und Techniken je nach den Vorlieben der betreffenden Mitarbeiter und ihrer zufälligen Vor- und Fortbildung mit den entsprechenden Verständigungs- und Kooperationsschwierigkeiten, oder existiert eine von ärztlicher Leitung, Pflegedienstleitung und Verwaltung gemeinsam vertretene differenzierte umgreifende Konzeption für die Gestaltung des stationären Milieus, die verschiedenen therapeutischen Angebote und Aktivitäten, die Methodik der therapeutischen Arbeit in diesen Sparten und die Kommunikation der Mitarbeiter über ihre Beobachtungen und Erfahrungen mit gemeinsamer Erarbeitung eines Verständnisses für die Geschichte und aktuelle Lebensproblematik eines jeden Patienten? Ist eine dieser Konzeption entsprechende Ausstattung mit fachlich genügend vorgebildetem und mit der Konzeption vertrautem Stammpersonal sichergestellt, geschieht eine entsprechende Personalauswahl seitens der Leitung, und ist die Fort- und Weiterbildung aller Mitarbeitergruppen einschließlich der Einweisung des jeweils neuen Personals auf die therapeutische Gesamtkonzeption abgestimmt und konzentriert?

Daß über alle diese Fragen vielerorts so viel Unklarheit besteht, hängt bekanntlich damit zusammen, daß Psychotherapie in der psychiatrischen Behandlung schwerer Störungen bei uns traditionell so gut wie keine Rolle spielte und daher hinsichtlich Personalausstattung, fachlicher Vorbildung des Personals, Gestaltung des stationären Milieus und Einsatzes von psychotherapeutischen Verfahren noch heute Standards als Ausgangslagen herrschen, die dem heutigen wissenschaftlichen Erkenntnis- und Erfahrungsstand überhaupt nicht entsprechen.

Paradigmawechsel in der Psychoanalyse (angesichts der strukturellen Ich-Störungen)

Erst die Entwicklung der pschoanalytischen Forschung der letzten Jahrzehnte über das Gebiet der klassischen Symptomneurosen hinaus, die Erhellung von Persönlichkeitsstörungen im engeren Sinne, Psychosen und Psychosomatosen, die Untersuchung von familiären Netzwerken und Gruppen wie Institutionen hat uns deutlich gemacht, in welchem Ausmaß die überkommene psychoanalytische Therapie-Konzeption von der Behandlung der Symptomneurose bestimmt ist. Sämtliche Charakteristika der klassischen psychoanalytischen Behandlung gelten explizit oder – gefährlicher, weil nicht reflektiert, implizit – nur unter der Voraussetzung der Eigenheiten und Besonderheiten strukturierter neurotischer Störungen (funktioneller Ich-Störungen). Nur vom Symptomneurotiker kann erwartet werden, daß er – prinzipiell autonom – für das Aufnehmen, Durchführen und Beenden einer psychoanalytischen Behandlung aus Leidensdruck, Krankheitseinsicht und Gesundungswillen selbst Verantwortung übernimmt, im Freiraum der psychoanalytischen Situation frei assoziiert, kontrolliert regrediert, die psychoanalytische Situation (auf der Couch liegend) produktiv nutzt und eine im wesentlichen »interne« seelische Konfliktproblematik bearbeitet – all dies weitgehend in eigener sich selbst verantwortlicher Regie mit der Konsequenz, daß sich der Analytiker – frei von allen Sorgen um klinische Komplikation – ausschließlich dem Verständnis der Interaktion des Analysanden mit ihm und der angemessenen Kommunikation von Sinnzusammenhängen widmen kann. Entsprechend arm ist die klassische psychoanalytische Behandlungstheorie. Sie kommt im Grunde mit sehr wenigem aus, da Leidensdruck, Krankheitseinsicht und Gesundungswille den Patienten viel in der Behandlung selbst tun lassen, nachdem er auf das vom Psychoanalytiker angebotene Arrangement und Verfahren eingegangen ist. Daß man nach dieser Konzeption nur eine sehr begrenzte Klientel erfolgreich therapieren kann, ist Freud immer mehr bewußt geworden. Wie weit oder eng der klinische Anwendungsbereich dieser psychoanalytischen Neurosentherapie auch sein oder gewesen sein mag, jedenfalls sind die Behandlungsmaximen der traditionellen Psychoanalyse an das Modell der Symptomneurose geknüpft und darauf eingeschränkt.

Dies wird selten klar erkannt; und wenn, werden die Konsequenzen dieser Erkenntnis selten explizit gezogen. Häufig kommt es daher zu nicht ausdrücklich reflektierten für selbstverständlich erachteten Übernahmen einzelner behandlungsmethodischer Momente der Neurosentherapie für den Umgang des Psychoanalytikers mit Persönlichkeitsstörungen und strukturellen Ich-Störungen, und zwar sowohl in der Behandlungstheorie wie in der Praxis – mit mehr oder weniger ausgeprägten negativen klinischen Folgen. Dies hängt damit zusammen, daß in der letzten Zeit zwar einige neue Überlegungen für die psychoanalytische Behandlung verschiedener nicht-symptomneurotischer Störungsgruppen beschrieben wurden, aber nicht gründlich reflektiert wurde, welche Rückwirkungen sich aus diesen Behandlungserwägungen auf die behandlungstheoretischen Grundlagen der Psychoanalyse ergeben. Das hat zu einer gewissen Konfusion und Orientierungskrise in der psychoanalytischen Therapeutik geführt. Aus mannigfaltigen diesbezüglichen Beobachtungen, Erfahrungen und Überlegungen in der Rolle des psychoanalytischen Therapeuten, Supervisors und Institutionsberaters erscheint mir wissenschaftstheoretisch der Übergang zu einem erweiterten Paradigma in der psychoanalytischen Therapeutik dringend geboten. Aus diesem erweiterten Paradigma läßt sich dann die klassische Neurosentherapie als einfacherer Spezialfall ableiten. Die klassische psychoanalytische Standardbehandlung ist also entgegen der Auffassung mancher Fachkollegen nicht etwa Paradigma für die weiteren Anwendungen von Psychoanalyse, sondern umgekehrt: Ein erweitertes Paradigma ist erforderlich, um sämtliche therapeutischen Aktivitäten von Psychoanalytikern konsistent und integrativ zu steuern und zu lenken. Auf diesen verhältnismäßig einfachen wissenschaftstheoretischen Zusammenhang kann hier nicht näher eingegangen werden. Statt dessen soll im folgenden ein allerdings sehr knapper Überblick über die zu dem erweiterten Paradigma als einem strukturierten Ganzen gehörigen

Momente gegeben werden. Es handelt sich um Überlegungen, die vom Modellbegriff einen analogen Gebrauch machen.
Zentrale Bedeutung kommt in diesem Zusammenhang einem dynamischen Strukturmodell zu, das die Verlaufsdynamik gesunden wie psychisch kranken familiären Lebens unter besonderer Akzentuierung der für die Psychoanalyse entscheidenden Eltern-Kind-Beziehung darstellt. Daraus ergibt sich eine Reihe von mindestens triangulären Netzwerken mit mehrfachem Positionswechsel des einzelnen im Verlauf seines Lebens (vgl. auch Haley 1978, Minuchin 1978). Zu dieser ersten Dimension des Modells kommt eine zweite, die sich auf die Persönlichkeitsentwicklung von den leibnahen Anfängen der Ichbildung bis zur reichen Ausdifferenzierung der reifen Persönlichkeit bezieht und den Spielraum progressiver wie regressiver Persönlichkeitsgestaltung betrifft (Gedo 1979). Schließlich gehört zu diesem Modell als dritte Dimension die der Funktionsaufteilung innerhalb familiärer Verbände. Die bekannteste störungsrelevante Operation der Funktionsaufteilung ist die unbewußte Delegation (Richter 1968, Stierlin et al. 1977). Zum Repertoire intrapersonaler Desintegrationsprozesse gehören nicht nur die Abwehrmechanismen nach dem Muster der Verdrängung, die späten Phasen der Persönlichkeitsentwicklung zugeordnet sind, sondern auch all die desintegrierenden Operationen, die mit frühen Phasen der Ichentwicklung und familiären Interaktion verbunden sind. Daraus ergibt sich eine neue erweiterte Bestimmung des Begriffs »unbewußt« im Sinne von »nicht integriert«. Bezugsrahmen für den Integrationsgesichtspunkt ist dabei nicht, wie im klassischen Paradigma, das Bewußtsein des einzelnen, sondern die umfassende Sinn-, Verständnis- und Kommunikationsstruktur familiärer Verbände. Darauf wird weiter unten näher eingegangen.
Aus diesen modelltheoretischen Grundüberlegungen ergibt sich als nächster Gesichtspunkt: daß die psychoanalytische Therapie unter Bezugnahme auf dieses Modell als eine artifizielle vorübergehende, der Eltern-Kind-Beziehung analoge Beziehung eigener Art definiert ist, die die Förderung gesunder bzw. gesünderer Weiterentwicklung (im Sinne des eben skizzierten Modells) zum Ziel hat. Sie bedient sich dabei struktureller und operationaler Instrumente, die nach

Analogie derjenigen konzipiert sind, die zum psychoanalytischen Modell gehören. Das Modell bewährt sich hier, indem es nach dem Analogieprinzip der Therapie Orientierung hinsichtlich Gestaltung und Durchführung bietet. Das bedeutet, daß das Modell gesunder Entwicklung, d.h. eine Gesundheitskonzeption, die psychoanalytische Therapie in vieler Hinsicht bestimmt und steuert. Es leuchtet unter diesen Umständen ein, daß die psychoanalytische Behandlung einen Doppelaspekt hat: einerseits bewußte, ausdrückliche Erfahrung und Aufarbeitung früherer Erlebnisse und der bis heute davon bestimmten Haltungen und Einstellungen mit der Chance ihrer Modifizierung; andererseits Anregung und Verarbeitung neuer Beziehungserfahrung und Einübung neuer Haltungen und Einstellungen (Fürstenau 1979). Die erste – entscheidende – neue Erfahrung wird durch die Aufnahme der persönlichen therapeutischen Beziehung und die Akzeptierung des vorgeschlagenen Behandlungsarrangements angeregt und vermittelt. Nach diesem erweiterten Konzept gehört die Verantwortung für neue Erfahrungen und neue Einstellungen prinzipiell mit zu den Funktionen des analytischen Therapeuten – ein Aspekt, der um so wichtiger ist, je stärker die seelische Störung mit Erfahrungen während der Ichbildungsphase zusammenhängt, es sich also um eine strukturelle, keine funktionelle Ichstörung handelt.

Das bedeutet eine beträchtliche Erweiterung der Rolle des analytischen Therapeuten gegenüber dem bisherigen Konzept des Neurosenanalytikers und stellt an das Selbstverständnis des Analytikers und seine Fähigkeiten neue Anforderungen. Ersichtlich kann er die auf ihn zukommende umfassende Aufgabe der Förderung persönlicher Weiterentwicklung und Gesundung des jeweiligen Patientensystems nur ausüben, wenn er an einem umfassenden Modell der psychosozialen Entwicklung orientiert ist und vom höchsten Punkt dieser Entwicklung aus gegenüber dem Patientensystem operiert. Das heißt: Der psychoanalytische Therapeut muß gegenüber dem Patientensystem »Triangularität« im Sinne postödipaler Erwachsenheit repräsentieren. Ist er in seiner theoretischen und praktischen Ausrichtung mit einer bestimmten Entwicklungsphase und deren Interaktionsmodalität, z.B. der ödipalen oder einer frühen dualen, präokkupiert, dann ist dies einer

erfolgreichen Ausübung analytischer Tätigkeit abträglich und führt früher oder später zu ungünstigen Behandlungsverläufen. Weiter ergibt sich aus der umfassenden Funktionsbestimmung die Notwendigkeit, über die klinisch jeweils angemessenen Maßnahmen (Interventionen) auf dem Hintergrund psychoanalytischer Wahrnehmung und Wahrnehmungsverarbeitung frei zu verfügen, wie auch sonst im Bereich der Medizin, d. h. nicht etwa die Vorstellung zu haben, die Mannigfaltigkeit klinischer Situationen lasse sich mit einigen wenigen Handlungsmaximen wie »Konfrontation«, »Interpretation« oder »Durcharbeiten« bewältigen.
Der Umgang des analytischen Therapeuten mit dem Patientensystem geschieht jeweils in einem bestimmten Rahmen, dem Behandlungsarrangement. Dieser Behandlungsrahmen strukturiert nicht nur die unmittelbaren persönlichen Interaktionen von Therapeuten (Analytikern, ggf. weiteren Beteiligten) und Patienten, sondern erfüllt in sich selbst entscheidend wichtige therapeutische Funktionen, die

1. mit der selektiven Fokussierung bestimmter personaler Beziehungen (Interaktionen), ggf. unter differenzierender Akzentuierung bestimmter therapeutischer Aktivitäten,
2. mit einer gewissen Regelung des Miteinanders für längere oder kürzere Zeit im Sinne einer Ritualisierung zusammenhängen, und damit, daß das Behandlungssetting,
3. nachdem sich beide Parteien darauf geeinigt haben, eine unpersönliche, eben sozialstrukturelle Weise der Einflußnahme auf den Patienten oder das Patientensystem darstellt.

Das Moment der selektiven Fokussierung bestimmter personaler Beziehungen hebt hervor, daß das Behandlungsarrangement jeweils bestimmte familiäre Interaktionen, d.h. Ausschnitte aus dem Lebenszusammenhang des Patienten, nach dem Analogieprinzip akzentuiert: z.B. die unmittelbare Beziehung zwischen einem Sohn bzw. einer Tochter und einem Elternteil in der psychoanalytischen Einzeltherapie oder die gemeinsame Beziehung von Söhnen und Töchtern als potentiellen Geschwistern zu ihren Eltern in der psychoanalytischen Gruppentherapie oder die

Beziehung eines Paares bzw. einer Familie zu therapeutischen Elternrepräsentanten.
Der Gesichtspunkt der selektiven Fokussierung bestimmter Aktivitäten bezieht sich besonders auf psychoanalytische Behandlungen, bei denen die verbale psychoanalytische Therapie mit bestimmten anderen therapeutischen Aktivitäten, z. B. einer internistischen medizinischen Behandlung, einer Körpertherapie, Gestaltungstherapie oder stationären Milieutherapie, kombiniert ist. Für das erweiterte Paradigma ist im Sinne der letzten Ausführungen ein größeres Repertoire verschiedener Behandlungsarrangements charakteristisch.
Kriterium für die Wahl des jeweiligen Behandlungsarrangements ist das auf einer entsprechenden Erstuntersuchung basierende psychoanalytische Urteil darüber, welcher Systembezug (Ausschnitt aus dem interaktionellen Lebensraum) bzw. welche speziellen Aktivitäten für den Zugang zum Patientensystem und für eine therapeutisch günstige Veränderung des Patientensystems die besten Chancen zu bieten scheinen.
Der Gesichtspunkt einer gewissen Regelung des Umgangs zwischen Psychoanalytiker und Patienten(system) für längere oder kürzere Zeit im Sinne einer Ritualisierung zwecks Konstituierung eines Rahmen für die therapeutische Arbeit weist auf spezifische therapeutische Funktionen des Behandlungssettings hin, die mit dem Eingehen und Einhalten von Absprachen, der Bindung an regelmäßige, vertraute Beziehung und mit Stabilität gegenüber intervenierenden situativen Faktoren zu tun haben. Sind die Partner der therapeutischen Interaktion strukturell ich-gestörte Patienten, dann kommt diesem Aspekt des Behandlungsarrangements ersichtlich eine basale und damit entwickelnde bzw. stärkende Wirkung zu. Wenn sich strukturelle Defekte von Patienten im Laufe der psychoanalytischen Behandlung als beeinflußbar und auflösbar herausstellen – wir sprechen dann ex post von Pseudodefekten –, geht dies sehr wesentlich auf diesen strukturellen Aspekt des Behandlungsarrangements zurück. Der Handhabung des Behandlungsrahmens kommt daher gerade bei der Behandlung strukturell ich-gestörter Patienten entscheidende Bedeutung zu.

Wegen der starken therapeutischen Potenz des Behandlungsarrangements gibt es jedoch hier wie bei allen wirkungsvollen therapeutischen Maßnahmen die Möglichkeit der Verkehrung einer therapeutisch günstigen Wirkung in eine schädliche: durch Über- oder Unterdosierung. Die Frage der Überdosierung stellt sich insbesondere bei langfristigen ambulanten wie stationären Einzel- und Gruppentherapien strukturell ich-gestörter Patienten, da diese Therapieformen den Patienten aus seinen familiären bzw. Partnerkontakten mehr oder minder herauslösen. Jede derartige psychoanalytische Therapie stellt in diesem Sinne einen markanten Eingriff in den Lebensraum und die Lebensverhältnisse des Betreffenden dar. Die Langfristigkeit erhöht das Risiko unbeabsichtigter schädlicher Nebenwirkungen des Behandlungsarrangements, die der therapeutischen Zielsetzung entgegenstehen, vor allem die Gefahr maligner Regression und maligner Übertragungsentwicklung. Statt den Patienten allmählich zu einem gesünderen Leben in seiner familiären und sonstigen Lebensumwelt zu befähigen, entfremdet die psychoanalytische Therapie unter solchen Umständen den Patienten seinem Lebensmilieu.
Ähnliche Erwägungen führen zur Problematisierung der bisher verbreiteten Praxis, verschiedene Familienmitglieder auf verschiedene unabhängig voneinander arbeitende Psychotherapeuten aufzuteilen. Konsequente systemtheoretische Orientierung bei Interaktionsdiagnostik und Indikationsstellung führen statt dessen in vielen Fällen zu paartherapeutischen bzw. familientherapeutischen Lösungen. Überhaupt gilt, daß die Eigenart des gewählten Behandlungsarrangements wegen der selektiven Akzentuierung bestimmter Eltern-Kind-Aspekte über längere Zeit den Ausgang der Therapie in gewisser Hinsicht und gewissem Ausmaß vorwegbestimmt; dies insbesondere dann, wenn kein zufriedenstellender Behandlungserfolg erreicht werden konnte.
Im Gegensatz zu den Verhältnissen bei Symptomneurosen erfordert die erfolgreiche psychoanalytische Behandlung von strukturellen Ich-Störungen aus verschiedenen Gründen in vielen Fällen im Laufe der Behandlung einmal oder mehrmals den Wechsel des Behandlungsarrangements, und zwar zum jeweils klinisch richtigen Zeitpunkt, ggf. auch den Wechsel der Kombination mit anderen

therapeutischen Aktivitäten, z.B. von einer (ambulanten oder stationären) Einzeltherapie zu einer paar- oder familientherapeutischen ambulanten Nachbehandlung.
Nicht minder bedeutungsvoll sind die Wirkungen der Unterdosierung. Wird das Behandlungsarrangement, aus welchen Gründen auch immer, nicht konsequent oder lange genug durchgehalten, kann es seine heilsamen Wirkungen nicht entfalten. Die Behandlung scheitert dann häufig aus diesem Grund. Dem liegt – insbesondere bei der Behandlung strukturell ich-gestörter Patienten – häufig eine Überschätzung der Bedeutung des persönlichen, insbesondere verbal-kommunikativen Aspekts der psychoanalytischen Behandlung im Verhältnis zu den sozial-strukturellen Arrangementwirkungen zugrunde.
Dies betrifft schon den dritten Wirkfaktor des Behandlungssettings. Wegen der starken Einflußempfindlichkeit vieler strukturell ich-gestörter Patienten sind mit den »unpersönlichen«, sozial-strukturellen, d.h. strukturierenden Wirkungen des Behandlungsarrangements durch Gewöhnung, Einübung, Haltungsbildung bedeutende therapeutische Chancen verbunden, sofern die vom Therapeuten gewählte Arrangementlösung klinisch angemessen ist und vom Patienten(system) als grundsätzlich entlastend und förderlich erlebt und daher akzeptiert wird. Nur dann kann sich die kurative Wirkchance des Behandlungsarrangements voll entfalten. Auf seiten des Psychoanalytikers ist damit eine beträchtliche Flexibilität und Geschicklichkeit gefordert, den möglichst genau passenden Behandlungsrahmen zu finden, vorzuschlagen und mit dem Patienten(system) zu realisieren.
Das setzt nicht zuletzt eine subtile psychoanalytische Wahrnehmung und Wahrnehmungsverarbeitung voraus. Die psychoanalytische Theorie der Neurosentherapie kann sich diesbezüglich mit einer irreführenden, weil verkürzten Betonung der methodischen Bedeutung der Gegenübertragungsbeachtung begnügen. Verkürzt, und damit leicht in die Irre führend, weil auf die Ausarbeitung des Bezugsrahmens der Auswertung der Gegenübertragungserlebnisse verzichtet wird. Das erweiterte Paradigma stellt die Übertragungs-Gegenübertragungs-Dynamik und ihre Wahrnehmung in den systemischen Bezugsrahmen des vorhin erörterten familiären

Netzwerkmodells. Aus diesem Modell läßt sich für einen bestimmten Patienten bzw. ein Patientensystem eine Orientierung sowohl über Zielvorstellungen im Sinne eines persönlichen Gesundheitskonzepts gewinnen als auch eine Orientierung über den systemischen (familiären) Bezugsrahmen der verbliebenen Kindlichkeit im Sinne erlebnisbedingter psychosozialer Einschränkung und Störung. Die Auswertung der Gegenübertragungserlebnisse und sonstigen klinisch relevanten Informationen geschieht dadurch, daß sie in diesem doppelten Sinne auf die konkreten systemischen Lebensverhältnisse des Patienten bezogen werden. Daraus ergibt sich hinsichtlich der Störungen und Beschwerden des Patienten ein »positives« Verständnis von deren familienbezogenem Sinn und hinsichtlich der Überwindung der Störungen durch gesündere Weiterentwicklung Klarheit über die vom Patientensystem diesbezüglich zu lösenden konkreten Aufgaben. Erst damit werden persönliche Erlebnisse des Analytikers in bezug auf den Patienten (seine Gegenübertragungserlebnisse) in einen strukturierten und artikulierten Bezugsrahmen gestellt, der jeweils nächste Überlegungen bezüglich Gestaltung der Behandlung und Intervention ermöglicht, d.h. methodische Therapie.

Wie bereits oben bemerkt, bedeutet dies konkret, daß nicht das Ich und Bewußtsein des Einzelnen Bezugsrahmen der registrierten unbewußten und bewußten Prozesse und der nötigen persönlichen Veränderungen ist, sondern das familiäre Netzwerk des Patienten in der systemischen Weite, d.h. mit dem Radius, der sich aus der Eingangsdiagnostik, der Behandlungssituation und den behandlungsstrategischen Überlegungen als notwendig erweist. Erst mit einer solchen Präzisierung des Bezugsrahmens werden Gegenübertragungserlebnisse methodisch auswertbar. Dies bedeutet zugleich den besten Schutz vor Gefahren des sogenannten Gegenübertragungsagierens. Denn eine solche systemische Einordnung des in der Interaktion mit dem Patienten(system) bezüglich Aktualität wie Genese Erfahrenen schafft die Voraussetzung für ein hinreichend umfassendes psychoanalytisches Verständnis des Patienten(systems). Vor allem verhindert es einseitige, beschränkte und vorschnelle Entstehungshypothesen, die nur auf markante Ereignisse in einer Entwicklungsphase, meist der Frühphase, Bezug nehmen und häufig eher auf eine sentimentale Beziehung des Therapeuten zum Patientensystem hinweisen als auf eine klinisch-wissenschaftliche, therapeutisch erfolgversprechende. Hier ist auf das eben bereits erwähnte »positive« Verständnis des familienbezogenen Sinns der Störung zurückzukommen. Die Erarbeitung des Sinns der Störung innerhalb des aktuellen wie ursprünglichen familiären Kontextes (vgl. Selvini Palazzoli et al. 1978) eröffnet dem zu Selbstentwertung neigenden Patienten die Möglichkeit, die Achtung vor sich selbst wiederzugewinnen und allmählich Abstand zu den unter den Bedingungen ursprünglicher oder verbliebener Kindlichkeit gefundenen Lösungen zu finden. In diesem Sinne hat die Kommunikation angemessenen Funktionsverständnisses im Sinne einer überzeugenden Erklärung eine den Integrationsgrad des Patientensystems erhöhende, d.h. die Ich-Integrität des einzelnen wie des familiären Verbandes fördernde, stärkende Wirkung. Spannungserhöhend und bei strukturell ich-gestörten Patienten die Ich-Integrität gefährdend wirken dagegen Interpretationen, die sehr begrenzte Teilzusammenhänge ohne systemischen Bezug aufgreifen und es dem Patienten überlassen, diese Teilzusammenhänge zu integrieren.

Diese Bemerkungen berühren bereits einen anderen Aspekt des erweiterten Paradigmas: die Vermeidung der Provokation von Widerstandsreaktionen. Die klassische psychoanalytische Neurosentherapie vermeidet die (mit der analytischen Situation zusammenhängende) Provokation von Widerstandsreaktionen nicht, da man in diesem Fall davon ausgehen kann, daß der Patient in der Regel infolge des Überwiegens gesunder Ich-Anteile (struktureller Ich-Integrität) zur Aufarbeitung seiner Widerstandsreaktionen fähig ist (Widerstandsanalyse). Je stärker jedoch die Patienten strukturell ich-gestört sind, desto riskanter ist das Auftreten von Widerstandsreaktionen, die zu klinischen (symptomatischen) Komplikationen, zum Zusammenbruch der Ich-Integrität und zur Gefährdung der Kooperationsbereitschaft führen können (vgl. Balint 1973). In jedem Fall wird durch massivere Widerstandsreaktionen eine therapeutisch günstige Verarbeitung der betreffenden Thematik erschwert, wenn nicht unmöglich gemacht. Für das erweiterte Paradigma ist daher der Gesichtspunkt der Vermeidung unkontrollierter, nicht dosierter Widerstandsreaktionen durch sorgfältige und genaue Anknüpfung an widerstandsfreier, für Veränderung ausnutzbarer bewußter Motivation des Patientensystems charakteristisch.

Das hat zur Folge, daß die Interventionsarbeit des Analytikers nur sehr begrenzt als Mitteilung unbewußter Sinnzusammenhänge beschrieben werden kann. Die Erkenntnis unbewußter Zusammenhänge dient zunächst einmal nur dem Aufbau eines angemessenen Verständnisses des Patientensystems seitens des Analytikers. Um dies Verständnis unbewußter Sinnzusammenhänge für veränderungsfördernde Interventionen nutzbar zu machen, muß es mit den sorgfältig und genau beobachteten bewußten Bedürfnissen, Interessen, Zielsetzungen, Ritualen und situativen Gegebenheiten des Patientensystems in Beziehung gesetzt werden. Die Interventionstheorie nimmt damit eine wesentlich kompliziertere, differenziertere Gestalt an als im klassischen psychoanalytischen Behandlungsparadigma. Intervention erscheint im erweiterten Paradigma vor allem als eine in das Patientensystem eingreifende Handlung des Analytikers. Dem liegt die Vorstellung zugrunde, daß psychoanalytische Therapie, soweit sie vom Analytiker zu verantworten ist, ein strategisch kompliziertes Unternehmen ist, das das Ziel hat, den Patienten bzw. das Patientensystem innerhalb einer persönlichen Beziehung eigener Art zu günstigen persönlichen Veränderungen im Sinne gesünderer Weiterentwicklung zu veranlassen.

Dazu sind je nach Eigenart des Patientensystems und der jeweiligen klinischen Situation höchst unterschiedliche Handlungen (nicht nur sinnkommunizierende) erforderlich (vgl. auch Kernberg 1981). Häufig ist die stellvertretende Ausübung von Ich-Funktionen für das Patientensystem seitens des Analytikers in bestimmter Hinsicht für bestimmte Zeit geboten. Ebenso ist oft angezeigt, Deklarationen abzugeben, es sei wichtig, daß der Patient etwas Bestimmtes tue oder unterlasse. In erster Linie bezwecken solche Deklarationen die Einhaltung und Aufrechterhaltung der vereinbarten Behandlung (rahmenbezogene Deklarationen). Sie können darüber hinaus z.B. aber auch Aufforderungen zu Handlungen darstellen, d.h. Aufgaben formulieren, die das Patientensystem außerhalb des Behandlung erledigen soll. Dem kommt im Zusammenhang mit der Entwicklung unentfalteter Ich-Funktionen und der Förderung neuer persönlicher Erfahrungen große Bedeutung zu. Will der Analytiker einen übersichtlichen Behandlungsgang sicherstellen, kann er solche Maßnahmen nicht einfach an andere Therapeuten delegieren. Vielmehr muß sein Bestreben sein, entweder möglichst sämtliche Behandlungsmaßnahmen selbst zu verantworten oder zumindest möglichst engen Erfahrungsaustausch mit den übrigen beteiligten Therapeuten zu pflegen.

Die Theorie der Intervention im erweiterten Behandlungsparadigma ist von folgenden zentralen Aufgaben bestimmt:

1. sicherzustellen, daß der Analytiker und nicht das Patientensystem über den Rahmen (die Regelungen) der psychoanalytischen Arbeitsbeziehung bestimmt;
2. veränderungsgefährdende Reaktionen des Patientensystems, insbesondere Widerstands- und Regressionserscheinungen, zu kontrollieren und zu dosieren;
3. die weitere Entwicklung des Patientensystems durch direkte Einflußnahme (z.B. stellvertretende Ausübung von Ich-Funktionen, Deklaration, Aufgabenstellung) und indirekte Einflußnahme (z.B. Kommunikation von Sinnzusammenhängen) zu fördern.

Prinzipiell gilt, daß der analytische Therapeut seine Funktionen sinnvoll nur ausüben kann, wenn er hinsichtlich seiner strategischen und taktischen Möglichkeiten dem Patientensystem gewachsen ist und sich nicht vorgängig hinsichtlich seiner Möglichkeiten selbst therapie-ideologisch einschränkt. Die Behandlungsstrategie des analytischen Therapeuten muß den Strategien, die den Störungen zugrunde liegen, hinsichtlich Komplexität, Elastizität und Geschicklichkeit überlegen sein. Zumindest sollte der Analytiker die Chance haben, seine Patienten zu günstigen persönlichen Weiterentwicklungen zu veranlassen. Wofür bekäme er sonst sein Honorar?

Blickt man nach dieser skizzenhaften Darstellung des erweiterten psychoanalytischen Behandlungsparadigmas auf die psychoanalytische Behandlung funktioneller Störungen bei intakter Ich-

Struktur (Symptomneurosen) zurück, dann erkennt man, daß die Behandlungsmethodik bezüglich dieser Störungen in der Tat, wie oben vorweggenommen, wesentlich einfacher (weniger komplex) ist, d.h. mit wesentlich weniger Gesichtspunkten, die Berücksichtigung fordern, auskommt. Das hängt mit der strukturellen Intaktheit des Ichs und dem genetisch späten Ansatz der Störung zusammen. Behandlungsverhalten und Veränderungsdynamik des Patienten schaffen unter diesen Umständen Bedingungen, die es dem Analytiker erlauben, sich im wesentlichen auf die Konstitution von Behandlungsbeziehung und -arrangement sowie sinnkommunizierende Intervention zu beschränken. Innerhalb des Berufsfeldes des Psychoanalytikers geht der Anteil solcher funktioneller Ich-Störungen jedoch immer mehr zurück. Schwerere Erkrankungen im Sinne struktureller Ich-Störungen gewinnen immer mehr an Bedeutung. Zu ihrer psychoanalytischen Bewältigung ist ein Paradigmawechsel im Sinne des Übergangs zu dem hier skizzierten erweiterten Behandlungsparadigma dringend geboten.

Entwicklungsförderung oder Orientierung an der Defizienz?

Plädoyer für zielgerichtetes psychoanalytisch-therapeutisches Handeln

Die folgenden Ausführungen sollen eine Diskussion darüber anregen, welche primäre Zielsetzung psychoanalytisch-psychotherapeutisches Handeln bestimmt und welche Konsequenzen es hat, den Gesichtspunkt zielgerichteten Handelns innerhalb der therapeutischen Beziehung und des therapeutischen Prozesses stets im Auge zu behalten. Diese Fragestellung ist auf Forschung im doppelten Sinne angewiesen: Einmal gilt es, ins Gedächtnis zu rufen, was von psychoanalytischer Seite zum Thema »zielgerichteten Handelns« an Befunden vorliegt, andererseits verweist das Thema auf die Theorie psychoanalytischer Praxis, unsere Praxeologie, die in den letzten Jahrzehnten sehr in Bewegung gekommen ist. Unmittelbar entsprang die Fragestellung der Auswertung von Beobachtungen mißlingender psychoanalytischer Prozesse.

Heinz Hartmann hat schon vor langer Zeit in verschiedenen Studien (1960, 1964) dem zielgerichteten Handeln seinen Platz innerhalb einer psychoanalytischen Theorie des Ichs anzuweisen versucht. Er hat dabei das Handeln insbesondere als einen Modus im Rahmen der stets neu zu vollziehenden Anpassung des Ichs an seine soziokulturellen Umgebungsbedingungen verstanden. Besonders hervorzuheben sind seine Überlegungen zum Funktionswandel von Ich-Leistungen. Er beschrieb, wie jeweils auf höheren Stufen der Persönlichkeitsentwicklung Ich-Leistungen, die auf früheren Entwicklungsstufen für bestimmte, z. B. Abwehrzwecke, entwickelt wurden, im Rahmen neuer Anpassungsprozesse eine neue (adaptive) Funktion gewinnen können.

In jüngster Zeit sind diese Überlegungen von Weiss, Sampson et al. (1986) fortgeführt worden. Die Autorengruppe hat gezeigt, daß der psychoanalytische Prozeß von dem Ziel des Analysanden bestimmt ist, Kontrolle über seine pathologischen Überzeugungen und damit zusammenhängenden Symptome zu gewinnen. Der Patient versuche, durch Tests innerhalb der psychoanalytischen Beziehung seine pathologischen Überzeugungen zu entkräften. Die Dynamik des psychoanalytischen Prozesses hänge wesentlich von der unbewußten (vorbewußten) Verfolgung langfristiger diesbezüglicher Pläne und Zielsetzungen seitens des Analysanden und der angemessenen oder nicht angemessenen Art der Beantwortung dieser Tests seitens des Analytikers ab (S. 84 ff.).

Die psychoanalytischen Vorstellungen von der normalen Persönlichkeitsentwicklung haben sich, vor allem von Eriksons »Wachstum und Krisen der gesunden Persönlichkeit« (1953) angestoßen, in den letzten Jahrzehnten sehr vertieft. Neben einem immer subtileren Verständnis der frühesten Phasen der Ich- und Selbstentwicklung hat sich vor allem die Entwicklungstheorie des Erwachsenenalters zu einer die gesamte Lebensspanne umfassenden Entwicklungskonzeption ausgeweitet (Lidz 1987). Uns ist heute geläufig, daß wir auch als Erwachsene, bedingt durch markante Veränderungen unseres familiären und beruflichen Status, durch mannigfaltige Wandlungen unserer soziokulturellen Lebensbedingungen und natürlich leider auch durch organismische Veränderungen lebenslänglich vor neuen Situationen stehen. Sie haben wir durch innere, d. h. seelische Anpassungsprozesse zu meistern, auf sie haben wir jeweils eine neue persönliche Antwort durch Umstrukturierung der Muster unserer inneren Welt zu finden. Weiter ist uns bewußt, daß dies Finden neuer persönlicher Lösungen für die jeweils gestellten Aufgaben Krisen impliziert. Bei ungünstigem Ausgang kommt es zu einer psychischen Dekompensation, die mit einer mehr oder minder ausgeprägten Symptomatik verbunden ist. Dekompensationen stellen sich für den Psychoanalytiker als Regressionen zu pathologischen Strukturanteilen, d. h. Lebensbewältigungsmustern, der Person dar, die mehr oder minder durch den geschilderten Funktionswandel überwunden waren und nun unter spezifischer Belastung wieder Aktualität, d. h. Virulenz, gewinnen, da »im Seelenleben«, wie Freud sagte, »nichts, was einmal gebildet wurde, untergehen kann« (Freud 1930, S. 426).

In diesem dekompensierten Zustand befinden sich in der Regel die Patienten, die um eine psychoanalytische Therapie nachsuchen.

Aus dieser Überlegung ist bereits das Ziel der psychoanalytischen Therapie klar ableitbar: Die Therapie soll dem Patienten dazu verhelfen, den Entwicklungsschritt, vor dem er steht und der zu der Krise bzw. Dekompensation geführt hat, in einer seiner Persönlichkeit gemäßen Form erfolgreich zu bewältigen. Das ist das primäre Ziel psychoanalytischer Therapie: als Analytiker dazu beizutragen, daß der Patient die bestmöglichen persönlichen, d. h. inneren Bedingungen für die Meisterung des nächsten Lebensschrittes in sich, d. h. seinem Ich, herstellt.

Tritt der Analytiker mit dieser primären Zielsetzung in die Beziehung zum Patienten ein, dann ergeben sich für ihn zwei Ansatzpunkte und Richtungen für die Arbeit mit dem Patienten, die er im Prozeß seines Handelns zu integrieren hat:

1. kann er an den gesunden oder mit dem von Freud bevorzugten Wortgebrauch: normalen Persönlichkeitsbereichen anknüpfen, sie fördern, verstärken, kurz: ihre weitere Entwicklung anregen,
2. sich den pathologischen Persönlichkeitsanteilen zuwenden, die aktualisiert wurden. Diese zweite Alternative beinhaltet die uns bekannte Arbeit an der Übertragung, die sich im psychoanalytischen Raum entwickelt.

Meine These ist, daß manche Mängel unserer psychoanalytischen Behandlungstheorie und Praxis damit zusammenhängen, daß wir uns häufig und weithin nur mit dieser zweiten Dimension der Aufgabe identifizieren und damit ein Teilziel als Hauptziel unserer Arbeit mißverstehen. Das mag damit zusammenhängen, daß man sehr leicht von einer einzigartigen Tätigkeit, die man mühsam erlernt hat und nun als Experte beherrscht, fasziniert ist, so wie manche Chirurgen von einer besonders imponierenden Operationstechnik. In den Sozialwissenschaften ist uns heute geläufig, daß es für die Ausübung einer zielgerichteten Tätigkeit, d. h. für den Erfolg dieser Tätigkeit, von entscheidender Bedeutung ist, ob sich der Betreffende, der sie ausübt, an einem Teilziel oder der umfassenden Aufgabe primär orientiert. Auf dem Hintergrund dieser Erkenntnis ist die Formulierung des Themas entstanden: »Entwicklungsförderung« in dem umfassenden Sinne der Ermöglichung eines angemessenen persönlichen weiteren Entwicklungsschrittes oder

»Orientierung an der Defizienz« im Sinne mehr oder minder ausschließlicher Beachtung der sich anfangs und im Laufe der Behandlung jeweils manifestierenden Mängel des Patienten und ihrer Bearbeitung.

Versteht man die Förderung der gesunden, normalen Weiterentwicklung des Patienten, d. h. der *Progression*, als umfassendes primäres Ziel der Therapie, dann werden die pathologischen Persönlichkeitsanteile als strukturbedingte Störungen, Behinderungen und Einschränkungen dieser Progression definier- und verstehbar. Als Mängel sind sie nur im Zusammenhang der *gesamten* Persönlichkeit, d. h. des gesamten Ichs des Patienten, d. h. im Geflecht mit den normalen, gesunden Ich-Anteilen, diagnostizierbar; die gesunde, normale Bewältigung des jeweiligen Lebensschrittes in einer der betreffenden Person gemäßen Form ist das Kriterium, von dem aus überhaupt erst Mängel, Störungen, pathologische Strukturanteile, defensive Formationen als solche in bezug auf eine bestimmte Person bestimmt und eingeschätzt werden können.

Mit der Einengung der Zielsetzung psychoanalytischer Therapie und daran orientierter Sicht des Patienten auf dessen Mängel hängt es zusammen, daß uns Psychoanalytikern häufig nicht klar ist, daß wir uns dauernd bei unserer Arbeit an mehr oder minder impliziten Gesundheits- und Normalitätseinschätzungen orientieren, wenn wir uns auf eine bestimmte Person, d. h. auf eine konkrete klinische Situation, wirklich einlassen und nicht aus einer allgemeinen Theorie (Psychopathologie) stereotype Vorstellungen und Interventionen automatisch ableiten. Über diesen folgenreichen Unterschied der schematischen Ableitung von vermeintlichem Verständnis und Interventionen aus allgemeiner Theorie und konkreter klinischer Urteilsbildung aufgrund konkreten Verständnisses für den individuellen Patienten haben sich verschiedene Autoren in der letzten Zeit nachdrücklich geäußert: Peterfreund (1983), Rosenfeld (1987), Gill (1982), Schafer (1976), Moser 1987) und Spence (1987); Glovers Beitrag über ungenaue Interpretationen, der schon länger zurückliegt (1955), nicht zu vergessen.

Um diese Funktion der gesunden, normalen Strukturanteile als Kriterium für die Einschätzung pathologischer Strukturanteile näher zu erläutern, komme ich auf das zielgerichtete Handeln zurück. Schafer hat in seinem Buch über »Eine neue Sprache für die Psychoanalyse« (1976) den Handlungsbegriff aufgegriffen und gezeigt, daß die Prozesse innerhalb der psychoanalytischen Therapie deutlicher werden, wenn man von einem vertieften Verständnis der Bedeutung zielgerichteten Handelns ausgeht. Für ihn ist Handeln als Integration von äußerer und innerer Wahrnehmung, affektbegleitetem Denken und wertgesteuertem Wollen das Kriterium, durch das sich pathologische Äußerungen von Patienten als Einschränkungen und Entstellungen von der Gestalt normaler seelischer Vorgänge abheben lassen, z. B. als »disclaimed actions«, kaschierte Handlungen, für die die betreffende Person die Verantwortung abstreitet. – Da das Kommunizieren der beiden psychoanalytischen Partner ebenfalls ein Handeln, nämlich Kommunikationshandeln, darstellt, hat dies zentrale Bedeutung für die Austauschprozesse zwischen Analytiker und Patient. Auch Morgenthaler schildert in seinem Technik-Buch (1978), wie der Analytiker am Maßstab der normalen klaren Kommunikation als Ziel und Anforderung sein Verständnis der pathologischen Äußerungen des Patienten gewinnt.

Diese knappen Hinweise sollen den Primat der Orientierung an den gesunden bzw. normalen Verhältnissen, gerade auch für das Verständnis pathologischer Vorgänge und Strukturanteile in dem konkreten Kontext der psychoanalytischen Behandlung eines bestimmten Patienten oder Patientensystems betonen. Will der Analytiker der primären Zielsetzung seiner Arbeit entsprechen, ist somit eine miteinander verschränkte doppelte Sicht erforderlich, die Morgenthaler (1978) treffend so ausdrückt: »Als Analytiker stehe ich . . . der Aufgabe gegenüber, eine Beziehung herzustellen, in welche die Emotionalität der Analysanden seine ganze psychische Verfassung miteinbezieht, und dafür zu sorgen, daß die autonomen Funktionen, die Strukturen im Ich und das Bild, das der Analysand von seiner eigenen Person und von seinem Körper im Selbst trägt, keine Schädigung erfahren. Das erfordert die Respektierung der gut funktionierenden Libidobesetzungen und Ichfunktionen. Deshalb begegne ich grundsätzlich jedem Analysanden – und möge er noch so krank erscheinen – als einem Partner, der zwar in Konflikten steht, Symptome zeigt und was auch immer für Begleiterscheinungen mitbringt, der aber unter dem Gesichtspunkt seiner Ichfunktionen und seiner Libidoschicksale so gesund wie möglich und nicht so krank wie möglich ist« (22). Er führt das am Beispiel eines Patienten mit Wahnvorstellungen so aus: »Ich sage mir: Auch wenn der Patient solch überaus schwerwiegende Wahnvorstellungen hat, muß er mir zuerst grundsätzlich seine psychische Krankheit, sein Nichtfunktionieren beweisen. Er ist nämlich gleichzeitig Familienvater, hat drei Kinder, führt ein befriedigendes Leben in Familie und Beruf, folgt zahlreichen differenzierten Interessen, ist politisch aktiv. Ist er in all diesen Belangen ein selbständig denkender Mensch, kann ich sein Wahnsymptom, das er hat, nicht übermäßig in den Vordergrund stellen, auch wenn der Patient in der analytischen Situation fast ausschließlich über seine wahnhaften Vorstellungen spricht, die ihn dauernd beschäftigen« (22).

Nimmt man diese Anforderung, den Patienten sowohl hinsichtlich seiner gesunden, normalen Persönlichkeitsanteile wie der pathologischen – und diese als Einschränkungen, Behinderungen oder Verzerrungen jener – zu verstehen, ernst, dann hat das mannigfaltige Konsequenzen für unsere psychoanalytische Arbeit.

Fangen wir mit der Erstuntersuchung an! Bei der Erstuntersuchung gilt es dann, zunächst einen möglichst differenzierten Eindruck von der Gesamtsituation des Patienten zu gewinnen, d. h.: wie der Patient seine gegenwärtige Lebenssituation in seinen verschiedenen sozialen Beziehungsnetzen einschließlich der Erstuntersuchungssituation erlebt, wie er sich in diesen Feldern bewegt und die betreffenden Anforderungen und Aufgaben der Lebensbewältigung meistert (Systemdiagnostik). Dabei ist das ichpsychologische Interesse des Analytikers – meist eben in Gegensatz zu dem mit seinen Klagen präokkupierten Patienten – allererst auf die gelingenden, gesunden, normalen Umgangsmuster und Ichfunktionen gerichtet. Erst auf dem Hintergrund der Identifizierung der gesunden Ichanteile und Ressourcen werden die sich unmittelbar oder durch Bericht manifestierenden pathologischen Erlebnismuster identifizierbar und einordenbar. Sie konturieren sich als Einschränkungen, Behinderungen oder Entstellungen zielgerichteter Auseinandersetzung mit den gegenwärtig zu bewältigenden

Lebensaufgaben auf einem regressiven, der gegenwärtigen Lebenssituation nicht angemessenen Niveau.
Erst an dritter Stelle werden für den zielgerichtet operierenden Analytiker anamnestisch-biographische Informationen sinnvoll und in das sich bildende Konzept von der Persönlichkeit des Patienten integrierbar. Das hängt damit zusammen, daß sich selbstregulierende Systeme wie eine Persönlichkeit nur dann zielgerichteter Intervention zugänglich werden, wenn sich der mit ihnen Interagierende, in diesem Falle: der Untersucher, auf das System und seine Eigenart ausdrücklich und erfolgreich *einstellt.* Dies geschieht, indem er in sich ein möglichst differenziertes Bild des Patienten aufbaut, an dem sich sein patientenbezogenes Handeln orientieren kann (vgl. Brocher u. Sies 1986; Dell 1986).
Aus einer derart orientierten, gegebenenfalls auf das Familiensystem des Patienten erweiterten Erstuntersuchung ergeben sich die Voraussetzungen für eine sinnvolle Entscheidung über die Behandlung, insbesondere über das Behandlungssetting. Je größer das Repertoire der vom Untersucher in Erwägung zu ziehenden Behandlungsarrangements ist, desto größer ist die Chance, das für den Patienten oder das Patientensystem *und* den Untersucher bzw. Therapeuten bestgeeignete Setting zu finden. Nachdem sich das Settingrepertoire auch in der Kassenpsychotherapie deutlich erweitert hat – wobei die halbherzige Berücksichtigung familientherapeutischer Arrangements wohl nur ein kurzes Zwischenstadium darstellen wird –, ist jetzt der analytische Therapeut klarer vor die Frage gestellt, welches Arrangement die größtmögliche Chance erfolgreicher Förderung der weiteren Entwicklung des Patienten (Patientensystems) bietet. Dabei ist zu berücksichtigen, daß die Auswahl des Behandlungsarrangements als erste therapeutische Intervention wegen der akzentuierenden, konfrontierenden und strukturierenden Einflüsse, die vom Setting ausgehen, einen gewichtigen, auf Gesundung gerichteten *Eingriff* darstellt. Umgekehrt formuliert, kann eine ungünstige Settingentscheidung die Chancen der Therapie wesentlich verringern, wenn nicht verunmöglichen. Das ist besonders evident bei den familientherapeutischen Settings: Sie akzentuieren die gegenwärtige Lebenssituation und die damit gesetzten Aufgaben des Patienten und seines Bezugssystems schon im Behandlungs-

arrangement. Ähnlich offensichtlich sind die Chancen und Risiken (im Sinne voraussehbarer unerwünschter Nebenwirkungen) bei der Alternative: kurz- oder mittelfristige Behandlungsarrangements einerseits, langfristige Behandlungsbeziehungen andererseits. Weitere Gesichtspunkte, besonders solche der bestmöglichen Zugänglichkeit, kommen zur Geltung, wenn die Frage der Einbeziehung körper- oder gestaltungstherapeutischer Verfahren und Settings zu entscheiden ist (Moser 1987, 1989; Janssen 1987). In jedem Fall muß der Therapeut bei der Entscheidung über das Behandlungsarrangement mit berücksichtigen, welche Bedeutung das Patientensystem seinem Eintritt in das Beziehungsnetz voraussichtlich zuerkennen wird.

Wenn wir uns dem Prozeß innerhalb des gewählten Rahmens zuwenden, möchte ich vor allem auf die Aufgabe des Therapeuten verweisen, beide vorhin herausgestellte Dimensionen seiner Arbeit kontinuierlich im Auge zu behalten. Morgenthaler (1978) spricht in einem etwas anderen Kontext mit Recht von einer dialektischen Aufgabe – für den mit Konfliktpsychologie vertrauten Analytiker keine ungebührliche Anforderung! Über die Notwendigkeit dieses doppelten Blickes und der aus ihm resultierenden doppelten unterschiedlichen Aktivitäten brauche ich nichts mehr zu sagen. Wohl aber möchte ich diesen doppelten Ansatz im folgenden etwas konkretisieren.

Die auf die Normalität des Patienten in seiner gegenwärtigen Lebenslage gerichtete Aktivität des Analytikers ist nicht nur die Basis des sogenannten Arbeitsbündnisses, sondern die Dimension des Aufbaus neuer gesünderer Beziehungsmuster und Umgangsweisen aufgrund der Interaktion zwischen dem Patienten und dem Analytiker (vgl. Fürstenau 1976). Hier soll besonders darauf verwiesen werden, daß je nach der Eigenart des Patienten bzw. Patientensystems ausdrückliche Aktivitäten seitens des Analytikers in dieser Tätigkeitsdimension erforderlich sind – eine in der Behandlungstheorie bis heute stark vernachlässigte Thematik! In der Literatur wird in der Regel nur die Festigung des Zutrauens des Patienten in die psychoanalytische Beziehung im Sinne von Rapport und Attachement im Anschluß an Freud betont. Je brüchiger, d. h. zu maligner Regression neigend, sich der Patient oder das

Patientensystem in der Therapie darstellt, desto mehr ist eine ausdrückliche Arbeit in der Dimension gesunden, normalen Umgangs des Patienten mit den aktuellen Anforderungen innerhalb und außerhalb der Therapie erforderlich. Diese Aktivität läßt sich mit einem Begriff wie »Stützung (support)« nicht angemessen bezeichnen. Der Begriff spiegelt eher eine gewisse Verlegenheit von Therapeuten im Umgang mit diesen Aufgaben wider, als daß er dem gerecht würde, worum es geht.

Es handelt sich vielmehr um Interventionen, die die Aufmerksamkeit und das Sichbewußtwerden des Patienten für erreichte gesunde, normale persönliche Weisen der Lebensbewältigung stärken und zu weiterer persönlicher Auseinandersetzung mit diesen Aufgaben anregen – mit dem Ziel ihrer weiteren Ausarbeitung und Festigung. Dabei ist das Wesentliche, daß der Patient oder das Patientensystem das *Muster* der normalen, d. h. angemessenen gesunden persönlichen Lösungen klar erkennt und wertschätzt und damit eine sichere Zielorientierung gewinnt bzw. aufrechterhält.

Dies kognitiv-affektive Ziel des klaren und vollen Erfassens der Muster gesunder, normaler Lebensmeisterung im Leben draußen wie in der psychoanalytischen Situation selbst seitens des Patienten ist eine wesentliche Voraussetzung des Gelingens der Arbeit des Analytikers in der zweiten Dimension: der Auflösung der als Übertragungsneurose aktualisierten pathologischen Strukturanteile des Patienten. Denn die sich nach Gills hilfreicher Unterscheidung (1982) jeweils in zwei Etappen vollziehende Arbeit an der Übertragungsneurose: die Überwindung des Widerstands des Patienten gegen das Sichbewußtmachen von Übertragung und die Überwindung seines Widerstandes gegen die Auflösung der betreffenden Übertragung, hängt ja, wie wir wissen, entscheidend davon ab, ob der Patient jeweils eine *Diskrepanzerfahrung* macht, d. h. den Unterschied zwischen der normalen, angemessenen Erlebnisweise und dem aus früherer Traumaverarbeitung stammenden Muster klar als Unterschied erlebt, um sich von dem betreffenden Übertragungsmuster distanzieren und das heißt: es überwinden zu können. Die direkte Förderung der gesunden Ichanteile des Patienten dient also *zugleich* der Arbeit an der verbliebenen Kindlichkeit des Patienten, die seine gegenwärtige seelische Entfaltung einschränkt.

Der Verschränkung von gesunden und pathologischen Strukturanteilen korrespondiert die Verschränkung der beiden Arbeitsdimensionen des Analytikers. Aus dieser Verschränkung ergibt sich für die Arbeit in dieser zweiten Dimension der Auflösung verbliebener Kindlichkeit folgendes: Anhand und am Leitfaden der Vergegenwärtigung und Erfassung normalen zielgerichteten Handelns, insbesondere auch Kommunikationshandelns in der analytischen Situation, werden pathologische Erlebnismuster (Übertragungen) mit der konfrontierenden, insistierenden und klarifizierenden Hilfe des Analytikers für den Patienten deutlich erlebbar (erste Etappe nach Gill). Dieser erste Schritt steht übrigens auch im Mittelpunkt der behandlungsmethodischen Konzeption von Kernberg (1977, 1984). Dasselbe gilt für das »Prinzip Antwort« des Ehepaares Heigl (1987, 1988). Es betrifft diesen diskrepanzerzeugenden und damit für den Patienten verdeutlichenden Aspekt.

Der zweite Schritt ergibt sich daraus, daß für den Patienten die Überwindung des nun identifizierten und thematisierten Übertragungsmusters deswegen nicht ohne weiteres möglich ist, weil dies kognitive Muster mit mehr oder minder stark affektiv »aufgeladenen« Assoziationskomplexen besetzt ist. Diese mit den Übertragungsmustern mehr oder minder direkt verbundenen affektstarken Erlebniskomplexe aus früherer Zeit sind bekanntlich für die Stärke des Widerstandes verantwortlich, der einer Auflösung der Übertragungsmuster nach deren Bewußtwerden entgegenwirkt.

Daraus ergibt sich eine klare Verfahrensanweisung für den Analytiker bezüglich der Arbeit an den vorher nicht bewußten allmählich zutage tretenden affektbesetzten Erlebniskomplexen, die die gesunde, normale Funktion einschränken: Ziel der diesbezüglichen Arbeit ist, diesen bisher unbewußten Komplexen früherer Traumaverarbeitung so weit und so lange nachzugehen, bis der Patient auf diese pathologischen Muster früherer Traumaverarbeitung eine seiner gegenwärtigen Entwicklungsstufe angemessene (»reife«) Antwort im Sinne einer *neuen Interpretation dieser Erlebnisse* gefunden hat (vgl. hierzu Spence 1982, 1987). Das heißt: Die Aufarbeitung verbliebener Kindlichkeit setzt bei beiden Parteien der analytischen Beziehung eine Orientierung am gesunden, normalen Funktionsablauf und Erleben auf erwachsenem Niveau als Ziel und

Kriterium voraus. Weiss, Sampson et al. (1986) haben, wie schon oben erwähnt, nachgewiesen, daß der Patient eine solche an Progression (Weiterentwicklung) orientierte Zielsetzung unbewußt (vorbewußt) in die analytische Beziehung einbringt. Wenn der Analytiker, wie hier vertreten, dieselbe Orientierung seinerseits in der gemeinsamen Arbeit realisiert, besteht eine hohe Chance, daß sich die pathologischen Strukturmomente (Störungsmuster) auf dem Hintergrund der geschilderten Diskrepanzerfahrung durch Neuinterpretation seitens des Patienten (unter Mithilfe des intervenierenden Analytikers) Schritt für Schritt auflösen.

Das setzt allerdings eine von der dargelegten Zielorientierung geleitete spezifische *Interventionsmethodik* des Analytikers voraus (vgl. hierzu Weiss, Sampson et al. 1986; Spence 1982, 1987; Peterfreund 1983). Bewegt sich der Analytiker in seinem Verständnis statt dessen ausschließlich im Mangelbereich als solchem, in dem er diesen Bereich für sich immer mehr, immer genauer oder immer »vollständiger« durch seine Interventionen zu entfalten sucht, dann wirken seine Aktivitäten antitherapeutisch, atomisierend, desintegrierend. Nur sehr gesunde Patienten können trotz dieses Analytikerverhaltens von psychoanalytischer Therapie in begrenztem Ausmaß profitieren. Sie können sozusagen nur gegen ihre Analytiker, letztendlich nur durch Abbruch der Behandlung, gesünder werden.

Eine solche Einstellung des Analytikers, wie immer rationalisierend begründet, ist mit dem Behandlungsvertrag zwischen Analytiker und Patient nicht zu vereinbaren. Mit anderen Worten: Wir sind als Therapeuten dafür verantwortlich, den Grad der Regression unserer Patienten gemäß dem Behandlungsauftrag und -ziel zu steuern und zu dosieren, d. h.: all das, was in unseren Kräften steht, zu tun, um sicherzustellen, daß Regression in der analytischen Therapie auch wirklich im Dienste der Progression, d. h. zu Gesundungszwecken, stattfindet. Andernfalls verstoßen wir gegen unsere Sorgfaltspflicht als Therapeuten.

Ich habe versucht zu zeigen, daß sich aus der Klärung des Ziels analytischer Therapie eine Reihe mir nicht unwichtig erscheinender Konsequenzen für die Auffassung unserer Rolle und Arbeit ergeben, die mit unserem üblichen Selbstverständnis nicht überall in Übereinstimmung sind. Als Psychoanalytiker denken wir bei Mängeln und Fehlern immer schnell an persönliche Umstände. Ich wollte statt dessen auf Mängel unseres theoretischen Selbstverständnisses und unserer Praxistheorie aufmerksam machen, um weitere Klärungen anzustoßen. Meine Hoffnung ist, daß eine solche Diskussion zu einer Revision unseres Bildes vom unschuldigen neutralen Analytiker führt, der sich ganz in den Dienst des Unbewußten stellt, jener geheimnisvollen Macht, die mannigfaltige Gestalten annehmen kann, sich verdichtet und verdünnt, verschiebt und überhaupt schwer zu greifen ist. Spence hat über die Metaphern, die unser Selbstverständnis bestimmen und zu denen auch dieses Bild vom unschuldigen neutralen Analytiker gehört, ein sehr anregendes gehaltvolles Buch geschrieben (1987).

Es kommt darauf an, daß wir viel stärker als bisher fachliche (professionelle) Verantwortung für den *Erfolg* des von uns angebotenen und praktizierten wissenschaftlich zu begründenden Behandlungsverfahrens übernehmen. Das erfordert eine ausdrückliche intensive Auseinandersetzung mit den Mißerfolgen psychoanalytischer Therapie, eine Auseinandersetzung, die bisher nur äußerst sporadisch und zögerlich geschieht (Strupp et al. 1977; Peterfreund 1983; Rosenfeld 1987).

Progressionsorientierte psychoanalytisch-systemische Therapie

Zur Revision des Therapiekonzepts der Psychoanalyse

I. Forschungsstand

In den letzten Jahren hat sich unsere Kenntnis von der Eigenart, dem Ablauf, dem Ergebnis und der Prognose psychoanalytischer Therapie aufgrund der Abschlußberichte großer langwieriger Forschungsprojekte wesentlich erweitert. Die Befunde dieser empirischen Psychotherapieforschung fordern zu einer Auswertung bezüglich einer umfassenden psychoanalytischen Behandlungstheorie heraus, die dem psychoanalytischen Therapeuten für den Umgang mit unterschiedlichsten Gruppen von Patienten in unterschiedlichsten klinischen Situationen Orientierung und Anleitung zu geben vermag. Eine solche umfassende differenzierte Praxeologie ist Voraussetzung für die Diskussion aller Fragen der Anwendung von Psychoanalyse innerhalb der psychotherapeutischen Versorgung der Bevölkerung.

Im folgenden sollen einige zentrale Ergebnisse der Psychotherapieforschung in Hinblick darauf aufgegriffen werden, welche Konsequenzen sich aus ihnen für eine solche umfassende Praxeologie ergeben. Die Umrisse eines erweiterten psychoanalytischen Paradigmas im Sinne einer progressionsorientierten psychoanalytisch-systemischen Konzeption sollen anschließend skizziert werden.

Der erste, umfassendste Befund sowohl des Menninger-Psychotherapieforschungsprojekts (Wallerstein 1986, 1990), des Pennsylvenia-Psychotherapieprojekts (Luborsky et al. 1984, Luborsky 1988) als auch der Projekte der Forschungsgruppe um Weiss u. Sampson (1986) ist, daß psychoanalytische Therapien in Ablauf und Gestaltung wesentlich von den Modellvorstellungen abweichen, wie sie traditionell bezüglich psychoanalytischer Therapie gelehrt und gelernt werden. Das betrifft insbesondere die Möglichkeit der Abgrenzung reiner psychoanalytischer Therapie von Psychotherapien, die mehr oder minder ausdrücklich auch supportive (suggestive) Momente enthalten. Es betrifft aber auch die genuin psychoanalytischen Bestandteile der Therapie: zentrale Annahmen der psychoanalytischen Therapietheorie über den Wiederholungszwang und die Bedeutung der Einsicht fördernden übertragungs- und widerstandsanalytischen Momente innerhalb der Gesamtkonstellation wirksamer Faktoren.

Von weitreichender Bedeutung für die Grundauffassung dessen, was in psychoanalytischen Behandlungen geschieht, ist der empirische Nachweis der Gruppe um Weiss u. Sampson, daß der Patient in der psychoanalytischen Behandlung nicht vor allem Übertragungsbefriedigungen sucht und einen Zwang zur Wiederholung seiner Pathologie realisiert und daß er zu deren Auflösung keineswegs auf die Interpretationen seines Analytikers zwingend angewiesen ist. Vielmehr sucht der Patient seine pathologischen Überzeugungen und damit Übertragungen in der Behandlungsbeziehung ausdrücklich zu entkräften und damit Kontrolle über sie zu gewinnen, um gesünder zu werden.

Damit werden die »gesunden Ich-Anteile« der Persönlichkeit des Patienten in ihrer behandlungsdynamischen Funktion zum ersten Mal innerhalb der psychoanalytischen Behandlungstheorie ausdrücklich konkret gewürdigt. Bisher war dieser Aspekt ja nur mit den kargen Begriffen »Heilungswunsch« und »Arbeitsbündnis« innerhalb der Behandlungskonzeption vertreten. Dieser Befund impliziert zugleich eine Revision ziemlich fatalistischer und angesichts der Psychologie lebenslänglicher Entwicklung einseitiger Anschauungen über die Rigidität und Stabilität von traumaverarbeitenden Strukturbildungen der Kindheit. Freuds Bemerkung, daß manche Kindheitsneurosen sich auswachsen, hätte schon früher ein Hinweis darauf sein können, daß der Mensch aufgrund der jeweils neuen Ich-Fähigkeiten einer neuen Entwicklungsstufe auch neue Möglichkeiten der Verarbeitung (Stellungnahme) zu bisherigen Überzeugungen, Haltungen und Ängsten gewinnt. Über emotionale Krisen kann er so zu einer Revision der Funktion dieser bisherigen Strukturanteile, d.h. zu einer Strukturveränderung durch neue Erfahrung, kommen (vgl. hierzu Viederman 1989). Schon Hartmann sprach von »Funktionswandel« (1939). Die

Therapie bedeutet nur eine professionelle Optimierung solcher normaler Entwicklungsprozesse.

Man kann das mit Spence (1987) auch so ausdrücken, daß wir im Leben fortlaufend die Geschichte unseres Erlebens und damit auch unserer »Abwehrformationen« neu interpretieren. Damit werden diese Erlebnisverarbeitungen nicht ungeschehen gemacht, da bekanntlich nach Freud im Seelischen nichts untergeht, wohl aber in ihren Auswirkungen auf die gegenwärtige erwachsene Person relativiert und verändert. Dies ist zugleich eine Konkretisierung dessen, was unter »Heilung«, »Gesundung«, spontaner wie therapieinduzierter, sinnvoll zu verstehen ist.

Das wohl folgenreichste Ergebnis der zitierten Studien betrifft Ausmaß und Wirkung des supportiven bzw. suggestiven Anteils der Wirksamkeit des Analytikers in den untersuchten Behandlungsprozessen. Bei dem Menninger-Projekt kam es in keinem der dafür anfangs für indiziert gehaltenen Fälle zur Realisierung des Konzepts der klassischen Analyse in ihrer reinsten Form. In jedem Fall waren geringere oder beträchtliche Modifikationen notwendig bis hin zum ausdrücklichen Übergang zur Methodik einer sowohl expressive (verstehenskommunikative) als auch supportive Momente integrierenden Psychotherapie. Bei den Indikationsstellungen für Psychotherapie (statt Psychoanalyse) ergab sich, daß es sich in den meisten Fällen sowohl bei der Indikationsstellung als auch bei der Durchführung der Therapie um unterschiedliche Mischungen expressiver (konfliktbearbeitender) und supportiver Interventionsaktivität handelte.

Hinsichtlich der Wirkung der beiden Interventionsweisen kommt Wallerstein zu dem Ergebnis, daß zumindest in der untersuchten Klientel »die behandlungsbezogenen Veränderungen, global gesehen . . . mehr auf supportiven Techniken und Mechanismen beruhten, als wir antizipiert haben . . .« und daß »diese supportiv begründeten Veränderungen sich als stabiler, dauerhafter und widerstandsfähiger gegenüber zukünftigen Wechselfällen des Lebens erwiesen haben als von uns vorher angenommen« (1986; 697). Dem entspricht ein geringerer therapeutischer Erfolg des analytisch interpretativen Aspekts der untersuchten Therapien als erwartet (1986, 727 ff.), wobei in Rechnung zu stellen ist, daß es sich bei den

Patienten durchgängig um schwerer gestörte Menschen handelte, als sie üblicherweise in der ambulanten psychoanalytischen Praxis behandelt werden.

Interessant ist, was unter dem Stichwort »supportive Prozesse und Manöver« von Wallerstein abgehandelt wird: Es handelt sich eher um Manöver des Patienten, die vom Therapeuten geduldet und nicht ausdrücklich analysiert werden, als um aktive Therapeutentechniken. Wallerstein erwähnt vor allem die Übertragungsheilung »dem Therapeuten zuliebe«, die Identifizierung mit adaptiven Verhaltenszügen des Therapeuten, ferner eine Reihe von Aufspaltungs-, Verschiebungs- und Aushandlungsprozessen innerhalb der Therapie und zwischen dem Therapeuten und den Lebenspartnern des Patienten als supportive Aktionen. Gemeinsam ist diesen Manövern, daß sie unter Umständen zu einer Stabilisierung des Patienten führten, ohne daß die betreffenden inneren Konflikte aufgedeckt und bearbeitet wurden.

Befreit man sich für einen Augenblick von der fachlichen psychoanalytischen Sicht, daß all diese Vorgänge Prozesse der Abwehrstärkung und Übertragungsbefriedigung seien statt Abwehr- und Widerstandsanalyse, so stößt man wieder auf einen bekannten normalen Sachverhalt aus dem gewöhnlichen Leben: daß Menschen am ehesten in der Beziehung zu anderen Menschen, von denen sie wertvolle oder heilsame Anregungen erwarten, lernen und sich weiterentwickeln und daß sie einen für sie individuell gangbaren Weg im Leben suchen.

Daß die supportive bzw. suggestive Beziehung im Sinne einer positiv erlebten therapeutischen Koalition der zentrale Heilfaktor ist, ist weniger begründungsbedürftig, als, daß das Reflektieren auf das, was sich innerhalb einer Beziehung abspielt, aufgrund von Deutungen des Beziehungspartners (Analytikers) heilsam wirkt. Es nimmt unter den geschilderten Umständen nicht wunder, daß Luborsky et al. in der Penn Psychotherapy-Studie (1988) fanden, daß die Erfahrung des Analytikers als eines hilfreichen therapeutischen Partners des Patienten und die Fähigkeit des Therapeuten, den Patienten zu verstehen und auf ihn angemessen zu reagieren, hervorragende Kriterien erfolgreicher Voraussage des Ergebnisses der betreffenden Psychotherapie sind. In seinem Lehrbuch der supportiv-expressiven Psychotherapie (1984) hebt Luborsky mit Recht hervor, daß die vom Patienten als zutreffend erlebte Empathie des Therapeuten einen stark supportiven (suggestiven) Wirkungsaspekt hat. In diesem Sinne verstärke angemessene Verständniskommunikation das Gefühl des Patienten, einen hilfreichen therapeutischen Partner zu haben.

Die genaue Erforschung des verständniskommunizierenden Aspekts des Psychotherapieprozesses hat es ermöglicht, die Bearbeitung der Übertragung in den letzten Jahren sehr viel präziser behandlungsmethodisch zu konzipieren und behandlungsdynamisch zu gestalten als in früheren Jahren. So haben wir als ein weiteres wertvolles Ergebnis der Psychotherapieforschung des letzten Jahrzehnts die Beschreibung von Methoden hervorzuheben, die die zentrale Persönlichkeitsproblematik des Patienten anhand der über ihn verfügbaren Information, vor allem auch der Übertragung, als Behandlungsfokus zu formulieren gestatten. Besonders die neueren Arbeiten von Luborsky (1984), Strupp u. Binder (1984) und Weiss, Sampson et al. (1986) sind hier zu nennen. Luborsky spricht von einem »Kernthema konflikthafter Beziehung«, Strupp u. Binder von einem »dynamischen Behandlungsfokus«, Weiss u. Sampson demonstrieren die Möglichkeit, aus dem Material des Patienten zu Beginn der Behandlung den »unbewußten Plan« zu eruieren, den der Patient in der Behandlung zu realisieren hofft.

Die Perfektionierung der Methodik der Fokusbildung hat es möglich gemacht, das Vorgehen des Therapeuten klar in Manualen (Handlungsweisen) zu beschreiben (vgl. Luborsky 1984 und Strupp u. Binder 1984). Damit wird Therapeuten eine konkrete, operationable Therapieanleitung geboten. Zugleich können Behandlungsverläufe auf den Grad der Übereinstimmung mit den Therapieanweisungen hin überprüft und forschungsmäßig miteinander verglichen werden.

Die Konzentration der Behandlung auf die Bearbeitung von formulierten Foci hat zu einer Straffung des psychotherapeutischen Prozesses im Sinne eines zielgerichteten Verlaufs geführt. Folgerichtig ist mit der Ausgestaltung der Fokalmethodik die Entwicklung psychoanalytischer Kurztherapiemodelle verbunden. Die Manuale von Luborsky und Strupp u. Binder sind Beispiele dafür. Auch aus dem Ansatz von Weiss u. Sampson ergeben sich kurztherapeutische Behandlungsmöglichkeiten. Das ist ein wesentlicher Schritt zur Konzipierung von gesundheitspolitisch relevanten Varianten psychoanalytischer Therapie. Aus diesen Kurztherapiemodellen können Anregungen zur Präzisierung dessen, was man unter psychoanalytischer Psychotherapie, psychoanalytisch orientierter Psychotherapie oder (in Deutschland) tiefenpsychologisch fundierter Psychotherapie versteht, gewonnen werden. Damit erhalten diese sogenannten psychoanalytischen Psychotherapievarianten die Chance, zu eigenständigen Behandlungsverfahren zu werden. Die Vorstellung, sie seien schlechtere, schwächere, unklarere, kürzere Abkömmlinge der »eigentlichen Psychoanalyse«, läßt sich nicht mehr aufrechterhalten. Vielmehr stellt sich die sogenannte »eigentliche Psychoanalyse« als ein Sonderfall innerhalb einer umfassenden psychoanalytischen Behandlungstheorie heraus.

Was kann man aus dieser knappen und sehr selektiven Übersicht über die aktuelle Forschungslage für Folgerungen ziehen?

1. Dem Gesundungswillen, dem Progredienzstreben des Patienten kommt eine große behandlungsdynamische Bedeutung zu, der behandlungstheoretisch ausdrücklich Rechnung zu tragen ist.

2. Um gesund bzw. gesünder zu werden, sucht der Patient einen hilfreichen Partner und ist bereit, neue bessere zwischenmenschliche Erfahrungen innerhalb dieser Beziehung zu machen, von dem hilfreichen Partner zu lernen und sich auf diesem Hintergrund weiter zu entwickeln.

3. Vor einer Mythisierung und Dämonisierung des »Wiederholungszwanges« und pathologischer Persönlichkeitsanteile zu höchst veränderungsresistenten »Struktur«-Anteilen sollten wir uns hüten. Auslösung und Aufrechterhaltung erlebnisbedingter Störungen im aktuellen Lebenszusammenhang des Patienten haben zumindest eine gleichrangige persönlichkeitsdynamische Bedeutung wie biographisch bedingte Dispositionen. Auch ohne Therapie ergeben sich aus neuen besseren Erfahrungen unter günstigen Umständen Anregungen zur Revision überkommener pathologischer Überzeugungen und Einstellungen. Nur sehen

wir die betreffenden Menschen in diesen Fällen nicht als Patienten.

4. Die zentrale interpersonale Problematik von Patienten ist in vielen Fällen präzis faßbar und in begrenzter Zeit gezielt behandelbar.
5. Die traditionelle langfristig unbegrenzte hochfrequente nichtfokussierte psychoanalytische Behandlungsmethode ist ein seltener Sonderfall mit engem spezifischem Indikationsbereich. Diese Indikationsauffassung vertrat schon Anna Freud (1954), ähnlich äußert sich aufgrund des Menninger-Projektes auch Wallerstein (1986; 678). Für über 95% des Durchgangs einer üblichen Psychosomatischen oder Psychotherapeutischen Poliklinik ist diese Behandlungsform sowieso nicht indiziert. Dabei stellen solche Poliklinikpatienten nur einen geringen Teil der potentiellen Psychotherapiepopulation.
6. Die Befunde bezüglich Bedeutung, Effekts und Voraussagepotenz des sogenannten supportiven Aspekts psychoanalytischer Therapien fordern zu einer differenzierteren Ausgestaltung des supportiven bzw. suggestiven Anteils der Therapeutenaktivität heraus, als dies etwa in dem Manual der sogenannten »supportiv-expressiven« Behandlungsmethode Luborskys (1984) realisiert ist. Die weitgehend auf Anregungen des Hypnotherapeuten Milton Erickson und der Kommunikationstheorie und -therapie beruhenden Verfahren der systemischen und der lösungsorientierten Psychotherapie bieten dazu besondere Chancen (vgl. z.B. Haley 1963, 1973, Watzlawick et al. 1974, Fisch et al. 1982, Dell 1986, Selvini Palazzoli et al. 1975, Keeney u. Ross 1985, Boscolo et al. 1987, de Shazer 1985, 1988).
   Das Besondere dieses Ansatzes ist, daß hier Suggestion nicht im Sinne traditioneller Hypnosetherapie verstanden wird, die dem Patienten Verhaltensmaßregeln und Lösungen suggeriert, die vom Therapeuten stammen. Statt dessen ist der suggestive Einfluß des Therapeuten darauf konzentriert, den Patienten zu seinen individuellen, d.h. eigenen persönlichen Lösungen hinzuführen, d.h. die im Patienten schlummernden Gesundungsressourcen zu mobilisieren. In diesem Sinne werden auch die

pathologischen Überzeugungen und Einstellungen des Patienten für seine persönliche Gesundung nutzbar gemacht (Utilisierungsprinzip). Damit entfallen die Bedenken der Psychoanalyse gegen die Suggestionstherapie. Der vergebliche Versuch der Abgrenzung psychoanalytischer von suggestiver Therapie droht zu einer Art Selbstblockade und Korrumpierung psychoanalytischer Therapie zu führen, da er mit großen Versuchungen zu Heuchelei und Pseudologie verbunden ist (vgl. hierzu Cremerius 1990, 1991 a, b).

7. Die Integration systemischer und lösungsorientierter Verfahrensweisen in eine umfassende Theorie progressionsorientierter psychoanalytisch-systemischer Therapie schafft die Voraussetzungen für mannigfaltige Variationen, die eine elastische Anpassung der psychoanalytischen Behandlungsmethode an unterschiedlichste klinische Situationen und Versorgungsbedingungen ermöglichen. Erst durch eine solche umfassende konsistente Behandlungskonzeption werden die Möglichkeiten der Anwendung von Psychoanalyse im Therapiebereich voll ausgeschöpft.

II. Therapiekonzeption

Ich möchte nun das Konzept der progressionsorientierten psychoanalytisch-systemischen Therapie umrißhaft darstellen, auf das die bisherigen Ausführungen hinauslaufen. Dabei gehe ich aus didaktischen Gründen von der einzeltherapeutischen Beziehung aus und behandle erst im letzten Abschnitt die mit dieser Konzeption verknüpften Settingaspekte.

1. Herstellung und Aufrechterhaltung eines guten persönlichen Kontaktes zwischen zwei verantwortlich handelnden Partnern, wenn nötig, unter beträchtlichem Einsatz des Therapeuten.

Die Herstellung eines guten persönlichen Kontaktes mit der Perspektive, daß dem Patienten geholfen werden wird, ist, wie wir vorhin gesehen haben, die wichtigste Voraussetzung für ein Gelingen der Therapie. Es handelt sich um eine konkrete emotionale behandlungsdynamische Ausfüllung dessen, was der nüchterne

Begriff »Arbeitsbündnis« meint; nämlich ein für den Patienten spürbares Interesse und Engagement des Therapeuten für die Förderung des Patienten und die Lösung seiner Probleme: eine Solidarisierung des Therapeuten mit den Heilungswünschen des Patienten, seinen guten Absichten und Lebenszielen. Und dies auf der Ebene zweier in ihrer jeweiligen Rolle verantwortlich handelnder Partner, die eine auf Wechselseitigkeit beruhende Kooperation miteinander vereinbaren und realisieren.

Dies bedeutet, daß der Therapeut den Patienten auf dem Niveau seiner erwachsenen, gesunden Verantwortlichkeit und Entscheidungsfähigkeit anspricht und damit diese Aspekte seiner Persönlichkeit von vornherein voraussetzt, stärkt und fördert, zugleich aber die klinische Bedürftigkeit, Hilflosigkeit oder defiziente Position des Patienten genau wahrnimmt und akzeptiert. Beides zusammen ist nur möglich, wenn der Therapeut zu erkennen gibt, daß er den Patienten in seiner Eigenart, seiner gegenwärtigen Situation und seiner Lebensgestaltungsfreiheit respektiert.

In einer Zeit, in der die moralischen Auffassungen, Sitten und Gebräuche, die religiösen Positionen, überhaupt die Werthaltungen der Menschen immer weniger einheitlich sind, sondern immer vielgestaltiger werden, in der Menschen mit unterschiedlichen Kulturen und ethnischen Herkünften zusammen zu leben und miteinander auszukommen suchen, ist dies eine für den Psychotherapeuten nicht einfach zu lösende Aufgabe.

Er kann sich aber dieser Aufgabe nicht etwa mit Berufung auf seine »Gegenübertragung« oder seine fachlichen Einschätzungen als psychoanalytischer Krankheitsexperte entziehen, sondern ist aufgefordert, sich mit dieser Mannigfaltigkeit menschlicher Eigenheiten, Lebensformen und Lebensentscheidungen einschließlich unvollkommener Lösungen ausdrücklich auseinanderzusetzen und den unterschiedlichsten Menschen respektvoll, interessiert und nicht nur für ihre Probleme, sondern auch für ihre Lösungen aufgeschlossen zu begegnen.

Das fällt gerade dem Psychoanalytiker nicht leicht, da er in der Regel meint, liberal und tolerant zu sein, jedoch über eine dezidierte Theorie von seelischer Krankheit verfügt, die zu einer starken dogmatischen Voreingenommenheit und einem klinischen

Perfektionismus im konkreten Umgang verführen kann. Stichwörter hierfür sind: Pathologie ausschließlich berücksichtigende diagnostische Einschätzungen sowie normative Vorstellungen über die genitale Position, über Perversion, Inversion oder die Psychologie der Frau, um nur einige heute viel diskutierte Themen zu nennen. Hierher gehört aber auch schon die Deutung des gerade erörterten guten Kontaktes zweier erwachsener Menschen als »positive Übertragung«. Natürlich enthält der geschilderte gute Kontakt auch positive Übertragungsmomente. Ihn aber ausschließlich so zu charakterisieren, verschließt den Blick auf die gesunden Ich-Anteile des Patienten und ihre behandlungsdynamische Funktion.

Je stärker der Patient kontaktmäßig, d.h. basal gestört ist, desto schwieriger ist die Aufgabe der Kontaktaufnahme und -aufrechterhaltung für den Therapeuten. In diesen Fällen ist ein beträchtlicher persönlicher Einsatz erforderlich, um den Kontakt herzustellen und aufrecht zu erhalten, ohne vom Patienten als zu eindringend, bedrängend oder fordernd erlebt zu werden. Das erfordert eine genaue Empathie für das Entwicklungsniveau, auf dem sich der Patient hinsichtlich seiner Beschwerden und Eigenheiten bewegt. Insbesondere ist hier die in den letzten Jahren klar herausgearbeitete Unterscheidung von basalen, defizienten oder auch ich-strukturell genannten Störungen von solchen auf dem Niveau intramentaler Konflikthaftigkeit relevant (vgl. zusammenfassend z.B. Stolorow u. Lachmann 1980).

Charakteristisch für diesen Therapieansatz ist, Mißverständnisse, Spannungen, Irritationen sofort in angemessener Form anzusprechen und nicht zuzulassen, daß sie sich anstauen, einschleifen und zu einer von beiden Parteien hingenommenen Umgangsform werden. Insofern ist die hier eingenommene Position der üblichen analytischen entgegengesetzt, zunächst zurückhaltend pathologische Umgangsformen des Patienten sich entfalten zu lassen. Prinzip ist, die Kommunikation zwischen zwei in unterschiedlichen Rollen verantwortlich handelnden Partnern von Anfang an herzustellen und auch bei Belastung möglichst schnell wiederzugewinnen, d.h. die Etablierung einer Übertragungsneurose oder -psychose durch sofortige Kommunikation mit den gesunden Ich-Anteilen des

Patienten möglichst zu verhindern, ohne die Übertragung einzuschränken oder gar zu bekämpfen.
Zur Herstellung und Aufrechterhaltung einer guten erwachsenen Kooperation gehört jedoch auch die Repräsentation solch verantwortungsvollen Kontaktes, d.h. die sichere Ausübung dieser gesunden erwachsenen Position unter den Bedingungen der Therapeutenrolle. Wo der Patient Ansinnen an den Therapeuten hat, die ihn zur Aufgabe dieser Position brächten, hat er dies mit dem Patienten sofort in angemessener Form zu erörtern, um nicht seinerseits in der Beziehung von Anfang an oder im Verlauf korrumpiert zu werden. Das bedeutet eine angemessene Repräsentation sowohl gesunder erwachsener Verantwortlichkeit in der Beziehung als auch angemessener haltgebender professioneller Elternersatzfunktion. Die Spannweite dieser je nach Bedarf auszuübenden Elternersatzfunktion umfaßt die gesamte Skala gesunden elterlichen Verhaltens gegenüber Kindern von der Geburt bis zum Erwachsensein. Das ist der konkrete Gehalt dessen, was Freud mit »Nacherziehung« meinte.

2. Direkte Förderung der Progression

Prinzip der Aktivität des Therapeuten in dieser Dimension ist die Förderung und Verstärkung jeglichen Ansatzes des Patienten zu eigenen individuellen Lösungen für Verhaltensprobleme und interpersonale Schwierigkeiten einschließlich der Modifikation der zugehörigen Überzeugungen und Reaktionsmuster.
Das impliziert allererst die ausdrückliche Einstellung des Patienten auf die mit seiner Lebenssituation einschließlich seines Beziehungsnetzes verbundenen aktuellen Aufgaben der Lebensmeisterung. In vielen Fällen bedarf es der Ermunterung, sich mit diesen Aufgaben in persönlicher, individueller Form überhaupt auseinanderzusetzen. In diesem Zusammenhang ist die Schärfung der Wahrnehmung möglicher Lösungen ein weiterer Schritt in dem Sinne, daß der Patient zum konkreten Ausphantasieren seiner persönlichen Lösung samt ihrer interpersonalen und verhaltensmäßigen Konsequenzen angeregt wird. Das führt zu einer nicht nur intellektuellen, sondern konkret anschaulichen verhaltens- und interaktionsbezogenen Bestimmung des Ziels oder der Ziele der Therapie. In manchen Fällen entdeckt der Patient, daß er sich bisher solche

Phantasien von Lösung noch gar nicht erlaubt hat und sich ziellos seinen Beschwerden ausgeliefert hat. Weiter gehört zu der Arbeit in dieser Dimension die Lenkung der Aufmerksamkeit des Patienten auf die Situationen, in denen er symptomfrei ist bzw. sich besser fühlt, oder auf frühere Situationen, in denen es ihm gut oder besser ging (die »Ausnahmen« de Shazers), mit Herausarbeitung der unterschiedlichen Umstände beider Klassen von Situationen. Daraus ergeben sich dann Anregungen zur Erarbeitung nächster Schritte des Patienten in Richtung auf seine antizipierte Lösung in Form von abgesprochenen konkrenten Verhaltensaufgaben mit anschließender Verstärkung der Erfolge des Patienten. Bei Mißlingen dieser Schritte ist die Klärung der Gründe und Umstände des negativen Ausgangs wichtig. Häufig werden kleine Erfolge aufgrund hoher Erwartungen und Ansprüche vom Patienten nicht angemessen als solche wahrgenommen. Dann ist darauf besonders einzugehen, also eine ausdrückliche Aktivität der Sicherung von Erfolgen auszuüben. Vor vorhersehbaren Mißerfolgen und vor voreiligen Schritten ist der Patient durch Thematisierung zu warnen, um Mißerfolgserlebnisse mit der Gefahr der Verstärkung symptomatischen Verhaltens und Erlebens bzw. der Dekompensation nach Möglichkeit zu vermeiden.

Diese an den aktuellen interpersonalen und Verhaltensaufgaben mit dem Ziel ihrer Bewältigung (Lösung) orientierte Aktivität des Therapeuten zieht aus der ichpsychologischen Weiterentwicklung der Psychoanalyse die Konsequenz. Hinzu kommt als Orientierungshintergrund die Erweiterung unserer entwicklungspsychologischen Auffassung zu einem Konzept lebenslänglicher Variation der für die Psychoanalyse charakteristischen emotional-kognitiven Eltern-Kind-Beziehung. Die skizzierte Arbeit des Therapeuten in dieser Dimension bedeutet eine konkrete Ausgestaltung des supportiven (suggestiven) Aspekts unter Gesichtspunkten individueller Weiterentwicklung.

3. Verständniskommunikation als entwicklungsfördernde Einflußnahme

Die Interventionen, die detailliertes Verständnis für den Patienten, insbesondere seine Leiden, Probleme und Eigenheiten, zum Ausdruck bringen, haben eine doppelte Funktion. Wie schon

Luborsky in seinem Manual betont, sind sie für den Patienten eine Art Beweis, daß der Therapeut ihm höchstwahrscheinlich helfen kann. Verständniskommunikation erfüllt damit eine wichtige supportive Funktion, wenn sie vom Patienten als passend und stimmig erlebt wird. Auf dem Hintergrund dieser supportiven Funktion bietet Verständniskommunikation für den Therapeuten die Chance, durch die Art, wie er die Persönlichkeit und die Beziehungen des Patienten konstruiert, therapeutischen, entwicklungsfördernden Einfluß auf den Patienten zu nehmen. In diesem Sinne ist jede Verständniskommunikation eine Umdeutung aus therapeutischer Absicht und Zielsetzung. Wer wollte leugnen, daß es sich nicht auch hier um eine supportive Tätigkeit handelt.

Verstehenskommunikation innerhalb der psychoanalytisch-systemischen Therapie konstruiert das Bild vom Patienten und seinen Beziehungen auf die Lösung seiner aktuellen und prospektiven Aufgaben der Lebensmeisterung hin. Sie akzentuiert die Behandlungsbeziehung, das aktuelle interpersonale Verhalten des Patienten innerhalb seines Beziehungsnetzes im Leben (Systemperspektive) und zielt auf eine Stärkung des Selbstwertgefühls des Patienten.

Der verstehende Umgang mit den Symptomen und persönlichen Eigenheiten des Patienten ist einerseits darauf ausgerichtet, dem Patienten zu einer Orientierung und Klarheit bezüglich seiner Symptomatik zu verhelfen, indem die genaue, differentielle Wahrnehmung des Patienten für deren Umstände geschärft, die Beschwerden sozusagen auf den Begriff gebracht werden. Dies geschieht durch die Formulierung des aktuellen interaktionellen verhaltensbezogenen Behandlungsfokus bzw. »Problems«. Andererseits wird der Prozeß der verändernden Auseinandersetzung des Patienten mit seinen Beschwerden und Eigenheiten durch eine mit den gesunden Persönlichkeitsanteilen des Patienten kongruente Deutungsmethodik im Sinne positiver Konnotation kontinuierlich angeregt und gefördert. Annäherungen an diese Interventionsmethodik sind innerhalb der psychoanalytischen Literatur der letzten beiden Jahrzehnte z.B. die Kohutsche Deutungstechnik und die Deutung der sogenannten adaptiven Funktion von Abwehrvorgängen.

Im Gegensatz zu einer punktuellen, atomisierenden Deutung als

Hervorhebung vom Therapeuten unterstellter ichfremder, d. h. vom Patienten negativ erlebter Motive, bietet die positive Konnotation von Beschwerden und Eigenheiten dem Patienten in Anknüpfung an bereits ausgetauschte Informationen eine mit dessen Wertorientierung kongruente evidente Erklärung des Sinns seiner Symptomatik und Eigenheiten. Solche Deutungen können z. B. auf die Erlebniseigenart des Patienten zur Zeit der Entstehung der betreffenden pathologischen Überzeugungen, Haltungen und Ängste abstellen oder diese als bestmögliche Lösungen in der damaligen oder jetzigen Situation aufweisen oder familiendynamisch als aus Liebe zu bestimmten primären Bezugspersonen entspringend. Sie bezeichnen also nicht einzelne partikuläre Abwehrvorgänge, sondern formulieren Strukturen, die für den Patienten Sinn ergeben. Damit wird die Ich-Fremdheit der Symptomatik relativiert und zugleich eine Distanzierung von der Symptomatik eingeleitet und gefördert. Denn der Patient wird dadurch angeregt, für seine gegenwärtige Situation neue, bessere Lösungen zu suchen und die bisherigen pathologischen Lösungen als überholt aufzugeben.
Fokusformulierung und positiv-konnotierender Umgang ermöglichen in der Regel mehr oder minder intensive affektive Reaktionen gegenüber dem Therapeuten, den aktuellen Partnern im Beziehungsnetz des Patienten und den lebenden bzw. verinnerlichten Repräsentanten der Ursprungsfamilie. Das Ausmaß insbesondere der Auseinandersetzung mit den Reaktionen auf traumatische Erfahrungen wird davon bestimmt, wie weit eine solche Vergegenwärtigung wegen andauernder Verhinderung neuer besserer Lösungen und Einstellungen erforderlich ist. Die Ausrichtung der Therapie auf die Lösung der aktuellen Probleme und Schwierigkeiten verhindert ein Versinken in der Kindheitsmisere. Andererseits ist hier ein Spielraum des Mehr oder Weniger je nach der klinischen Situation und Verfassung des Patienten.
Das Auftreten von Symptomatik und von sogenannten Widerstandsphänomenen wird auf diesem Hintergrund als Hinweis darauf verstanden, daß der Patient zu einer besseren Lösung gegenwärtig noch nicht imstande ist. Mit Symptomatik und »Widerstand« wird daher folgerichtig eher bestätigend tolerierend umgegangen, statt dem Patienten ichfremde Motive zu unterstellen

und von »Widerstandsdeutungen« verändernde Wirkung zu erwarten. Eher wird der Patient durch Aufgaben ermuntert, Kontrolle über die Symptomatik dadurch zu gewinnen, daß er die Umstände des Auftretens und den Umgang mit der Symptomatik variiert. In diesem Sinne wird die Symptomatik dem Patienten unter bestimmten modifizierenden Bedingungen ausdrücklich verschrieben, was ihre Relativierung im Gesamtzusammenhang erwarten läßt. Im Zuge dieser Form des Umgangs findet der Patient häufig selbst Zugang zu von ihm als negativ erlebten Motiven, mit denen er sich dann, nachdem er und nicht der Therapeut sie thematisiert hat, auch zu konfrontieren vermag.

Die konsequente Verständniskommunikation in dieser Form führt zu einer Gesprächssituation, in der das Niveau verantwortlichen Austausches unter Erwachsenen über die Beschwerden und Eigenheiten des einen Partners weitgehend aufrechterhalten bzw. in der Regel schnell erreicht werden kann.

Die skizzierte Verfahrensweise zielt darauf ab, die Etablierung und Elaborierung einer Übertragungsneurose bzw. -psychose und damit einer regressiven Entwicklung des Patienten innerhalb der Therapie und einer Gegenübertragungsproblematik des Therapeuten möglichst zu verhindern, ohne das Auftreten von Übertragungsphänomenen einzuschränken. Das Bestreben des Therapeuten ist darauf gerichtet zu verhindern, daß der Patient den Therapeuten mit der Übertragung identifiziert. Daher werden Übertragungsphänomene sofort als solche angesprochen und relativiert, indem der gesunde Kontakt mit dem Patienten, d. h. die sogenannte »Ichspaltung« des Patienten, wie schon vorhin bemerkt, gestärkt wird. Diese Deutungstechnik unterscheidet sich wesentlich insbesondere von verbreiteten Formen Kleinianischer Technik der Übertragungsdeutung, die schon Balint (1968) kritisiert hat; übrigens auch Rosenfeld (1988) in seinem letzten Buch.

Die Verhinderung der Etablierung einer Übertragungsneurose und damit des Einschleifens pathologischer (defizienter) Erlebnisse, Befindlichkeitszustände und Erfahrungen setzt eine hohe interaktionelle Kompetenz des Therapeuten voraus, über die Analytiker traditionell nicht ohne weiteres verfügen. Der Therapeut muß Delegations- und Einschüchterungsmanöver des Patienten schnell und klar erfassen und je nach Entwicklungsniveau des Geschehens unterschiedlich handhaben, ebenso Versuche des Patienten, pathologische Überzeugungen als Selbstverständlichkeiten innerhalb der Behandlungsbeziehung zu etablieren. Indem sich der Therapeut gerade nicht als Container für pathologische Überzeugungen und regressive Ichpositionen zur Verfügung stellt, sondern darüber sofort mit dem Patienten auf erwachsenem Niveau kommuniziert, wird die unreflektierte wiederholende Etablierung defizienter Erlebnis- und Interaktionsweisen vermieden. Statt dessen werden diese sofort therapeutisch nutzbar gemacht. Dabei achtet der Therapeut sorgfältig auf das Entwicklungsniveau der betreffenden Patientenäußerungen, das von der frühen Kindheit bis zur adoleszenten Position reichen kann, und bezieht die Identifizierung des Entwicklungsniveaus ausdrücklich in seinen deutenden Umgang mit dem Patienten ein.

Es handelt sich also um eine Revision der Deutungsmethodik und des Umgangs mit dem Patienten aufgrund nicht zuletzt der Fortschritte der Ichpsychologie, der Entwicklungspsychologie und des Verständnisses für therapeutischen Wandel in den letzten Jahren. Hinzu kommt die Auswertung der Befunde der Kommunikationstheorie, deren Bedeutung für die Behandlungsführung bisher noch nicht von Psychoanalytikern allerorts erkannt ist.

4. Behandlungsorganisatorische (Setting-)Konsequenzen

Aus dem hier nur sehr skizzenhaft dargestellten methodischen Ansatz ergeben sich eine Reihe gerade für die Frage der psychotherapeutischen Versorgung der Bevölkerung wichtige Konsequenzen.

a) Dauer der Therapie

Die Dauer der Therapie ist ersichtlich davon abhängig, wie schnell es gelingt, dem Patienten zu einer befriedigenden Lösung seiner Lebensprobleme und Schwierigkeiten, d.h. zu einer befriedigenden Weiterentwicklung zu verhelfen. Dies hängt wiederum von seiner Bereitschaft ab, sich auf Veränderungen des Verhaltens innerhalb der Behandlung und seines Beziehungsnetzes im Leben einzulassen. Dies wiederum ist mit abhängig von dem Niveau der erreichten Persönlichkeitsorganisation und von Rigidität und Ausmaß seiner pathologischen Überzeugungen aufgrund traumatischer Vorerfahrungen, d.h. seiner Fähigkeit, überkommene Überzeugungen aufgrund neuer Erfahrungen zu korrigieren. In dem Maße, in dem es gelingt, eine progressionsorientierte Haltung des Patienten zu fördern, seine pathologischen Überzeugungen zu fokussieren und ihn zu deren Überprüfung anzuregen, ist eine kürzere Therapie in übersehbarem Zeitraum prognostizierbar und realisierbar. Und das ist nach den internationalen Erfahrungen mit Kurztherapieprojekten sehr viel häufiger der Fall als es traditionelle psychoanalytische Auffassungen für möglich halten.

b) Behandlungsfrequenz

Da sich aus den therapeutischen Sitzungen handlungsmäßige Konsequenzen (Aufgaben) ergeben, ist das Intervall als Erfahrungschance mindestens ebenso wichtig wie die therapeutischen Sitzungen. Zudem ist eine höhere Frequenz eine Einladung zur Regression bzw. eine Deklaration, daß der Patient oder die Familie sehr viel Unterstützung brauchen. Daraus ergibt sich für die eben behandelten Kurztherapien eine niedrige Frequenz mit höchstens einer Sitzung pro Woche, eher mit einer Sitzung alle zwei bis vier Wochen. Falls die eben genannten Voraussetzungen für eine Therapie in übersehbarer Zeit nicht gegeben sind und mit einer längeren Zeit zur Motivation von Progressionsschritten und der emotional-kognitiven Korrektur der pathologischen Überzeugungen, Haltungen und Ängste gerechnet werden muß, ist ebenfalls eher eine sehr niedrigfrequente Begleitung als ein hochfrequentes Verfahren angezeigt, allerdings wieder unterschiedlich je nach der klinischen Bedürftigkeit und dem Fortschritt des Patienten bzw. der Familie. In einigen wenigen Fällen mag es unter Zugrundelegung enger Indikationskriterien, d.h. bei Patienten mit einem hohen Organisationsniveau und im wesentlichen symptomneurotischen Beschwerden, eine Indikation zu einer höher frequenten mehr oder minder »eigentlichen« Psychoanalyse geben.

Aus diesen beiden Settinggesichtspunkten ergibt sich eine Skala unterschiedlicher Behandlungsformen, die von der Krisenintervention über Beratung, kurz- bzw. mittelfristige fokussierte Therapie, längerfristige niedrigfrequente Begleitung bis zur Psychoanalyse reicht.

c) *Optimale Zugänglichkeit des Patienten: Körperpsychotherapie, gestaltende Psychotherapie, psychodramatische Therapie, verbale Therapie*

Wir wissen aus den Diskussionen der letzten Jahrzehnte, daß es viele Menschen mit erlebnisbedingten Beschwerden und Störungen gibt, die zunächst mit verbalen Methoden schwer erreichbar sind. Daß psychoanalytische Therapie mit non-verbalen Methoden durchaus sinnvoll integrierbar ist, ist aus der langen Tradition der von den Erwachsenentherapeuten wenig beachteten psychoanalytischen Kindertherapie bekannt, die vielseitigen spielerischen Umgang mit Gespräch erfolgreich kombiniert. Ähnliche Erfahrungen werden heute meist in stationären analytisch-psychotherapeutischen Settings gemacht, die dem Patienten ein komplexes Behandlungsangebot offerieren. Schwerpunktmäßig ist dies Angebot häufig zunächst auf körpertherapeutische, gestaltende oder psychodramatische Verfahren ausgerichtet, um dann in intensivere verbale Therapie zu münden. Solche integrierten bzw. kombinierten Angebote wären versorgungspolitisch auch für den ambulanten Behandlungsbereich wichtig. Ihre Etablierung wird in Deutschland bisher weithin durch berufsrechtliche bzw. kassenrechtliche Vorschriften verhindert. Für die Gestaltung dieser non-verbalen bzw. psychodramatischen Verfahren ist hier allerdings dieselbe Progressionsorientierung als Rahmen vorausgesetzt, wie bezüglich der verbalen Therapie beschrieben.

d) *Veränderungsoptimale systemische Gestaltung des Therapiesettings*

Gerade der psychoanalytische Ansatz, psychogene Störungen von Individuen aus den emotionalen Beziehungskonstellationen und dem Entwicklungsniveau der Ich-(Selbst-)Organisation des Kindes verständlich zu machen, hat die familiendynamische Forschung innerhalb der Psychiatrie und Psychotherapie vor einigen Jahrzehnten angestoßen. Durch eine konsequente systemische Orientierung ist diese familiendynamische Forschungsrichtung allerdings schnell über die individuumzentrierte (»intrapsychische«) Perspektive der traditionellen psychoanalytischen Therapie, auch der objektbeziehungstheoretisch orientierten Kleinianer, weit hinausgewachsen.

Die Frage der optimalen systemischen Zugänglichkeit, der bestmöglichen systemischen Konstellation für therapeutische Einflußnahme, stellt sich im Rahmen der individuellen psychoanalytischen Therapie bis heute überhaupt nicht.
Fragt man sich aber innerhalb eines progressionsorientierten psychoanalytisch-systemischen Zusammenhangs, in welcher Konstellation am ehesten eine therapeutische Förderung eines Indexpatienten erwartet werden kann, dann führt diese Überlegung sehr schnell zu dem Beziehungsnetz (System), innerhalb dessen der betreffende Patient gegenwärtig lebt und mit dem daher seine gegenwärtigen Aufgaben der Lebensmeisterung verknüpft sind. Zudem hat dies System evidenterweise eine zentrale Funktion bezüglich Auslösung, Aufrechterhaltung bzw. Remission seiner Beschwerden. Schließlich ist der Indexpatient häufig, was Pathologie betrifft, ja nur der Gipfel eines Eisbergs, Signal und Hinweis auf eine Familienpathologie, von der auch andere Familienmitglieder betroffen sind.
Eine zweite Überlegung betrifft die Ursprungsfamilie eines Indexpatienten, die nicht nur bei jugendlichen Patienten oder jungen Erwachsenen für Entstehung und Verlauf psychogener Störungen definitionsgemäß immer noch große aktuelle Bedeutung hat, sondern häufig auch noch für Erwachsene in den mittleren Lebensjahren.
Aufgrund der Abklärung des optimalen Systembezugs der Therapie kommt man häufig zur Bevorzugung paar- oder familientherapeutischer Settings unterschiedlicher Art gegenüber einer Behandlung des Indexpatienten in einer Einzel- oder Gruppentherapie. Dabei ist klar, daß die systemische Orientierung der Therapie nicht vom systemischen Setting abhängt, sondern von der systemischen Wahrnehmungsverarbeitung und Interventionsmethode des Therapeuten.
Unter bestimmten Bedingungen kann die ausdrückliche Fokusformulierung in der Paar- oder Familientherapie durch ein indirektes Verfahren ersetzt werden. Es gibt inzwischen eine ausgearbeitete Methodik, durch zirkuläre Fragen ein Familiensystem zu einer Auseinandersetzung mit möglichen Lösungen sowie pathologischen Überzeugungen der einzelnen Familienmitglieder, mit gene-

rationsübergreifenden Koalitionen, Delegationen oder der gemeinsamen Familienmythologie anzuregen und dadurch auf dem Hintergrund einer durchgängig positiv konnotierenden Haltung Weiterentwicklung therapeutisch anzustoßen.
In vielen Fällen haben sich solche paar- und familientherapeutischen Settings als beträchtlich zeit- und aufwandsökonomischer herausgestellt als traditionelle einzeltherapeutische Bemühungen. Als sehr niedrigfrequente zeitlich überschaubare Therapien stellen sie gerade unter versorgungspolitischen Gesichtspunkten eine echte Herausforderung dar. Ihre Entfaltung ist allerdings in Deutschland gegenwärtig noch u. a. durch die individuumszentrierte Orientierung des Gesundheits- und Versorgungssystems stark behindert.
Am Ende dieses Abschnittes sei erwähnt, daß die Systemperspektive nicht an Familie und Therapie als Systeme gebunden ist, sondern den Therapeuten auch zur Berücksichtigung nicht-familiärer Lebensbezüge von Indexpatienten und Familien sowie zur Reflexion institutioneller und umfassender soziokultureller Kontexte anregt – nicht zuletzt auch zur Reflexion seines eigenen beruflichen und privaten Lebensfeldes.

III. Schlußfolgerungen

Ich habe versucht, die Umrisse einer progressions-orientierten psychoanalytisch-systemischen Behandlungstheorie zu zeichnen, die hinreichend umfassend ist, um unterschiedlichsten klinischen Bedingungen und sozialkulturellen Lagen von Patienten und unterschiedlichsten Möglichkeiten von Therapeuten Rechnung zu tragen. Mein Bestreben war, gegen traditionell enge Auffassungen psychoanalytischer Therapie, die wenig Relevanz für die psychotherapeutische Versorgung der Bevölkerung haben, einen vieldimensionalen therapeutischen Entscheidungsraum zu beschreiben, an dem sich psychoanalytische Therapeuten orientieren können, wenn sie die mannigfaltigen Aufgaben anpacken wollen, die der Psychotherapie in unserer Welt voller ungelöster gesellschaftlicher Probleme und Schwierigkeiten gestellt sind. Eine kontinuierliche konsequente Auseinandersetzung der Psychoanalytiker mit den

Befunden der Psychotherapieforschung ist nach meiner Überzeugung die beste Methode sicherzustellen, daß die Psychoanalyse auch im zweiten Jahrhundert ihrer Geschichte einen wichtigen therapeutischen Beitrag leistet.

Ichpsychologische Konsequenzen der Ausweitung des Anwendungsbereiches der Psychoanalyse

Die Ausweitung der therapeutischen Anwendung der Psychoanalyse gründet voll und ganz in den imponierenden Fortschritten der psychoanalytischen Erforschung der menschlichen Welt in den letzten Jahrzehnten. Wir verfügen heute über einen umfassenden differenzierten Zugang zu den verschiedensten menschlichen Phänomenen und Strukturen. Therapeutische Beobachtungen und Erfahrungen haben zu diesem Verständnisfortschritt wesentlich, aber nicht ausschließlich beigetragen. Die psychoanalytische Behandlungstheorie (Praxeologie) hinkt hinsichtlich Differenzierungsgrad und Konsens hinter dem umfassenden psychoanalytischen Verständnis menschlicher Phänomene immer noch beträchtlich her.

Im folgenden soll eine wesentliche Linie des Fortschritts psychoanalytischen Verständnisses aufgegriffen werden, nämlich die Ausweitung unseres entwicklungspsychologischen Verständnisses in Hinblick auf die Frühentwicklung und das Erwachsenenalter als Entfaltung der psychoanalytischen Ichpsychologie im Sinne eines vertieften Verständnisses für Verlaufsstrukturen und Strukturwandlungsprozesse. Dann soll die psychoanalytische Therapie struktureller Ichstörungen als eine wesentliche Erweiterung der therapeutischen Anwendung der Psychoanalyse unter dem Gesichtspunkt thematisiert werden, welche Erweiterung der Anforderungen an das (berufliche) Ich des Psychoanalytikers erforderlich sind, um strukturelle Ich-Störungen mit der Chance des Erfolgs psychoanalytisch zu behandeln. Daß es sich dabei nur um eine skizzenhafte Darstellung handeln kann, versteht sich von selbst.

Ausweitung der strukturellen Theorie des Ichs auf die gesamte Lebensspanne

Das Ich erfüllt eine erste Aufgabe der Vermittlung zwischen den Trieben und der Außenwelt, indem es sich in der Fötalzeit und den ersten Lebensjahren unter dem Einfluß der mitmenschlichen Umgebung bildet, d. h. basale Funktionen in einem strukturellen Kontext entwickelt. Diese Grundstruktur wird im Laufe der weiteren Entwicklung über mehrere markante Stufen (Strukturabwandlungen) immer weiter modifiziert. Dies geschieht an und mit Phantasien, Vorstellungen, die mit Gefühlen verbunden und jeweils in bestimmter Weise konfiguriert sind. Diese Konfigurationen machen jeweils unsere innere Welt aus, die die Psychoanalyse erforscht.

Die psychoanalytische Entwicklungslehre hat uns das Ich, den Ort unserer inneren Welt, als in ständiger Umstrukturierung begriffen sehen gelehrt, insbesondere hat sie uns gezeigt, wie gesunde und psychopathologische Phänomene als unterschiedliche strukturelle Vorgänge, d. h. Erscheinungen in Kontexten, zu verstehen sind. Dadurch ist uns das Unbewußte, sind uns unbewußte seelische Vorgänge deutlicher als Strukturbildungs- und -umbildungsprozesse verständlich geworden (Ciompi 1982; Schneider 1981). Die Bedingungen, unter denen die Fortentwicklung der Ichstruktur und damit unserer inneren Welt zu einer nächsten Entwicklungsphase verläuft, sind zweierlei: Die Fortentwicklung hängt von der bisherigen Strukturbildung als struktureller Prädetermination ab und von den jeweils aktuellen auf neuen Aufgaben als Herausforderungen beruhenden Erlebnissen und ihrer integrativen Verarbeitung. Daß strukturelle Fortentwicklung über Krisen, Labilisierungen und Pendelbewegungen vorwärts, rückwärts verläuft, ist uns geläufig (Blanck u. Blanck 1974, 1979; Cohen u. Kinston 1984). Wesentlich ist daran, daß unser Verständnis psychopathologischer Formationen in dem Maße genauer wurde, in dem wir auch den gesunden, normalen Entwicklungsstand präziser bestimmen konnten.

Die Erforschung der Vorgänge in der Ichbildungsphase mit der Formierung von Selbst und Objekten (und ihren Wechselbeziehungen) als inneren Strukturen hat uns zugleich gezeigt, daß der Aufbau der inneren Welt interaktionell, d. h. im Rahmen einer engen persönlichen Beziehung zur Mutter oder Muttterersatzperson, später zu den weiteren familiären Partnern geschieht. Wir haben in den letzten Jahren ein differenziertes Konzept des Aufbaus der inneren Welt in und aus der Mutter- (bzw. Muttterersatzperson-) Kind-Symbiose entwickeln und die Besonderheit der Pathologik des sich bildenden Ichs im Unterschied zur Pathologik des Ichs der späteren Zeit erfassen können (Baby-mit-Mutter-Logik). Dabei ist deutlich geworden, daß wir eine Verständnisbarriere bezüglich dieser Operationenlogik zu überwinden haben, da wir alle an der Logik der Macht- und Dreierbeziehungsverhältnisse der späteren Zeit orientiert sind (antipsychotische Abwehr). Es bedarf daher einer eigenen ausdrücklichen (fachlich gesteuerten) Einstellung auf diese pathoätiologisch relevanten Operationen des frühen Ichs, um Spuren und Spätfolgen dieses Ichs bei älteren Kindern und Erwachsenen überhaupt identifizieren und angemessen psychoanalytisch bearbeiten zu können.

Der zweite wesentliche Beitrag der entwicklungspsychologisch orientierten Ichtheorie betrifft die Ausweitung der Perspektive auf das gesamte menschliche Leben, d. h. eine Differenzierung der psychoanalytischen Sicht auf die Strukturveränderungen des Ichs innerhalb des Erwachsenenalters (vgl. z. B. Cohen u. Kinston 1984, Lidz 1987).

Der Mensch befindet sich, ichpsychoanalytisch gesehen, in einem lebenslänglichen Umstrukturierungsprozeß, der das (zentrale psychoanalytische) Thema der bewußt-unbewußten Eltern-Kinder-Beziehung variiert: Die Ich-Entwicklung geschieht im Realisieren aufeinander folgender teilweise letztlich somatisch veranlaßter markanter familiärer Rollen (Säugling, Kleinkind, Jugendlicher, Partner, Vater bzw. Mutter, Großvater bzw. Großmutter) in der Interaktion mit familiären und außerfamiliären Personen und Institutionen. Die dabei aktualisierten Konstellationen, jeweils bestimmt nicht zuletzt von der inneren Welt der Beteiligten, stellen Einwirkungen auf die innere Welt jedes Beteiligten dar, die je nach der individuellen Konfiguration der inneren Welt des Betreffenden verarbeitet werden. Der Monadologe Leibniz würde sich freuen, wie seine Konzeption heute psychoanalytisch konkretisiert wird (vgl. Brocher u. Sies 1986). Unter dem Gesichtspunkt der kontinuierlichen Umstrukturierung des Ichs lassen sich diese familiären und außerfamiliären Einwirkungen als Rollenangebote, strukturierte Verhaltenserwartungen, Herausforderungen und Aufgaben verstehen, die jeweils Antworten, Lösungen innerhalb der inneren Welt, des Ichs, als individuelle Interpretationen dieser Rollenangebote provozieren. So kommt es zur individuell unterschiedlichen Ausgestaltung angebotener Muster, Modelle, Normen als kognitiv-affektiver Strukturanteile des Ichs. Die in diesen interaktionellen Vorgängen inhärenten Normalitäts- und Gesundheitsanforderungen und -modelle lassen sich als Aufgaben für die beteiligten Personen definieren, die es in der jeweiligen Entwicklungsphase so oder so zu lösen gilt – ein ichpsychologisch wichtiger, aber bisher wenig gewürdigter Aspekt.

Auf Grund des Ausgeführten versteht sich von selbst, daß diese in den letzten Jahrzehnten ausgearbeitete psychoanalytische Entwicklungstheorie des Ichs, unserer inneren Welt, eine zielgerichtete, »epigenetische« ist. Die Dynamik des Ichs drängt auf die volle Entfaltung, d. h. strukturelle Ausgestaltung in der jeweiligen Entwicklungsphase und dann darüber hinaus zur Meisterung der Aufgaben der nächsten. Die in der inneren Welt jeweils sedimentierten kognitiven Strukturen, affektbesetzte Phantasie-, Vorstellungs- und Erwartungskonfigurationen, werden unter dem Druck der neuen Anforderungen und Aufgaben jeweils neu organisiert, umstrukturiert. Insofern ist das Ich, wenn es seine Aufgabe der Vermittlung zwischen Trieben und Außenwelt erfüllen will, jeweils auf diese Aktualität und die nächste hin ausgerichtet. Erst aus diesem Kontext gewinnen so zentrale psychoanalytische Gesichtspunkte wie Progression und Regression ihren Sinn und ihre konkrete Bedeutung. Alle psychoanalytischen Einschätzungen gesunder, normaler bzw. psychopathologischer, defensiver Regungen, Prozesse und Strukturen entspringen diesen Zusammenhängen.

Erweiterung des psychoanalytischen Behandlungsparadigmas

Die Ausweitung der therapeutischen Anwendung der Psychoanalyse in den letzten Jahrzehnten läßt sich als ein Überschreiten des Anwendungsbereichs der strukturierten Neurose bezeichnen. Unter »strukturierten Neurosen« verstehen wir Störungen, die sich auf dem Hintergrund eines »Normal-Ichs«, einer in den ersten Lebensjahren normal ausgebildeten (»intakten«) Grundstruktur des Ichs entwickelt haben. Ich habe die von den strukturierten Neurosen zu unterscheidenden klinisch sehr mannigfaltigen Störungen (Psychosen, Borderlinefälle, Psychosomatosen, Süchte, Perversionen und andere schwerere Persönlichkeitsstörungen) im Anschluß an Freud als »strukturelle Ichstörungen« bezeichnet und interaktionell, d. h. operational (nicht objektivistisch-nosologisch), als Störungen definiert, die sich der üblichen neurosentherapeutischen psychoanalytischen Bemühung entziehen bzw. auf diesen Umgang klinisch negativ reagieren, Freuds »Widerstand überhaupt« zeigen (Fürstenau 1977). Die Abhebung von der strukturierten Neurose als nur »funktioneller Ichstörung« ist für diese Begriffsbildung konstitutiv.

Aus dieser operationalen Definition der zur psychoanalytischen Behandlung anstehenden strukturellen Ichstörungen und den vorhin dargestellten ichpsychologisch-genetischen Zusammenhängen ergibt sich eine Neuformulierung der Eigenart psychoanalytischer Therapie als Behandlungsverfahren, die auf eine Erweiterung des traditionellen psychoanalytischen Behandlungsparadigmas hinausläuft. Die psychoanalytische Therapie als Verfahren ist strukturell eng auf das vorhin skizzierte psychoanalytische Verständnis gesunden wie erlebnisbedingt seelisch kranken menschlichen Lebens bezogen. Sie bietet dem Patienten eine Fortentwicklung in der Form einer »Nacherziehung« (Freud) innerhalb einer artifiziellen, professionellen, d. h. nach fachlichen Gesichtspunkten strukturierten persönlichen Beziehung an, die nach dem Muster der Eltern-Kinder-Beziehung gestaltet ist. Der Psychoanalytiker fungiert in der Rolle einer professionellen Elternersatzperson. Ziel seiner Wirksamkeit ist, die Fähigkeit des Patienten bzw. Patientensystems zur Fortentwicklung im Sinne des eben dargelegten lebenslänglichen Entwicklungskonzeptes zu fördern bzw. zu ermöglichen. Damit ist er primär auf die inneren (seelischen) Bedingungen und Möglichkeiten des Patienten (bzw. Patientensystems) zu aktueller und künftiger Lebensmeisterung ausgerichtet und konzentriert. Sein methodisches Repertoire ist demgemäß so umfassend wie das Einflußrepertoire von Eltern gegenüber ihren Kindern. Der Rollen- und Funktionsunterschied liegt nur in der Nachträglichkeit der Beziehung (Nacherziehung statt primärer Erziehung) und der Professionalität, der Orientierung an den wissenschaftlichen Erkenntnissen der psychoanalytischen Forschung hinsichtlich Behandlungsmethodik und Erziehung. Trotz dieser Analogie zum ursprünglichen Eltern-Kinder-Verhältnis ist die psychoanalytische Beziehung wegen dieser Fachlichkeit eine einzigartige und für den Patienten neue Beziehung. Der Patient hat in diesem Kontakt die Chance, die strukturellen Einschränkungen seiner bisherigen Entwicklung, die ihn an einer angemessenen persönlichen Weiterentwicklung in seinem jeweiligen Lebensfeld behindern, seine »verbliebene Kindlichkeit«, zu überwinden.

Zu diesem Zweck gibt ihm die psychoanalytische Therapie Gelegenheit, sich selbst in seinen gesunden wie in seinen strukturell eingeschränkten (pathologischen) Aspekten in die Behandlung einzubringen. Die pathologischen Behinderungen manifestieren sich als »Übertragungen« und werden als Fixierungen an bestimmte historisch identifizierbare Strukturausprägungen (Ichkonfigurationen) im Prozeß der Therapie erkennbar und ansprechbar. Die strukturelle Normalisierung bezüglich der Grundstörung und die weitere strukturelle Aufarbeitung (Modifizierung, Integration) erfolgen im Zusammenhang mit angemessenen jeweils zielgerichteten Maßnahmen und Interventionen des Analytikers als schrittweise Umstrukturierung der je aktualisierten Ichkonfiguration des Patienten bzw. Patientensystems (Fürstenau 1976).

Der Analytiker nimmt die zur Förderung der Weiterentwicklung des Patienten nötigen (gesunden) Ich-Funktionen in der Art und in dem Maße jeweils gegenüber dem Patienten wahr, wie es ihm zur Förderung des Weiterentwicklungsprozesses des Patienten angemessen und zweckdienlich erscheint (Auswertung der Gegenübertragung nach strukturdynamischen Kriterien). Dabei läßt er sich von einem zunehmend intimeren Verständnis der persönlichen Eigenart des Patienten bzw. Patientensystems und seiner klinischen Orientierung und Erfahrung leiten. Je stärker der Patient bzw. das Patientensystem ichstrukturell gestört ist, desto umfassender und komplexer ist der vom Analytiker geforderte fachliche persönliche Einsatz.

Konkretisierung des erweiterten Behandlungsparadigmas

Diese Neuformulierung der Eigenart psychoanalytischer Therapie soll im folgenden unter acht Gesichtspunkten hinsichtlich der Anforderungen, die an den analytischen Therapeuten struktureller Ichstörungen im Gegensatz zum Neurosentherapeuten gestellt werden, weiter konkretisiert werden. Es handelt sich um

1. die Fähigkeit zu engagierter aktiver Kontaktaufnahme und Kontaktaufrechterhaltung mit befremdlichen, eigenartigen, schwierigen Menschen,
2. die Fähigkeit zur Einschätzung des aktuellen Lebensfeldes des potentiellen Patienten, seines Beziehungsnetzes, nach psychoanalytischen Kriterien (Systemdiagnostik) und zu daraus resultierenden angemessenen Behandlungsentscheidungen,
3. die Fähigkeit zur psychoanalytischen Einschätzung der optimalen settingmäßigen und verfahrensmäßigen Zugänglichkeit des Patienten(systems),
4. die Fähigkeit zu elastischer Handhabung von Setting und Rahmenbedingungen je nach Therapiestand und erreichtem Verständnis,
5. die Fähigkeit zu konzeptionsbezogener Steuerung des gesamten Behandlungsprozesses im Sinne einer geordneten zielgerichteten psychoanalytischen Behandlungsführung (strategischen Steuerung),
6. die Fähigkeit zu operativer Steuerung im Sinne der Zielausrichtung jeder einzelnen therapeutischen Maßnahme und Intervention,

7. die Fähigkeit, die Klärung und weitere Entfaltung der auf die aktuelle Lebensmeisterung und die Lebensplanung gerichteten gesunden Ich-Anteile des Patienten bzw. Patientensystems zu fördern,
8. die Fähigkeit, gesunde Weiterentwicklung behindernde pathologische Ichformationen nach strategischen und operativen Kriterien auf den verschiedenen Entwicklungsniveaus methodisch unterschiedlich zu bearbeiten.

1. Die Fähigkeit zu engagierter aktiver Kontaktaufnahme und Kontaktaufrechterhaltung auch in belastenden Kommunikationssituationen versteht sich von selbst, da sich strukturell ichgestörte Patienten in ihrem Erleben und Verhalten vom strukturierten Neurotiker wesentlich unterscheiden, indem sie dem Psychoanalytiker eine hohe persönliche Elastizität bezüglich Umgangs und Rahmenbedingungen der Therapie abverlangen. Gegenüber dem üblichen Neurotiker erscheinen sie befremdlich, eigenartig, schwierig. Zustandekommen und Aufrechterhaltung der Therapie hängen hier wesentlich von der persönlichen Aktivität und Elastizität des Analytikers bezüglich Kontaktes mit dem Patienten ab.

2. Die Fähigkeit zur Einschätzung des aktuellen Lebensfeldes des potentiellen Patienten, seines Beziehungsnetzes, nach psychoanalytischen Kriterien (Systemdiagnostik) und die Fähigkeit zu daraus resultierenden angemessenen Behandlungsentscheidungen sind wegen der Autonomie- und Individuationsmängel strukturell ichgestörter Patienten gefordert. Die Psychodynamik dieser Patienten hängt engstens mit ihrem Beziehungsnetz zusammen, ist Soziodynamik. Entsprechend sind Veränderungschancen und Behandlungsmotivation nur auf diesem Hintergrund einschätzbar. Erst diese systemdiagnostische Abklärung macht deutlich, welche Rolle das Familiensystem dem potentiellen Patienten zuweist und in welchem Maße und in welcher Art die übrigen Familienmitglieder von der Gestörtheit des potentiellen Patienten selbst psychodynamisch abhängig sind. Diese Abhängigkeiten beeinflussen alle Behandlungsentscheidungen wesentlich, ganz gleich, ob es letztendlich zu einer Einzeltherapie, Gruppentherapie oder Familientherapie kommt. Außerdem wird erst durch die Systemdiagnostik

für den Analytiker deutlich, mit welchen systemischen Reaktionen auf die in Aussicht genommene Behandlungsbeziehung er zu rechnen hat.

3. Die Fähigkeit zur psychoanalytischen Einschätzung der optimalen settingmäßigen und verfahrensmäßigen Zugänglichkeit des Patienten bzw. Patientensystems. – In den letzten Jahren ist ausführlich diskutiert worden, daß der psychotherapeutische Zugang zu strukturell ichgestörten Patienten in vielen Fällen nur sehr mühsam und unter beträchtlichen klinischen Kautelen, wenn überhaupt, auf dem üblichen verbalen analytischen Weg zu gewinnen ist. Da das sich bildende Ich und damit auch das in der Ichbildungsphase gestörte Ich weitgehend ein Körper-Ich ist, liegt in diesen Fällen ein körpertherapeutischer (leiberfahrungszentrierter) psychoanalytischer Zugang nahe, wie er an vielen analytisch-psychotherapeutisch ausgerichteten Kliniken in solchen Fällen (vgl. z. B. Becker 1981; Besuden 1983; Pesso 1986; Schütz 1983, 1987; Schütz et al. 1988), vereinzelt auch ambulant (Damm 1989; Moser 1986) bereits erfolgreich praktiziert wird. Wenn wir Psychoanalytiker unsere eigene Theorie ernst nehmen, werden wir uns in den nächsten Jahren sehr intensiv mit diesem Thema beschäftigen müssen (Moser 1987).

Von hier aus ist auch die potentielle Bedeutung von Zugangsweisen über Aktion und Gestaltung einsichtig, wenn auch bisher wenig diesbezüglich reflektiert (Janssen 1982, 1987; Janssen u. Hekele 1986; Lebovici 1978) und verständlich, daß Behandlungsmodelle, die auf dem Umgang mit strukturell ichgestörten Patienten besonders eingestellt sind, multidimensional kalibriert sind und damit den traditionellen verbalen psychoanalytischen Ansatz wesentlich überschreiten. Es bedarf keiner Betonung, daß alle psychotherapeutischen Wege, so verschieden sie beginnen, früher oder später im Maße der erreichten Entwicklung verbale Aspekte einbeziehen müssen und daß psychoanalytische Therapie bei erfolgreichem Verlauf als verbale Therapie endet.

Die zweite schon erwähnte wesentliche Entscheidung unter dem Gesichtspunkt der Zugänglichkeit ist die, ob der Patient als einzelner oder paar- bzw. familientherapeutisch behandelt werden soll, die dritte, ob er einer stationären Therapie unter Einbeziehung milieutherapeutischer Faktoren bedarf (Heim 1985; Janssen 1985, 1987). Diese settingmäßigen und verfahrensmäßigen Indikationsentscheidungen stellen beträchtliche neue fachliche Anforderungen an den Psychoanalytiker. Sie setzen ein genaues psycho- und soziodynamisches Verständnis von Behandlungsarrangements voraus.

4. Die Fähigkeit zu elastischer Handhabung von Behandlungssetting und Rahmenbedingungen je nach Therapiestand und erreichtem psychoanalytischen Verständnis ergibt sich aus dem eben Erörterten von selbst, stellt aber gegenüber den neurosentherapeutischen Verhältnissen eine beträchtliche Veränderung dar. Im Maße der Normalisierung und Gesundung des Patienten bzw. Patientensystems oder eines vertieften Verständnisses der Problematik ergibt sich häufig die Notwendigkeit, Behandlungsarrangement und Arbeitsmethodik zu modifizieren, z. B. von einer mehr leibzentrierten Arbeit zur verbalen oder von einer familientherapeutischen zu einer einzeltherapeutischen überzuwechseln oder umgekehrt. Klinisch ist ja plausibel, daß die Starrheit des Arrangements langfristig unbegrenzter psychoanalytischer Neurosenbehandlungen ein mit der Besonderheit der strukturiert-neurotischen Klientel zusammenhängender therapeutischer Grenzfall ist, der nicht auf die Behandlung strukturell ichgestörter Patienten wie selbstverständlich übertragen werden kann.

5. Die Fähigkeit zu konzeptionsbezogener Steuerung des gesamten Behandlungsprozesses im Sinne einer geordneten zielgerichteten psychoanalytischen Behandlungsführung (strategischen Steuerung). – Dieser Aspekt bezieht sich insbesondere auf mittelfristige und langfristig unbegrenzte psychoanalytische Behandlungsprozesse, die zu übersehen und zu steuern naturgemäß eine besondere Kompetenz erfordert. Die Auffassung solcher Prozesse als »fortgesetzte zeitlich nichtbefristete Fokaltherapie mit wechselndem Fokus«, die Thomä u. Kächele (1985) vertreten, ist eher eine elegante Verschleierung der Ungesteuertheit psychoanalytischer Prozesse als eine fachlich begründete Anleitung zu geordneter Behandlungsführung. Nur wenn die Behandlung unter Bezug auf ein hinreichend

umfassendes und hinreichend differenziertes Verlaufsmodell geführt wird, besteht bei der Eigenart strukturell ichgestörter Patienten eine begründete Chance, die Behandlung erfolgreich abzuschließen, da hier Steuerungsverantwortung wegen des Ichdefektes über weite Strecken des Behandlungsprozesses vom Psychoanalytiker wahrgenommen werden muß.

Das Modell des Behandlungsverlaufes muß dem Psychoanalytiker insbesondere zur Abstimmung dreier unterschiedlicher umfangreicher Teilaufgaben die nötige Orientierung vermitteln. Diese drei Aufgabenkomplexe sind:

a) Der Aufbau eines neuen Musters von Beziehung (einer neuen Ichkonfiguration bezüglich persönlicher Beziehung) auf dem Boden der Beziehungserfahrungen des Patienten in der Therapie,
b) Klärung, Entfaltung und persönliche Bewertung der sich aus der aktuellen Lebenssituation des Patienten und seinem aktuellen Beziehungsnetz ergebenden Aufgaben und Verpflichtungen im Sinne von zu beantwortenden Rollenangeboten, Verhaltenserwartungen und Rollenalternativen einschließlich der damit zusammenhängenden Aufgaben der schrittweisen Lebensplanung,
c) Mobilisierung der zu pathologischen Strukturmomenten (Einstellungsmustern, Haltungen) geronnenen kindlichen Weisen der Verarbeitung traumatischer Erfahrungen, d. h. der die gesunde Weiterentwicklung behindernden »verbliebenen Kindlichkeit« in einem Prozeß der schrittweisen Vergegenwärtigung und Neuverarbeitung innerhalb der psychoanalytischen Beziehung und des psychoanalytischen Raumes.

Die Arbeit an diesen drei großen Aufgabenkomplexen muß aufeinander abgestimmt sein und in einer fachlich reflektierten Ordnung stattfinden. Dazu bedarf es einer umfassenden konzeptuellen Orientierung im Sinne eines Modells vom Behandlungsverlauf, wie sie von verschiedenen Seiten (Fürstenau 1976; Gedo 1979; Kohut 1973, 1979, 1984) in den letzten Jahren vorgelegt wurden. Erfolgt eine solche strategische Steuerung des Behandlungsprozesses nicht, besteht eine hohe Chance, daß sich Analytiker und Patient in einer der angegebenen Aufgabendimensionen gemeinsam verrennen und dort stagnierend versacken. In vielen Fällen ist der maligne oder stagnierende Verlauf psychoanalytischer Behandlungsprozesse auf das Fehlen strategischer Steuerung zurückzuführen.

6. Die Fähigkeit zu operativer Steuerung im Sinne der Zielausrichtung jeder einzelnen therapeutischen Maßnahme und Intervention. – Der Behandlungsprozeß bedarf nicht nur der Steuerung im großen; jede einzelne Maßnahme oder Intervention soll vielmehr ein Schritt in einer bestimmten sinnvollen Richtung sein. Das heißt, die einzelnen Maßnahmen und Interventionen bedürfen der Ausrichtung auf ein Ziel im Rahmen der umfassenderen strategischen Überlegungen. Die Zielausrichtung der einzelnen therapeutischen Maßnahmen und Interventionen spielt in der Neurosentherapie häufig keine besondere Rolle, da hier der Patient aus Leidensdruck und Gesundungswillen das Behandlungsziel im großen wie im kleinen mehr oder minder ausdrücklich und kontinuierlich im Auge behält und Interventionen des Analytikers entsprechend verarbeitet. Das ist bei strukturell ichgestörten Patienten im Maße ihrer Störung nicht der Fall.
Der operativen Steuerung im Sinne eines der Persönlichkeit des Patienten wie der therapeutischen Situation Rechnung tragenden Umgangs kommt hier entscheidende therapeutische Bedeutung zu. Viele Maßnahmen und Interventionen haben ungünstige klinische Wirkungen, weil sie auf ein zu weit entferntes Ziel ausgerichtet, nicht richtig dosiert oder sonst der klinischen Situation nicht angemessen sind. Der Erfolg psychoanalytischer Therapie steht und fällt damit, ob es gelingt, dem Patienten angemessen dosierte Diskrepanzerfahrungen zu vermitteln, um dadurch eine Modifikation der jeweiligen Ichkonfiguration im Sinne einer Weiterentwicklung anzuregen. Dies setzt beim Analytiker die Fähigkeit voraus zu erkennen, was er jeweils in der Situation tun muß, um genau dies anzuregen. Operational bedeutet dies die Fähigkeit, die Gegenübertragung kontinuierlich nach solchen Kriterien zu verarbeiten und aufgrund dieser Auswertung zu intervenieren. Daß es nicht genügt, sich der Gegenübertragung jeweils nur klar bewußt zu werden, sondern daß es nötig ist, Distanz zu ihr zu gewinnen, ist nicht allen Analytikern geläufig, jedoch im Umgang mit

strukturellen Ichstörungen hinsichtlich des Behandlungserfolges von großer Wichtigkeit.

7. Die Fähigkeit, die Klärung und weitere Entfaltung der auf die aktuelle Lebensmeisterung und die Lebensplanung gerichteten gesunden Ich-Anteile des Patienten bzw. Patientensystems zu fördern. – Dieser bereits vorhin als umfassender Aufgabenkomplex genannte Bereich spielt in der Therapie strukturierter Neurosen wegen der Intaktheit der Ichstruktur und der Lernbereitschaft des Patienten keine besondere Rolle. Der strukturell ichgestörte Patient bedarf jedoch der therapeutischen Unterstützung bei der Schärfung seines Bewußtseins für die sich aus der aktuellen Lebenssituation und dem Beziehungsnetz ergebenden Anforderungen, Aufgaben, Verpflichtungen und seine Möglichkeiten der Beantwortung und Lösung dieser Aufgaben. Er bedarf weiter häufig einer Anleitung zur Fortentwicklung der Fähigkeiten, die zur Lebensbewältigung und Lebensplanung im jeweiligen Fall erforderlich sind. Hierher gehören ebenso Fortbildungsgesichtspunkte wie sozialtherapeutische oder milieutherapeutische Anstöße und Maßnahmen, wie sie in den integrierten Behandlungsprogrammen stationärer oder halbstationärer Einrichtungen für diese Klientel häufig anzutreffen sind (Ciompi 1982; Heigl u. Neun 1981; Heim 1985).
Die Arbeit in diesem Bereich, die Anregung der Differenzierung der gesunden Ich-Anteile, ist in einem gewissen Maße Voraussetzung zur Erreichung der Ichstabilität, die nötig ist, um stark affektbesetzte pathologische Ichkonfigurationen in der analytischen Therapie überhaupt aufarbeiten zu können. Andererseits ist natürlich die Arbeit an der verbliebenen Kindlichkeit in bestimmter Hinsicht und bestimmtem Maße Voraussetzung für die weitere Entfaltung im Bereich der aktuellen und prospektiven Lebensmeisterung.

8. Die Fähigkeit, entwicklungsbehindernde verbliebene Kindlichkeit (pathologische Ichformationen) nach strategischen und operativen Kriterien auf den verschiedenen Entwicklungsniveaus methodisch unterschiedlich zu behandeln. – Die Methodik und Technik der psychoanalytischen Behandlungsführung ist am Modell der strukturierten Neurose von Freud entwickelt worden und damit auf

sie bezogen und eingegrenzt, unabhängig davon, ob wir heute die exemplarischen Fälle der frühen Psychoanalyse als strukturierte Neurosen ansehen oder nicht. Dieses Modell ist auf die Bearbeitung ödipaler Probleme konzentriert. Je intensiver und tiefer sich Psychoanalytiker mit der Zeit auf ihre Patienten einließen, haben sie entdeckt, daß strukturelle Probleme vor der ödipalen Phase für Pathogenese, Übertragungs-Gegenübertragungs-Geschehen, Behandlungsdynamik und Intervention entscheidende Bedeutung haben. In der Theorie der Behandlungsführung und in die psychoanalytische Ausbildung sind diese Erfahrungen, Erkenntnisse und die daraus zu ziehenden praxeologischen Konsequenzen jedoch jeweils nur zögernd und bisher unzureichend aufgenommen worden.

Auf die präödipalen Strukturprobleme bei intaktem Ich hat sich die Methodik und Technik der Neurosenbehandlung in den letzten Jahrzehnten leidlich eingestellt. Die Einbeziehung strukturell, d. h. basal ich-gestörter, Patienten in die psychoanalytische Klientel stellt neue beträchtliche methodisch-technische Klärungs- und Differenzierungsaufgaben an die psychoanalytische Praxeologie. Über die fachlichen Voraussetzungen und Notwendigkeiten des psychoanalytischen Umgangs mit schweren Persönlichkeitsstörungen herrscht noch keineswegs ein passabler Konsens. In den letzten Jahren ist jedoch deutlich geworden, daß der Psychoanalytiker eine hohe Elastizität, d. h. Geschicklichkeit, entwickeln muß, Ichkonfigurationen von Patienten nach fachlichen Kriterien auf verschiedenen Entwicklungsniveaus in unterschiedlicher Form von sich aus nach strategischen Kriterien anzusprechen.

Es ist einsichtig, daß die Aktualisierung einer basalen Störung auf dem Niveau der Ichbildungsphase, der frühen Mutter-Kind-Beziehung andere Umgangsanforderungen an den Analytiker stellt als die Bearbeitung eines Problems auf der ödipalen oder sog. analen Stufe. Diese Probleme wurden weiter oben gestreift, als davon die Rede war, daß das sich bildende Ich ein Körper-Ich ist und daß eine therapeutische Einflußnahme auf dieses Ich leibzentrierte Formen des Umgangs erfordern kann. Viele Analytiker erleben diese hautnahe, intensive Arbeit im Umkreis symbiotischer Beziehungsmodalität als eine ungewohnte beunruhigende Tätigkeit mit unklaren Normen und Regeln. Wir sind jedoch nach dem oben skizzierten Forschungsstand in der Lage, die Eigenart des Umgangs mit Patienten auf dem Niveau basaler Ichstörung zu präzisieren, und zwar sowohl hinsichtlich der handlungsmäßigen Gestaltung der Beziehung einschließlich möglicher körpertherapeutischer Aspekte als auch hinsichtlich des verbalen (deutenden) Umgangs. Letzteres setzt allerdings voraus, daß wir uns mit der Pathologik des »Babys mit Mutter«, der Pathologik des Ichs in der Ichbildungsphase, vertraut machen.

Die Behandlung struktureller Ichstörungen, d. h. schwerer Persönlichkeitsstörungen der unterschiedlichsten Art, erfordert vom Psychoanalytiker den vollen Einsatz eines differenzierten entwicklungspsychologisch begründeten ichpsychologisch orientierten psychoanalytischen Wissens und Könnens in engagierter persönlicher Form.

Die Baby-mit-Mutter-Logik und der erwachsene Patient
Zum Umgang mit Frühstörungsmanifestationen in psychoanalytischen Behandlungen

Eine analytische Psychotherapie in der Sackgasse

Ausgangspunkt meiner Ausführungen soll der Bericht einer Therapeutin über die analytische Psychotherapie einer jungen Frau sein. Dieser Bericht scheint mir repräsentativ für die Schwierigkeiten, die die Behandlung von Patienten mit Frühstörungsmanifestationen Therapeuten bereitet.

Die Ärztin berichtet: Seit einem halben Jahr behandle sie eine junge Frau, die im Anschluß an eine mehrmonatige stationäre Psychotherapie zu ihr gekommen sei. In der Klinik, so sei sie informiert worden, habe es viele Auseinandersetzungen mit der Patientin gegeben, insbesondere auch über Medikation. Die Patientin habe der ihr verordneten Medikation mißtraut und nur Zutrauen zu Medikamenten gehabt, die sie sich selbst ausgesucht habe. Sie stelle diese Behandlung vor, weil sie fühle, daß sie mit der Patientin vieles ansprechen müßte, was ihr aber nicht gelinge. Die Situation mit der Patientin bekomme zunehmend etwas Falsches. Sie versuche, ausgleichend, beruhigend mit der Patientin umzugehen, merke aber, daß das nicht recht nütze. Wahrscheinlich habe sie Angst davor, mit der Patientin in massive Auseinandersetzungen – wie in der Klinik die Kollegen – zu kommen. Sie meine, die Patientin könne Nähe nicht ertragen. Deshalb versuche sie, die Patientin an der langen Leine laufen zu lassen. Das sehe z.B. so aus, daß die Patientin manchmal nicht in die verabredeten Sitzungen der einmal wöchentlichen Therapie kommen wolle und sie dann einwillige, die Patientin erst in der nächsten Woche wiederzusehen. Einmal habe die Patientin sie auch versetzt und nachher erzählt, sie habe eine falsche Telefonnummer gehabt und deshalb die Therapeutin nicht erreichen können.

Inhaltlich gehe es in der Behandlung seitens der Patientin meistens um Konflikte in der Familie, wohin sich die Patientin nach einer gescheiterten kurzen Ehe wieder geflüchtet habe. Die Patientin sei voller Vorwürfe gegen ihre Eltern.

An Beschwerden habe die Patientin mannigfaltige Angstzustände und Verstimmungen. Sie habe gegenüber der Ärztin eine schroffe Art, wirke unruhig-getrieben, habe eine schrille Stimme und spreche abgehackt. Sie, die Ärztin, erlebe die Patientin als verdeckt-aggressiv.

Die Therapeutin wendet sich dann sehr schnell der Anamnese zu und berichtet, daß die Patientin aus einer Akademikerfamilie stamme. Während der Schwangerschaft mit ihr habe die Mutter noch studiert. Nach der Geburt der Patientin habe die Mutter die Ausbildung fortgesetzt und später die berufliche Tätigkeit aufgenommen. Sie habe nach Mitteilung der Patientin in den Kleinkindjahren nie Zeit für die Tochter gehabt. Als die Patientin 3 Jahre alt war, sei ein Bruder geboren worden, der von den Eltern stets vorgezogen worden sei. Während der Kindergartenzeit sei die Patientin aus Ängsten vor der Kindergartenleiterin statt in den Kindergarten zu gehen eine Zeitlang jeden Tag mit einem gleichaltrigen Jungen losgezogen. Das sei erst nach einem halben Jahr herausgekommen, als sich die Patientin unterwegs auf der Straße ein Bein gebrochen habe. Von der späten Kindheit an habe die Patientin die dann gezeigte Sorge und Anteilnahme ihrer Mutter um sie nicht mehr angenommen, sondern die Mutter schroff zurückgewiesen. Den Vater schildere die Patientin als jemand, der immer recht gehabt habe und stets für die Abhärtung der Kinder eingetreten sei. Mit ihm habe die Patientin daher auch nichts im Sinn. Mit 18 Jahren habe die Patientin die erste Gelegenheit benutzt, einen jungen Mann zu heiraten und mit ihm vom Ort des Elternhauses wegzuziehen.

Nach starken Auseinandersetzungen und einer Fehlgeburt habe sich die Patientin von ihrem Mann getrennt und sei ängstlich-depressiv-gereizt ins Elternhaus zurückgekehrt.

Beim Zuhören im Seminar wird mir deutlich, daß die Kollegin die aktuelle Lage der Patientin nicht versteht. Sie ist offensichtlich sehr beeindruckt von der Vernachlässigung der Patientin als Kind durch ihre Eltern und bemüht sich diesbezüglich sehr um Einfühlung und Hilfeleistung. Da sie die gegenwärtige Situation der Patientin einschließlich ihres Behandlungsverhaltens jedoch nicht reflektiert, kommt sie zunehmend in eine ratlose Abhängigkeit von der Pathologie der Patientin. Die Patientin schüchtert die Kollegin ein, die zunehmend unfrei wird, beschwichtigend und nachgiebig mit der Patientin umgeht, was jedoch die Pathologie der Patientin eher stimuliert als lindert. Die Kollegin spürt selbst, daß etwas »falsch« läuft in der Behandlung, und stellt den Fall deshalb im Seminar vor. Was hindert die Kollegin, die aktuelle Situation der Patientin einschließlich ihres Behandlungsverhaltens zu verstehen, und was heißt hier »Verständnis«? Die Kollegin wird gehindert, die aktuelle Situation der Patientin zu verstehen, weil sich ihr Aufmerksamkeits- und Verarbeitungsfokus zunehmend auf das einengt, was die Patientin an pathologischem Sichäußern und -verhalten beharrlich wiederholt: Klagen über Vernachlässigung, wütende Anschuldigungen anderer, ängstlich-gespannte Unruhe und Verstimmung. Gerade die gute Absicht der Einfühlung führt die Kollegin immer mehr in eine hilflose Fixierung auf die Beschäftigung mit der von der Patientin geklagten Symptomatik und damit in eine Behandlungssackgasse. – »Verständnis« für die Patientin heißt im Gegensatz dazu, den individuellen Lebensweg der Patientin hinsichtlich Plan und Erreichtem im ganzen zu übersehen und die gegenwärtige Lebens- und Erlebenssituation der Patientin als Krise auf diesem eingeschlagenen individuellen Lebensweg zu erfassen. Wesentliche Voraussetzung für Verständnis ist also, *Abstand* von der unmittelbaren Betroffenheit durch die Symptomatik der Patientin zu gewinnen, um ihr *wirklich* helfen zu können; ganz so wie auch sonst in der Medizin. Eine solche Bemühung um Verständnis der aktuellen Lebenssituation der Patientin auf dem Hintergrund ihres persönlichen Lebensplanes führt etwa zu folgendem Bild: Die Patientin hat von Kindheit an versucht, ihre durch unzureichende Versorgung bedingte emotionale Angewiesenheit und Abhängigkeit von den Eltern durch eine gewaltsame expansive Selbständigkeit zu überwinden. Das ist ihr aufgrund guter geistig-kognitiver Befähigung durchaus in einem gewissen Maße gelungen. Sie hat in der Adoleszenz sehr schnell versucht, sich mit Hilfe dieser persönlichen Ressourcen durch Heirat und Wegzug der belastenden und kränkenden familiären Situation zu Hause zu entziehen. Dieser Befreiungs- und Verselbständigungsversuch durch Hineinspringen in die Rolle einer jungen Erwachsenen mit Partnerschaft und Mutterschaft ist gescheitert. Sie sah sich gezwungen, wieder ins Elternhaus zurückzukehren, und ist nun infolge all dieser schmerzlichen Erfahrungen mit anderen und mit sich selbst (mißlungene Schwangerschaft) voller Wut, Haß, Selbstzweifel, Angst und Niedergeschlagenheit. Insofern handelt es sich um durchaus verständliche und angemessene Affekte angesichts ihrer gegenwärtigen Situation. Von diesen angemessenen Affekten müssen die eigentlichen entwicklungsbedingten Störungen der Patientin, über die sie nicht klagt, unterschieden werden. Verstehenden Zugang zu der Patientin gewinnt man also nicht durch eine schnelle Versenkung in ihre geklagte Symptomatik, auch nicht durch eine schnelle Vertiefung in Details ihrer reportierten Kindheit, sondern durch einen Vergleich der Lebensstrategie und Erfahrungen der Patientin mit den gesunden altersgemäßen Anforderungen, Aufgaben, Wünschen und Zielen einer jungen Erwachsenen.

Dieser Zugang schützt den Therapeuten davor, der Übertragung von Erwartungen aus negativen Kindheitserfahrungen auf den Therapeuten gegenübertragungsmäßig zu erliegen. Zugleich eröffnet dieser Weg die Möglichkeit einer vor allem auch emotionalen Kontaktaufnahme mit der Patientin: Auf Affekte, die mir auf dem Hintergrund einer aktuellen Lebenslage und eines Lebensplanes gut verständlich sind, kann ich angemessen reagieren, z.B. indem ich mir von der Patientin bestätigen lasse, daß ich ihre Lage richtig verstanden habe. Das ist die kontaktmäßige Basis für das, was man etwas hölzern »Arbeitsbündnis« nennt. Eine Patientin, die das Gefühl hat, daß der Therapeut ihre gegenwärtige Situation versteht, gewinnt – vielleicht zunächst zögernd – ein gewisses Zutrauen zum Therapeuten und dem, was er als therapeutische Botschaft jeweils anzubieten hat.

Natürlich reicht das gewonnene Verständnis der aktuellen Lebenssituation der Patientin als einer jungen erwachsenen Frau in einer bestimmten Krise nicht aus, um sie zu behandeln. Tieferes Verstehen steht aber offenbar, wie der anfangs gegebene Behandlungsbericht zeigt, vor besonderen Schwierigkeiten. Die Manöver der Patientin gegenüber der Therapeutin suchen die Wechselbeziehung von Patientin und Therapeutin so zu konstellieren, wie die Patientin ihre

Elternbeziehung gegenwärtig und schon seit langem gestaltet (»Übertragung«). Das führt zunehmend zu Irritation und Hilflosigkeit der Therapeutin. Womit hängt das zusammen? Es liegt offensichtlich daran, daß wir eine gewisse Einfühlungs- und Verständnisgrenze gegenüber dem Kind vor Erreichen der Stufe der Autonomie, d.h. vor Abschluß der Ichbildungsphase, haben. Uns allen sind seelische Regungen, Phantasien, Wünsche, sprachliche Äußerungen, Affekte und Handlungen vertraut, die von einem Kind ausgehen, das sich aus der Symbiose mit der Mutter gelöst hat, d.h. vom Trotzalter ab, vor allem aber seit Beginn der ödipalen Zeit. Dreierverwicklungen kennen und schätzen wir bis ins hohe Alter. Wir betreiben dies Liebesspiel selbst und interessieren uns in der Regel auch sehr für einschlägige Beziehungsspiele anderer. Infolgedessen neigen wir dazu, frühkindliche seelische Regungen adultomorph zu sehen, d.h. nach dem Muster der Beziehungen unter Erwachsenen. Diese Versuchung ist noch größer, wenn es sich um frühkindlich entwickelte Erlebens- und Reaktionsmuster handelt, die Erwachsene wegen pathologischer Fixierung bzw. Regression praktizieren. Es bedarf daher einer *professionell trainierten ausdrücklichen Einstellung*, um Frühstörungsmanifestationen bei älteren Kindern, Jugendlichen und Erwachsenen angemessen verstehen und therapeutisch beantworten zu können. Ein wichtiges Argument übrigens für wissenschaftlich begründete Psychotherapie. Für den Therapeuten ist daher geboten, sich ausdrücklich mit der Logik von Baby-mit-Mutter, mit den pathoätiologisch relevanten Operationen des Kindes in der Ichbildungsphase vertraut zu machen (vgl. Segal 1983).

Die Baby-mit-Mutter-Logik

In der Ichbildungsphase sind Mutter und Kind zwar nicht mehr leiblich, aber erlebnismäßig, seelisch noch eng verbunden. Alle Vorgänge sind sowohl Vorgänge in der Beziehung zwischen Mutter und Kind (Objektbeziehungsaspekt oder interaktioneller Aspekt) als auch innerseelische (mentale) Vorgänge »im« Baby bzw. Kleinkind, insofern es kontinuierlich sein Ich funktionsmäßig differen-

ziert und mit affektbesetzten Erlebnissen und Vorstellungen inhaltlich füllt, die seine innere Welt Zug um Zug aufbauen.
Darauf basiert die Möglichkeit der Verschiebung von insbesondere unlustvollen Ich-Funktionen und Inhalten (Phantasien, Vorstellungen) vom Kind auf die Mutter und umgekehrt, die man »Delegation« oder »Projektion« nennt. Manche sprechen diesbezüglich auch vom »Deponieren bei der Mutter« oder davon, daß die Mutter eine Containerfunktion für bestimmte affektbesetzte Phantasien, Vorstellungen des Kindes ausübt. Ähnliche Funktion kann übrigens das Kind auch für die Mutter haben. Das Kind entlastet sich, indem es die Mutter belastet und umgekehrt. Das schafft jedoch für das Kind ein neues »Problem«: Indem es unlustvolle Phantasien und Vorstellungen der Mutter zuschiebt, gewinnen bedrohliche, verfolgende Aspekte der Mutterbeziehung mehr Gewicht, was das Kind erneut ängstigt, d.h. belastet. Für eine gesunde Entwicklung des Kindes ist es daher von entscheidender Bedeutung, daß die positiven Erfahrungen mit der Mutter dominieren, was von der seelischen Einstellung der Mutter zum Kind und ihrem Verhalten wesentlich mit abhängt. Sie muß eine genügend gute Mutter sein, sonst kann das Kind dies paranoide Wechselverhältnis nicht überwinden. In diesem Fall verbleibt dem Kind eine *Disposition zum schnellen situativen Umkippen* zwischen Wohlbefinden und paranoider Ängstigung je nach dem Affektgehalt der akuten Situation. Überhaupt bleibt das Kind unter solchen Umständen in der anfänglichen Polarität von guten und bösen (negativen) Erfahrungen mehr oder minder *gefangen*. Es gelingt ihm dann nicht, diese Teilobjektserfahrungen zu einem Gesamtbild einer überwiegend guten und vertrauenerweckenden Mutter zu integrieren. Der Nützlichkeits- und d.h. später: Ausbeutungsaspekt und der Bedrohungs-, später: Ablehnungsaspekt bleiben nebeneinander bestehen und werden durch das jeweils akute Erleben alternativ aktiviert und verstärkt. Eine liebende Einstellung kann sich gegenüber dieser instrumentellen nicht durchsetzen. Dies hat eine weitere fatale Implikation: Da sich das Selbstbild des Kindes in Korrespondenz zum Bild von der Mutter Schritt für Schritt aufbaut – nicht zuletzt deshalb, weil alle Beziehungsvorgänge auch innerseelische (mentale) sind –, bleibt unter solchen Umständen auch das Selbstbild des Kindes von dem

Nebeneinander guter und böser Teilaspekte beherrscht, die jeweils situativ aktiviert werden. Zu dieser paranoiden Welt gehört also der dauernde Zweifel, ob man selbst gut oder böse sei. Extreme Bewertung und Entwertung wechseln daher ständig ab. Soweit das Kind wegen der Umstände seiner mütterlichen Pflege in diesen paranoiden Mechanismen verfangen bleibt, kann es sich ersichtlich aus dieser symbiotischen Position nicht selbst heraushelfen. Es ist zwecks Veränderung dieses Zustandes auf die Mutter bzw. später auf Muttterersatzpersonen (wie z. B. Therapeuten) *angewiesen,* die es zugleich aber abschreckt. Es ist dann wichtig, daß der Therapeut das erkennt und mit seinem Patienten nicht so umgeht, als ob dieser autonom (selbständig) wäre, auch wenn der Patient selbst den Anschein zu erwecken sucht, er sei autonom und »stark« genug, ohne den Therapeuten zurechtzukommen.
Wirkliche psychodynamische Brisanz gewinnt die paranoide Logik von Baby-mit-Mutter jedoch erst durch die weitere Entwicklung. Mit dem Heranreifen der kognitiven Funktionen und der Vertiefung der interaktionellen Erfahrung kommt das Kind um die Aufgabe nicht herum, die Spaltung in gute und böse Teilobjekte und Teilselbstbilder zu überwinden. Es kann sich der Wahrnehmung nicht entziehen, daß die guten und die bösen Selbst- und Mutterbilder und die Bilder weiterer Personen seiner Umgebung jeweils zu ein und derselben Person gehören. Das hat zur Konsequenz, daß es für das Kind jetzt noch schwerer wird, negative Erfahrungen mit seiner Umgebung und negative (aggressive) Reaktionen seiner selbst *auszuleben*, will es nicht die Beziehung zur Mutter und den weiteren Pflegepersonen völlig gefährden, auf die es existentiell angewiesen ist. An die Stelle der Äußerung von Wut und Haß treten Besorgtheit, Verhaltenheit oder traurige Gehemmtheit. Wir sprechen diesbezüglich von der »depressiven Position«, von den Anfängen der Gewissensbildung. Für die gesunde Entwicklung ist ein einigermaßen zwangloses Erreichen dieses Stadiums der Dominanz von Liebe und Besorgtheit mit Wiedergutmachungstendenzen charakteristisch. In pathologischen Fällen gelingt jedoch die Integration der polar entgegengesetzten Objekt- und Selbstbilder in dem geschilderten Sinne nicht. Die zerstörerischen Phantasien und Impulse werden nur unvollkommen vor sich selbst und der familiären Umgebung

versteckt und bagatellisiert. Der Kontakt in der Familie wird dadurch affektiv entleert, abgekühlt, d. h. distanziert und unecht. Das wahre Selbst wird zunehmend hinter einer äußerlichen Anpassung mit ängstlich-depressiver Tönung verborgen. Damit hängt zusammen, daß für den ungeübten Untersucher die paranoide Erlebensweise häufig gar nicht erkennbar ist, weil sie hinter einer Fassade von Affektleere und Depressivität versteckt ist.

In vielen Fällen handelt es sich aber diesbezüglich nicht um stabile Verhältnisse. Immer wieder kommt es zu aggressiven Durchbrüchen, zu Reaktionen, sich über die Verhüllung und Kaschierung aggressiver Phantasien und Impulse hinwegzusetzen und trotzig ungeniert Schuldgefühle und Rücksichtnahme beiseite zu wischen und zu verleugnen: »Ich will und brauche gar keine Beziehung, Nähe, Liebe und will auch auf niemand Rücksicht nehmen. Wegen meines Hasses brauche ich gar keine Schuldgefühle zu haben, da die anderen an meinem Unglück schuld sind.« Das sind manische Schuldverleugnungen. Sie führen dazu, daß neben der paranoiden inneren Welt auch das Gewissen und die Schuldgefühle, die oft entsprechend dem Ausmaß von Haß und Wut massiv entwickelt sind, verleugnet, kaschiert oder bagatellisiert werden. In manchen Fällen wird diese Verleugnung bis ins Erwachsenenalter durchgehalten.

In anderen Fällen erfährt sie schon früh eine weitere Verarbeitung im Sinne einer überkompensierenden Reaktionsbildung: Das kleine Kind entwickelt eine massive Besorgtheit für die Mutter und die weiteren Angehörigen, fühlt sich für alles, was die Eltern belastet und bedrückt, verantwortlich und ist um extreme Bravheit bemüht. Im Maße des ihm entwicklungsmäßig jeweils Möglichen übernimmt es »frühreif« immer mehr Pflichten und Verantwortung innerhalb der Familie; immer mehr wechselt es statt in die sich schrittweise modifizierende Kindrolle in eine mütterliche Rolle hinein, so wie es als Kleinkind diese Rolle erlebt und versteht. An dieser Entwicklung sind die Eltern natürlich ebenfalls entscheidend beteiligt. Aufgrund ihrer eigenen Kontaktproblematik pflegen sie die für sie mit diesen Einstellungen des Kindes verbundene Entlastung zu begrüßen und bestärken damit das Kind in dieser Richtung (»Parentifizierung« des Kindes).

In wiederum anderen Fällen pendelt das Kind schon früh zwischen

der Position des rücksichtslosen Kleinkindes und der überverantwortlichen frühreifen »Mutter« hin und her – ebenfalls bis ins Erwachsenenalter.
Insbesondere durch die Familientherapie sind wir auf die Fixierung an eine frühkindlich extrem verstandene »Mutterrolle« (bei entsprechend gestörten Jungen wie Mädchen) aufmerksam geworden. Klinisch kann man solche frühen Manifestationen bei entsprechenden erwachsenen Patienten (d. h. solchen mit strukturellen Ichstörungen) besonders dann gut beobachten, wenn sie sich in Lebenssituationen befinden, die eine Aktualisierung der Kind-mit-Mutter-Erfahrungen der eigenen Frühzeit provozieren, z. B. in der Schwangerschaft oder in der Situation der Mutter mit Baby bzw. Kleinkind. Innerhalb psychoanalytischer Therapien erlebt man in solchen Fällen als Therapeut häufig sehr ausgeprägt die Regression der Patientinnen bis zur Erlebnisstufe der eigenen frühen Zeit und ihrer pathologischen Verarbeitung: In Verhalten und verbalen Äußerungen kippt die betreffende Patientin selbst in die Kleinkindrolle, und das Baby wird mit seinem Willen und seinen Bedürfnissen wie eine elterliche Autorität erlebt, was natürlich mit beträchtlichen Erziehungsproblemen für die Mutter und möglicherweise massiven Entwicklungsproblemen für das Kind verbunden ist. Die Entstehung struktureller Ichstörungen ist bei dieser Gelegenheit innerhalb analytischer Therapien prägnant nachvollziehbar. So gehört als letzte Operation zu der hier dargestellten Baby-mit-Mutter-Logik die Möglichkeit des Austausches der Kind- und der Mutterposition bzw. des Kippens zwischen beiden Positionen. Die sog. Omnipotenzproblematik von Kindern, aber eben auch von manchen Erwachsenen hat hier ihre Wurzel.
Alle diese Varianten betreffen pathologische Aspekte der schrittweisen Loslösung aus der Symbiose mit der Mutter. Die Entleerung der affektiven Beziehung oder das Sichsperren gegenüber Schuldgefühlen können ebenso wie die übermäßige Besorgtheit als mißlingende Ausgänge des Autonomieprozesses beschrieben werden. In all diesen Fällen kann man davon ausgehen, daß die Mutter aus inneren Gründen ein gesundes schrittweises Herauswachsen des Kindes aus der Symbiose nicht angemessen zu fördern vermochte, da sie sich durch das Kind eher irritiert und zur Reaktivierung ihrer eigenen Frühproblematik provoziert fühlte.

Daß unter solchen Umständen die Bewältigung der nächsten noch schwierigeren Integrationsaufgabe in der Regel nicht gelingt, nämlich sowohl zum Vater als auch zur Mutter eine stabile emotionale Beziehung und ausreichende Konfliktfähigkeit zu entwickeln und die eigene Geschlechtsidentität klar auszugestalten, bedarf keiner breiten Erörterung. Dasselbe gilt für die komplexen Beziehungs- und Selbstgestaltungsaufgaben in der Adoleszenz und im Erwachsenenalter einschließlich der therapeutischen Beziehung und des Selbstverständnisses in der Therapie.
Die Darstellung der pathoätiologisch relevanten Operationen der Baby-mit-Mutter-Logik der Ichbildungsphase in der Absicht zu zeigen, daß die Kenntnis dieser Logik zu unserem Verständnis bestimmter seelischer Störungen bei älteren Kindern, Jugendlichen und Erwachsenen wesentlich beizutragen vermag, darf allerdings nicht dazu verführen, die gesunden Ichanteile der betreffenden Menschen zu übersehen. Alle Patienten, bei denen wir klinisch Frühstörungsmanifestationen zu diagnostizieren vermögen, haben trotz ihrer Fixierung an bestimmte Operationen der Ichbildungsphase alle Etappen der weiteren Entwicklung bis zu ihrem gegenwärtigen Stand durchlaufen und auf diesem Wege mannigfaltige Kompetenzen der Lebensmeisterung erworben. Ihre Ichfunktionen und die Inhalte ihrer inneren Welt haben sich zu einem differenzierten, komplexen Gebilde ausgeformt, das wir »Individuum« oder »Person« nennen. Die genaue Einschätzung dieser *gesunden* Ichanteile seitens des Therapeuten und ihre Aktivierung innerhalb des therapeutischen Prozesses sind für die Erfolgschancen der Therapie von entscheidender Bedeutung.
Nachdem wir uns mit den Grundzügen der pathoätiologisch relevanten Baby-mit-Mutter-Logik vertraut gemacht haben, wundert es uns nicht, viele dieser Züge mit nun geschärftem Blick bei unserer erwachsenen Patientin sowohl in ihrem bisherigen Lebenslauf als auch in ihrem Verhalten und ihren Äußerungen innerhalb der Therapie direkt wiederzufinden. Zugleich können wir aber auch den wiedergegebenen knappen Andeutungen der Ärztin über das Lebensgeschick und die Lebensumstände der Patientin entnehmen, daß die junge Frau trotz ihrer Störungen ein beträchtliches Repertoire von Ichfunktionen und Kompetenzen der Lebensmei-

sterung erworben hat, das sie allerdings noch nicht voll für eine befriedigende Lebensgestaltung einzusetzen vermag.

Dimensionen des therapeutischen Handelns

Worin besteht aber nun die psychoanalytische Therapie solcher Patienten vor dem Hintergrund des skizzierten Verständnisses? Ich möchte vier Dimensionen des therapeutischen Handelns kurz erörtern, die jeweils unterschiedliche Wirkfaktoren innerhalb der psychoanalytischen Behandlung von Patienten mit Frühstörungsmanifestationen *im Unterschied zur üblichen Neurosentherapie* betreffen.
Es sind dies:

1. die aktive Gestaltung einer engagiert-verantwortlichen Beziehung zum Patienten einschließlich klinisch angemessener Ausübung therapeutischer Autorität nach dem Modell der Rolle eines kompetenten Elternteils.
2. die Wahl eines angemessenen Behandlungsrahmens für die Regression zu den traumatischen und für die Progression zu gesünderen, reiferen persönlichen Entwicklungszuständen.
3. das Ernstnehmen der gegenwärtigen Lebenssituation des Patienten und der daraus resultierenden Zielsetzungen, Aufgaben, Wünsche und Phantasien.
4. die kognitive Deutungsarbeit mit dem Patienten innerhalb der therapeutischen Beziehung.

1. Aktive Gestaltung einer engagiert-verantwortlichen Beziehung zum Patienten einschließlich klinisch angemessener Ausübung therapeutischer Autorität nach dem Modell der Rolle eines kompetenten Elternteils

Der strukturell ichgestörte Patient, der auf die Ebene der Ichbildung und Symbiose fixiert bzw. zu ihr regrediert ist, bedarf im Gegensatz zum strukturiert neurotischen Patienten mit intaktem (autonomem) Ich eines sich aktiv für die Behandlungsbeziehung und den Kontakt mit ihm einsetzenden Therapeuten, der auf seine kontaktabwehrenden Manöver nicht mit Rückzug, Kränkung oder Ärger reagiert, sondern sich bemüht, die Beziehung im Sinne eines überlegen-verantwortlichen Elternteils trotzdem nach Kräften aufrechtzuerhalten und angemessen zu gestalten. Gegen die Übertragungserwartung des Patienten repräsentiert er damit ein gesundes, für den Patienten förderliches Beziehungsangebot. In diesem Sinne vertritt er aktiv, authentisch und offen, explizit und klar gegenüber dem Patienten unter Einsatz seiner persönlichen Autorität das, was er für den Patienten zum Zwecke gesünderer Weiterentwicklung für richtig hält. Das ist in erster Linie das Behandlungsangebot einschließlich des Behandlungsarrangements. Der Therapeut läßt sich vom Patienten nicht einschüchtern, sondern setzt sich mit dem Patienten klar, aber nicht ärgerlich darüber auseinander, wenn der Patient die Behandlungsvereinbarungen zu unterlaufen sucht. Auf diese Weise verwickelt er den Patienten schrittweise in eine gesunde, gute, klare mitmenschliche Beziehung, in der Ängste, Phantasien, Mißverständnisse artikuliert und geklärt werden können. Nur innerhalb einer solchen authentischen menschlichen Beziehung kann der Patient schrittweise seine pathologischen affektiv-kognitiven Verwicklungen bewußt erleben, klären, auflösen und durch reifere Kontakt- und Kommunikationsweisen ersetzen. Das erfordert Mut und Offenheit gegenüber dem Patienten einschließlich eines klaren Stellungbeziehens bezüglich elementarer menschlicher Wertorientierungen. Ohne diesen persönlichen Einsatz ist eine wesentliche Veränderung struktureller Ichstörungen, symbiotischer Pathologie nicht zu erwarten.

Das Modell eines engagiert-verantwortlichen Elternteils reicht gerade im Fall von Patienten mit markanten Frühstörungsmanifestationen jedoch noch weiter: So, wie von einem kompetenten Vater bzw. einer kompetenten Mutter erwartet wird, daß er oder sie das Kind vom Baby- bis zum Erwachsenenalter begleitet und je nach Alter und Situation in unterschiedlicher Weise und Intensität Einfluß ausübt, gehört dies auch zu den Aufgaben und Funktionen eines kompetenten Therapeuten. Damit ist eine hinreichende Elastizität im Umgang mit Patientenäußerungen und -verhaltensweisen aller Progressions- und Regressionsstufen von früher Kindheit bis zur Erwachsenheit gefordert. Von der Stufe der Körperpflege und des Haltens bis zu förderndem Gespräch und ggf.

klarer Auseinandersetzung unter Erwachsenen reicht die Spannweite von Situationen, mit denen analytisch orientierte Therapeuten von Patienten mit markanten Frühstörungsmanifestationen engagiert und reflektiert umgehen können müssen. Unser überkommenes Therapeutenbild entspricht dem weithin nicht. Erst auf dem Hintergrund einer solchen hinreichend weiten Bestimmung therapeutischer Aufgaben und Kompetenz läßt sich auch eine empathisch genaue Einschätzung von Toleranzgrenzen, individuellen Entwicklungstempi und klinischen Risiken erreichen, die für den sicheren Umgang mit solchen Patienten nötig ist, um die Patienten jeweils weder zu über- noch zu unterfordern.

2. *Wahl eines angemessenen Therapierahmens für die Regression zu den traumatischen und für die Progression zu gesünderen, reiferen persönlichen Entwicklungszuständen*

Für den Behandlungserfolg ist die angemessene Gestaltung des Behandlungsrahmens von großer Wichtigkeit.
Das Behandlungsarrangement soll dem Patienten Raum geben für die Regression zu den traumatischen Erlebnissen auf früher Entwicklungsstufe (Aktion und Expression) und für die Progression im Maße der Manifestation gesünderer Erlebnis- und Verhaltensweisen. Da diese Prozesse zugleich mentale »innere« Vorgänge einer Einzelperson wie interaktionelle Vorgänge zwischen Personen, ursprünglich Familienmitgliedern, sind, hat das Behandlungsarrangement auch diesem Beziehungsaspekt je nach der Eigenart des Patienten Rechnung zu tragen. Damit ist für den Psychotherapeuten eine ziemlich komplexe Aufgabe angemessener Behandlungsentscheidung gestellt, die natürlich von der Weite seiner Erfahrung mit verschiedenen Behandlungsarrangements und -methoden abhängig ist. Ich muß mich hier darauf beschränken, zwei wesentliche Gesichtspunkte besonders hervorzuheben: Einmal ist es nicht selbstverständlich, daß der Patient allein behandelt wird oder mit anderen einzelnen zusammen in einer Gruppe. Es ist sehr häufig indiziert, den Patienten zusammen mit seinem Lebenspartner und ggf. auch seinen Kindern oder Mitgliedern seiner Ursprungsfamilie zu therapieren. Und es ist zweitens nicht selbstverständlich, daß die psychoanalytische Therapie eine ausschließlich verbale Behandlung ist, obgleich verbale Aspekte in jedem Behandlungsarrangement

früher oder später eine wichtige Rolle spielen. Ein intensive Diskussion, welchen Stellenwert bei der ambulanten psychoanalytischen Behandlung von Patienten mit Frühstörungsmanifestationen nichtverbale Therapiemethoden psychodramatischer, körpertherapeutischer oder gestaltungstherapeutischer Art spielen, steht bei uns noch aus; bisher werden die in dieser Hinsicht gewonnenen wertvollen positiven Erfahrungen aus der stationären Psychotherapie und der Kinder- und Jugendlichenpsychotherapie von uns noch nicht angemessen ausgewertet und reflektiert. Damit bleibt das Feld der nichtverbalen Therapie und weithin auch das der Familientherapie Therapeuten überlassen, die sich wiederum von der psychoanalytischen Behandlungsmethode mehr oder minder scharf abgrenzen. Dem gegenwärtigen Stand der wissenschaftlichen Erkenntnis entsprechen diese Verhältnisse nicht. Die Zukunft wird wohl denen gehören, die in reflektierter Form psychodramatische, körpertherapeutische und gestaltungstherapeutische Methodik mit verbaler psychoanalytischer Arbeit bei der Behandlung von Patienten mit markanter struktureller Ichstörung ambulant verbinden. Wir wissen, daß eine kontrollierte Regression zu traumatischen frühkindlichen Situationen für die Überwindung der Fixierung daran notwendig ist, zögern aber, die diesbezüglichen behandlungsmethodischen Konsequenzen zu ziehen. Das Zulassen der nötigen Regression fällt vielen Kollegen noch recht schwer, wie die Diskussionen über das sog. Agieren und Mißverständnisse bezüglich Abstinenz immer wieder zeigen. Allerdings ist das Zulassen von Regression nur *eine* der notwendigen Bedingungen für den Therapieerfolg. Es muß mit der affektiv-kognitiven psychoanalytischen Deutungsarbeit im Rahmen neuer Erfahrungen eng verknüpft werden, wie wir noch sehen werden.

3. Ernstnehmen der gegenwärtigen Lebenssituation des Patienten und der daraus resultierenden Zielsetzungen, Aufgaben, Wünsche und Phantasien

Beim jugendlichen bzw. erwachsenen Patienten müssen wir folgendes klar sehen und unterscheiden: Der Patient ist in einer bestimmten Lebenssituation als Erwachsener bzw. Jugendlicher, d.h., er steht in adoleszenten bzw. erwachsenen Lebensbezügen zu Partnern, zu seiner Herkunftsfamilie, in Ausbildungs- oder beruflichen Bezügen, in Wohn- und Nachbarschaftsverhältnissen. Aus diesen adoleszenten oder erwachsenen Lebensumständen kommen Aufgaben und Anforderungen auf ihn zu, die er zu meistern hat, auf die er sich eingelassen, in die er Interessen, Absichten, Ziele, Wünsche investiert hat. Bei der Meisterung dieser altersangemessenen Aufgaben mit teilweise pathologischen Mitteln, d.h. mit Erwartungen, Ansprüchen, Wahrnehmungen und Verhaltensweisen, die von pathologischen Phantasien und Ängsten stark beeinflußt sind, ist er seelisch dekompensiert bzw. ist seine seelische Störung aggraviert. Vor diesen altersgemäßen Aufgaben ist er auf die frühe traumatisch erlebte symbiotische Entwicklungsstufe regrediert, an die er – wie sich jetzt zeigt – mehr oder minder stark fixiert ist. Auch wenn er jetzt Operationen der symbiotischen Erlebens- und Verhaltenslogik rekapituliert und manifestiert, geht es ihm *eigentlich* um die Bewältigung des adoleszenten oder erwachsenen Lebens.

Der Therapeut kann ihm nur hilfreich sein, wenn er – anders als der Patient – über all dem regressiven frühkindlichen Erscheinungsbild diese altersangemessenen Zielsetzungen, Aufgaben, Kompetenzen und Wünsche nicht aus dem Blick verliert, d.h. nicht vergißt, daß es dem Patienten nicht um Kindlichkeit geht, auch wenn er noch so viel Regressionssehnsucht artikuliert, sondern um die Bewältigung der gegenwärtigen Lebensaufgaben und eine befriedigende persönliche *Weiterentwicklung* in die erwachsene Welt hinein. Der Auftrag des Therapeuten ist primär darauf gerichtet, dem Patienten zu einer gesünderen Bewältigung seiner gegenwärtigen Lebenssituation und zu möglichst gesunder Weiterentwicklung zu verhelfen. Alle therapeutischen Maßnahmen, insbesondere die Beschäftigung mit der Kindheit des Patienten, sind diesem primären Ziel unter- bzw. eingeordnet und nur in diesem Rahmen therapeutisch sinnvoll und legitimierbar.

Das damit geforderte Ernstnehmen der aktuellen Lebenssituation des Patienten in der Behandlung impliziert besonders das Im-Auge-Behalten sozialer Rollen und Positionen, z.B. das Partner- oder Partnerin-Sein, das Vater- oder Mutter-von-Kindern-Sein oder das Sich-in-einer-Ausbildungs- oder Berufsrolle-Befinden. Gegenüber dem mehr oder minder regredierten Patienten hat der

Therapeut diese aktuellen Lebensinteressen und Kompetenzen des Patienten innerhalb der Therapie zur Geltung zu bringen, wenn der Patient sie aus dem Auge zu verlieren droht. Das geschieht dadurch, daß der Therapeut diesen Bereich sozialer Rollen als Bewältigungsaufgabe mit dem, was sonst in der Behandlung agierend und verbal geschieht, in Beziehung setzt und darauf dringt, daß die in diesen Bereich investierten teils gesunden, teils pathologischen Phantasien und Vorstellungen, Wünsche, Ängste und rollenbezogenen Erwartungen des Patienten in der Behandlung ausgebreitet und damit in den Bearbeitungsprozeß der Behandlung explizit einbezogen werden. Erst damit wird eine Weiterentwicklung im Sinne einer allmählichen Anhebung des Regressionsniveaus, d.h. Progression, möglich.

Das Ernstnehmen der aktuellen Lebenssituation des Patienten läßt sich auch als eine *Solidarisierung mit den gesunden Ichanteilen des Patienten* und seinem gesunden Weiterentwicklungsstreben beschreiben. Behandlungsmethodisch bedeutet es eine sorgfältige Registrierung gesunder Kompetenzen, Interessen und Wünsche des Patienten, um therapeutische Interventionen an solche dem Patienten bewußte gesunde Motivation anzuknüpfen. Psychoanalytische Therapeuten sind im Gegensatz dazu häufig mehr oder minder ausschließlich mangelorientiert. Sie sind dadurch bei der Behandlung strukturell ichgestörter Patienten in Gefahr, mit ihren Patienten zusammen so stark und nachhaltig zu versinken, daß eine (progrediente) Aufwärts- und Weiterentwicklung nicht befriedigend gelingt. Daher ist therapeutische Resignation oft das Ergebnis solcher Therapieversuche. Aber solche Therapieverläufe sind vermeidbar, wenn die Therapeuten konsequent die primäre Aufgabe der Förderung der Weiterentwicklung der Patienten im Auge behalten und zu angemessener Distanzierung und Auswertung ihrer Gegenübertragung fähig sind.

4. Kognitive Deutungsarbeit mit dem Patienten innerhalb der therapeutischen Beziehung

Auf dem Hintergrund der eben dargestellten primären Solidarisierung des Therapeuten mit den gesunden alters- und situationsgerechten Zielsetzungen, Kompetenzen, Wünschen und Phantasien des Patienten werden die pathologischen Phantasien, Erwartungsstrukturen und Verhaltensweisen des Patienten als Behinderungen gesunder Weiterentwicklung für Patient wie Therapeut identifizierbar. Nur auf dem Hintergrund der kontinuierlichen Förderung und Verstärkung gesunder, angemessener Erfahrungen und Einstellungen des Patienten zu sich selbst wie anderen seitens des Therapeuten ist es möglich und aussichtsreich, den Patienten zu einem deutlichen und klaren Erleben der Einstellungen und Muster zu motivieren, an die er fixiert ist und die ihn bezüglich gesunder weiterer Entfaltung behindern. Zwar wiederholt der Patient in seinen Einstellungen agierend und verbal die pathologischen Verarbeitungen (Lösungen), die er in seiner Kindheit anläßlich traumatischer Erlebnisse entwickelt hat, aber er verachtet sich wegen der gespürten Unangemessenheit dieser Lösungen so sehr, daß er in der Regel gegen ihre ausdrückliche genaue Vergegenwärtigung massiven Widerwillen hat. Eine Weiterentwicklung ist aber nur möglich, wenn sich der Patient dieser seiner unangemessenen Einstellungen n, und inneren Phantasieschemata ausdrücklich und im einzelnen bewußt wird. Diese volle Vergegenwärtigung gelingt jedoch nur, wenn mit Hilfe des Therapeuten die Affekte wieder lebendig werden, die der Bildung dieser Abwehrstrukturen zugrunde liegen. Insofern gehört ein Raumgeben für diese ausdrückliche Regression zu den in der frühen und späten Kindheit entwickelten Einstellungen und ein sorgfältiges beschreibendes Verbalisieren (Versprachlichen) der agierten und geäußerten Abwehrweisen zu den wichtigsten unter den auf die Pathologie des Patienten gerichteten Therapeutenaktivitäten. Diese beschreibende Verbalisierung ist von der Deutung unbewußter Beziehungszusammenhänge klar zu unterscheiden. Sie zielt darauf, für den Patienten das Muster (die Struktur, Gestalt) seiner jeweiligen Einstellung samt der zugehörigen Affekte sprachlich-mental faßbar zu machen. Denn nur mit klar erfaßten affektiv-kognitiven Mustern kann man sich (auf dem Hintergrund gesünderer Erfahrungen) ausdrücklich auseinandersetzen. Hingewiesen sei hier darauf, daß diese Form des Umgangs mit dem Patienten ersichtlich unsentimental ist. Sie unterscheidet sich grundsätzlich von Formen der Tröstung und Beschwichtigung, der forcierten emotionalen Zuwendung, aber auch der besonderen Vorsicht und Verhaltenheit, wie sie weit verbreitet sind. Ausschließlich durch die reflektierte Ausübung der hier beschriebenen vier Funktionen erweist sich die therapeutische Beziehung seitens des Analytikers auch als eine ausgesprochen affektive Beziehung; die entscheidende Hilfe geschieht durch kompetente Konstituierung und Aufrechterhaltung der therapeutischen Beziehung, kompetente Wahrnehmung und Aufrechterhaltung therapeutischer Autorität und kompetente kognitive Deutungsarbeit, bezogen sowohl auf die gesunden wie die pathologischen Persönlichkeitsanteile des Patienten.

Im Zusammenhang mit der Vergegenwärtigung der seinerzeit entwickelten, nun als unangemessen erlebten Reaktionsmuster ist für den Patienten die Erarbeitung eines plausiblen genetisch-biographisch orientierten Störungsentstehungskonzepts im Kontakt mit dem Therapeuten von großer Bedeutung. Dabei handelt es sich bezüglich der Frühentwicklung um Konstruktionen, da die Erinnerung des Patienten im Gegensatz zu seinem Verhalten (Agieren) nicht bis in diese Frühzeit zurückreicht. Die Funktion des Therapeuten besteht diesbezüglich im wesentlichen darin, die Erkenntnisse der Baby-mit-Mutter-Logik für den Patienten aufgrund seines jeweiligen Verständnisses der Individualität des Patienten zu konkretisieren und damit für eine gemeinsame Erarbeitung eines Störungsentstehungskonzeptes nutzbar zu machen. Selbstachtung und Verarbeitungsfähigkeit des Patienten werden durch diese gemeinsame Arbeit angeregt und gestärkt. Schrittweise gewinnt der Patient dadurch im Zusammenhang mit der Entwicklung gesünderer Vorstellungen weiter Abstand von seinen in der Kindheit für die damalige Situation entwickelten Einstellungen und Schemata aus der Erwachsenenperspektive. Diese pathologischen Muster verschwinden zwar nicht aus der inneren Welt des Patienten, da im Seelischen bekanntlich nichts untergeht; sie können daher in Bedrängnissituationen durchaus auch wieder aktuelle Bedeutung erlangen; aber sie treten an Bedeutung hinter gesünderen Mustern der Einstellung und des Umgangs schrittweise im Maße der Gesundung des Patienten zurück.

Die therapeutische Veränderung im Sinne gesünderer Weiterentwicklung geschieht also primär am Leitfaden guter neuer und bewährter guter alter Erfahrungen als Voraussetzung für die Relativierung schlechter alter Erfahrungen. Eine *ausschließliche* Beschäftigung mit den Mängeln des Patienten fördert diesen Gesundungsprozeß nicht. Leider ist in der psychoanalytisch orientierten Therapie eine solche ausschließliche oder überwiegende Orientierung an Defizienz sehr verbreitet. Sie führt häufig, wie bereits erwähnt, zum gemeinsamen Versinken von Patient und Therapeut in der persönlichen Misere des Patienten. Das heißt: Sie ist mit einem Verlust der therapeutischen Autorität und professionellen Kompetenz des Therapeuten verbunden.

Die in den letzten Jahrzehnten entwickelte Methodik der Analyse von Beziehungsverwicklungen vermittelt jedoch auch dem analytischen Psychotherapeuten, wenn er dies Instrumentar zur Kenntnis genommen hat, die Kompetenz, das Versinken in Gegenübertragungsagieren zu vermeiden bzw. sich aus solchen Situationen schnell wieder zu befreien. Allerdings gibt es psychoanalytische Lehrmeinungen, die das Ertragen und Aufsichnehmen solcher Beziehungsverwicklungen für richtig und förderlich halten. Ich teile diese Auffassung nicht. Für mich sind solche massiven Beziehungsverwicklungen zwischen Patient und Therapeut das Ergebnis einer systematischen Vernachlässigung der gesunden Ichanteile des Patienten innerhalb der Therapie, d. h. ein Artefakt der angewandten Methodik. Auf dem Hintergrund der hier beschriebenen Art des Umgangs mit den gesunden und den pathologischen Persönlichkeitsanteilen des Patienten erweist sich die Thematisierung (Deutung) sich anbahnender Beziehungsverwicklungen als angemessene Art, dies Problem – beizeiten – zu meistern.

Wird das psychoanalytische Deutungsinstrumentar in dem dargestellten Sinne und im Zusammenhang mit den drei anderen vorher skizzierten Dimensionen therapeutischen Handelns verwandt, dann ist Psychoanalyse eine gerade zur Therapie von Patienten mit Frühstörungsmanifestationen sehr geeignete Heilmethode, die unsere mannigfaltigen therapierelevanten Erkenntnisse und Erfahrungen optimal zu integrieren vermag – zum Nutzen der Patienten und zur Befriedigung der Therapeuten.

Der Psychoanalytiker als systemisch arbeitender Therapeut

Antizipation eines neuen Berufsbildes

Die folgenden Ausführungen skizzieren das Berufsbild des therapeutisch tätigen Psychoanalytikers, das sich als Resultante aus der Fortentwicklung der psychoanalytischen Wissenschaft und der Veränderung der gesellschaftlichen Anforderungen an uns Psychoanalytiker zu konturieren beginnt. Nach diesem *neuen Berufsbild* ist der therapeutisch tätige Psychoanalytiker ein medizinisch oder psychologisch vorgebildeter Akademiker mit einer ebenso gründlichen wie vielseitigen Ausbildung zum psychoanalytischen Therapeuten. Innerhalb seiner psychoanalytischen Ausbildung ist er mit den Sozialwissenschaften, insbesondere Gesellschaftskritik und Systemtheorie, in intensive Berührung gekommen. Seinen Beruf übt er teils freiberuflich, teils als Mitarbeiter einer therapeutischen Einrichtung aus. Die Arbeit besteht einerseits im direkten psychoanalytischen Umgang mit einzelnen Patienten bzw. Patientensystemen verschiedener Art, andererseits in der Beratung von anderem therapeutischen oder sozial tätigen Personal. Außerdem obliegen ihm Lehr- und Weiterbildungsfunktionen, und er steht in mannigfaltigen sozialen und berufspolitischen Bezügen.

Seine umfassende psychoanalytische Ausbildung und vielfältige seither gesammelte Erfahrung haben ihn immer mehr angeregt und befähigt, Psychoanalyse in all ihren verschiedenen therapeutischen Arrangements und Settings zu betreiben. Die Mannigfaltigkeit dieser unterschiedlichen therapeutischen Aktivitäten wird durch eine konsistente umfassende psychoanalytische Praxistheorie integriert und gesteuert. Die Vielseitigkeit seiner psychoanalytischen Arbeit fordert seine psychoanalytische Kompetenz, sich auf unterschiedliche Patientensysteme, Situationen und Umstände fachlich möglichst optimal einzustellen, ebenso immer wieder heraus wie sein Organisationstalent. Seine Tätigkeit umfaßt neben langfristigen psychoanalytischen Einzelbehandlungen, niedrigfrequenten Fokal-

therapien, Beratungen und Gruppentherapien vor allem Paar- und Familientherapien in unterschiedlichen Arrangements; dazu dann die Mitarbeit in der schon erwähnten ambulanten oder stationären Einrichtung. Diese verschiedenen Aktivitäten geben ihm die Möglichkeit, eine große Spannweite unterschiedlicher erlebnisbedingter oder -mitbedingter Störungen psychoanalytisch zu behandeln: von Entwicklungskrisen und strukturierten Neurosen bis hin zu Persönlichkeits- und Verhaltensstörungen verschiedenen Schweregrades einschließlich Psychosomatosen. Diese komplexe berufliche Tätigkeit kann er natürlich nur ausüben, wenn er sich laufend für den wissenschaftlichen Fortschritt der Psychoanalyse und verwandter Gebiete interessiert und seine Erfahrungen mit Kollegen austauscht. Er ist kontinuierlich gezwungen, seine eigenen Erfahrungen wissenschaftlich zu reflektieren. Früher oder später wird ihm dabei folgendes deutlich:
Die Art, wie ich als Psychoanalytiker meine berufliche Tätigkeit gestalte, ist eine Deklaration von therapeutischer Relevanz an meine einzelnen Patienten und in Behandlung befindlichen Familien. Um fachliche Kompetenz bemühte persönlich befriedigende Berufsausübung im Rahmen der umgebenden Gesellschaft ist ja ein Teil der Gesundheits- und Erwachsenheitsvorstellungen, die der Psychoanalyse zugrunde liegen. Indem der Psychoanalytiker seinen Beruf in diesem Sinne vernünftig zu gestalten sucht, repräsentiert er in diesem Bereich die ihm gemäße persönliche Lösung von Gesundheit, Normalität und Erwachsenheit gegenüber all seinen beruflichen Beziehungspartnern, wenn er seine eigene Theorie, Praxis und Ausbildung ernst nimmt. In ihren gelingenden Aspekten bringt eine solche berufliche Tätigkeit im Kontext der Arbeits- und Berufswelt unserer Gesellschaft die realistisch-vernünftige, erwachsene Position in einer persönlichen Form zur Darstellung, die wir als »postödipal« bezeichnen, weil sie sich der Komplexität des Erwachsenenlebens stellt und damit eine gewisse Bewältigung präödipaler und ödipaler affektiver, kognitiver und handlungsmäßiger Verwicklungen voraussetzt. In diesem Sinne *repräsentiert* der geschilderte Psychoanalytiker »Postödipalität« gegenüber seinen Patienten, Kollegen und Weiterbildungspartnern ebenso wie gegenüber den Institutionen, mit denen er beruflich in Kontakt steht.

Das führt sehr schnell zu der Frage, ob sich nicht aus der skizzierten neuen Auffassung des therapeutisch tätigen Psychoanalytikers *Prinzipien* gewinnen lassen, die für jede einzelne der sehr unterschiedlichen praktischen psychoanalytischen Tätigkeiten von entscheidender, d.h. strukturierender, Bedeutung sind, von der bisherigen psychoanalytischen Behandlungstheorie jedoch nicht oder nicht angemessen gewürdigt werden. D.h.: Es ist die Frage nach Prinzipien für psychoanalytische Behandlungen, die sich aus einer bestimmten beruflichen Rollengestaltung, nicht sozusagen aus der Privatperson des Analytikers ergeben.
Ohne hier den praxeologischen Kontext voll zu entfalten, sollen vier solche Prinzipien im folgenden skizziert werden. Jedesmal wird dabei zur Illustration auf einige aktuelle behandlungstheoretische Probleme kurz eingegangen.
Es handelt sich um:
1. das Prinzip der Begrenztheit der psychoanalytischen Arbeitsbeziehung,
2. das Prinzip der Verfügung über den Rahmen der psychoanalytischen Arbeitsbeziehung,
3. das Prinzip des veränderungsoptimalen Systembezugs der psychoanalytischen Arbeitsbeziehung,
4. das Prinzip der Relevanz des Außenaspekts, des Drittenbezugs, der psychoanalytischen Arbeitsbeziehung (Prinzip des offenen Systems).

1. Das Prinzip der Begrenztheit der psychoanalytischen Arbeitsbeziehung

Dies Prinzip bringt zum Ausdruck, daß jede psychoanalytische Arbeitsbeziehung in mannigfaltiger Hinsicht begrenzt ist und stets auch unter diesem Gesichtspunkt gesehen und verstanden werden muß. Diese Begrenztheit bezieht sich auf die *zeitliche* Erstreckung: Psychoanalytische Arbeitsbeziehungen haben einen Anfang und müssen ein Ende haben, wenn sie als psychoanalytische *Arbeits*beziehungen sinnvoll sein sollen. Die Begrenztheit bezieht sich außerdem auf die beteiligten *Personen,* insbesondere auch auf den

Psychoanalytiker, insofern alle Beteiligten als Personen in mannigfaltiger Hinsicht Grenzen haben, und d.h. für den Analytiker: auch in fachlicher Hinsicht. Daraus ergibt sich für jede psychoanalytische Arbeitsbeziehung eine Grenze des unter den jeweiligen persönlichen und sonstigen Umständen hinsichtlich Zielsetzung Erreichbaren. »Begrenztheit« repräsentiert in diesem Sinne die menschliche und gesellschaftliche Realität; sie ist ein Gesichtspunkt des gesunden Ichs und ermöglicht komplexe, »postödipale« menschliche Lebensweise. Das Begrenztheitsprinzip läßt sich von der zeitlichen Unbegrenztheit (Zeitlosigkeit) des Unbewußten abheben; es steht im Gegensatz zu der grenzenlos-perfekten Perspektive einer idealistisch-normativen Auffassung von psychoanalytischer Behandlung und psychoanalytischem Prozeß. Als therapeutisches Prinzip ist es auch von einer psychoanalytischen Forschungshaltung unterschieden, die sich primär als unbegrenzte Ergründung und Aufdeckung – mathematisch geprochen: dichter – unbewußter Sinnzusammenhänge versteht.
Das Begrenztheitsprinzip läßt sich daher leicht bei einer nüchternen Betrachtung der faktischen psychoanalytischen Behandlungsverhältnisse nachweisen. Schon Glover ist vor vierzig Jahren aufgefallen (Glover 1955), daß bemerkenswert viele psychoanalytische Arbeitsbeziehungen nicht lege artis beendet werden. Faktisch ereignen sich psychoanalytische Arbeitsbeziehungen heute häufig in serieller bzw. fraktionierter Form als Abfolge verschiedener psychoanalytischer Konstellationen mit unterschiedlichen Psychoanalytikern als Partnern. Zwei, drei, vier psychoanalytische Beziehungen, über einen längeren Lebenszeitraum verteilt, sind keine Seltenheit mehr, häufig verbunden mit einem Wechsel des Behandlungsarrangements. In der Bundesrepublik spielt Begrenztheit psychoanalytischer Prozesse faktisch auch insofern eine bedeutende Rolle, als psychoanalytische Behandlungen von den Kostenträgern in der Regel jeweils nur für eine bestimmte, d.h. begrenzte Anzahl von Sitzungen bewilligt werden. Die behandlungsdynamische Chance dieses Umstandes wird allerdings bisher wohl nur selten erkannt und behandlungstechnisch nutzbar gemacht.
Auf behandlungstechnische Auswirkungen einer kontinuierlichen Beachtung des Begrenztheitsprinzips soll an dieser Stelle nur kurz

hingewiesen werden. Diese Auswirkungen sind uns nur bezüglich der ausdrücklich von vornherein zeitlich (sitzungsmäßig) und/oder thematisch *limitierten* psychoanalytischen Behandlungen vertraut. Wichtiger fast, weil bisher kaum reflektiert, scheinen die Auswirkungen auf psychoanalytische Arbeitsbeziehungen zu sein, die ohne zeitliche oder thematische Begrenzung konzipiert sind. Die kontinuierliche Beachtung des Prinzips der Begrenztheit kann hier zum Verständnis des ablaufenden Prozesses entscheidend beitragen, eine ichpsychologisch-regressions*dosierende* Funktion ausüben und den Umgang mit stagnierenden bzw. malignen psychoanalytischen Verläufen wesentlich fördern. In diesem Zusammenhang sei an die ausführliche Erörterung des Problems der Behandlungsterminierung bei Glover erinnert (Glover 1955, S. 138 ff.). Eine ähnlich strukturierende Funktion vermag das Begrenztheitsprinzip unter besonderen psychanalytischen Bedingungen und *spezifischen Zielsetzungen* auszuüben. Z.B. ist eine Ausbildungsanalyse, unter dem Gesichtspunkt dieses Prinzips betrachtet, nicht eine Analyse der Persönlichkeit schlechthin, sondern eine Psychoanalyse mit dem Ziel, diejenigen persönlichen Voraussetzungen zur Entfaltung zu bringen, die nötig sind, um erfolgreich als Psychoanalytiker tätig zu sein.

Viele der hier skizzierten Aspekte des Begrenztheitsprinzips sind in der ebenso von Altersweisheit wie Wahrheitsliebe zeugenden Schrift Freuds über »Die endliche und die unendliche Analyse« in einer bis heute äußerst anregenden Weise behandelt (S. Freud 1937).

2. Das Prinzip der Verfügung über den Rahmen der psychoanalytischen Arbeitsbeziehung

Das Angebot eines angemessenen Behandlungsarrangements, dessen Bereitstellung und Aufrechterhaltung sind für die psychoanalytische Arbeitsbeziehung und den psychoanalytischen Prozeß *konstitutive* Leistungen des Psychoanalytikers. Durch die *Rahmensetzung* kommt das Patientensystem mit dem Psychoanalytiker als Repräsentanten einer Methode, die an seelischer Gesundheit in einer spezifischen Form orientiert ist, in verbindliche Beziehung. Der vom Psychoanalytiker konstituierte Behandlungsrahmen ist die entscheidende umgreifende Voraussetzung für eine mögliche seelische Gesundung des Patientensystems, für eine erfolgreiche psychoanalytische Behandlung. Da der Behandlungsrahmen als persönliche Dienstleistung vom Psychoanalytiker realisiert wird, *ist* der Psychoanalytiker in seinem Verhalten gegenüber dem Patientensystem dieser Rahmen. Psychoanalytiker wie Behandlungsrahmen repräsentieren die Postödipalität, die Ursprung und Ziel der psychoanalytischen Behandlung ist. Daraus leitet sich die entscheidende steuernde Funktion des Rahmens für das gesamte psychoanalytische Behandlungsgeschehen ab. Neben dem »äußeren« Rahmen der Behandlung handelt es sich dabei um den »inneren« Rahmen: die Rollen-(Funktionen-)Zuweisung an den Patienten und die Wahrnehmung der eigenen Rolle (Funktionen) durch den Psychoanalytiker.

Das Prinzip der Verfügung über den Rahmen *akzentuiert* diese steuernde Funktion und fordert, daß sich der Analytiker die Verfügung über den Rahmen vom Anfang bis zum Ende ständig reserviert, d.h. als seine Funktion in Anspruch nimmt und dies sein Dispositionsrecht über den Rahmen gegenüber dem Patientensystem vertritt und durchsetzt. Ist diese Bedingung nicht erfüllt, entgleitet die Behandlung dem Analytiker, so daß er korrekterweise die Arbeitsbeziehung beenden muß. Je stärker die Patienten strukturell ichgestört sind, d.h. Gesundungswille und Kooperationsbereitschaft nicht einfach vorausgesetzt werden können, desto wichtiger ist die ständige Beachtung dieses Prinzips in psychoanalytischen Behandlungsbeziehungen. Das Prinzip der Verfügung über den Behandlungsrahmen geht damit über die bekannte Theorie des Arbeitsbündnisses, die ein intaktes Patienten-Ich unterstellt, wesentlich hinaus. Zugleich ist damit eine implizite Kritik all jener Vorstellungen verbunden, die meinen, es sei für die psychoanalytische Behandlung wichtiger, der Psychoanalytiker zeige sich als Privatperson denn als fachlich kompetenter Bereitsteller und Anwalt des Behandlungsrahmens und seiner Methode.

Rahmensetzung und -aufrechterhaltung sind berufliche Willenserklärungen und Handlungen des Psychoanalytikers an das jeweilige Patientensystem aufgrund fachlicher Kompetenz und Entscheidung. Sie werden sprachlich kommuniziert in der Form der *Deklaration.* Dieser Handlungs- und Deklarationsaspekt unterscheidet die rahmenbezogenen Aktivitäten des Psychoanalytikers wesentlich von den *verständniskommunizierenden* Funktionen. Eine zureichende, elaborierte Theorie der Deklaration fehlt bis heute in der psychoanalytischen Behandlungstheorie. Damit ist die dialektische Verschränkung von rahmenbezogenen Handlungen und Deklarationen mit verständniskommunizierenden Sprachhandlungen des Analytikers bis heute weitgehend ungeklärt. Das wirkt sich besonders auf den psychoanalytischen Umgang mit strukturellen Ichstörungen nachteilig aus, da hier die Auseinandersetzung um die Aufrechterhaltung des Behandlungsrahmens einschließlich der Funktionszuweisungen kontinuierlich eine besondere Rolle spielt.

3. Das Prinzip des veränderungsoptimalen Systembezugs der psychoanalytischen Arbeitsbeziehung

Die klassische psychoanalytische Behandlungstechnik kennt keine Theorie des Behandlungsarrangements, des Settings. Für sie ist die duale einzeltherapeutische Beziehung eine nicht problematisierte Selbstverständlichkeit: Das hängt mit ihrer ichpsychologischen Indikationsvoraussetzung zusammen. Um mit Cremerius zu sprechen: »Die analytische Arbeit (im Sinne von Freuds mit Einsicht arbeitender Technik) hat den Patienten der phallischen Phase zum Gegenstand. Mit dieser Feststellung ist die Qualität seines Trieblebens, seines Ich und seines Überich definitiv festgelegt. Für das Ich z.B. heißt das, daß es alle Möglichkeiten besitzt, eine Organisation auszubilden, die eine adäquate Beziehung zur Realität aufrechterhalten kann. Es ist mit anderen Worten der Patient im ödipalen Spannungsfeld zwischen Inzestwunsch und Kastrationsangst . . .« (Cremerius 1979, S. 582). Winnicott drückt das in seiner schönen Arbeit über die »Metapsychologischen und klinischen Aspekte der Regression . . .« so aus: Freud wählte, »aus der Gesamtheit der potentiellen Psychiatriepatienten . . . die Fälle aus, die im frühen Säuglingsalter angemessen versorgt worden waren, die Psychoneurotiker«. Freud sei an dem interessiert gewesen, »was in der analytischen Arbeit geschieht, wenn die Regression nicht notwendig ist und wenn man die Arbeit, die die Mutter und die frühe Umweltanpassung in der Vorgeschichte des einzelnen Patienten geleistet haben, als selbstverständlich voraussetzen kann« (Winnicott 1976, S. 188). Es ist die nur funktionell, nicht strukturell, in ihrer Autonomie eingeschränkte Person, die als Patient einen Psychoanalytiker konsultiert und gegebenenfalls eine psychoanalytische Arbeitsbeziehung mit ihm eingeht. Das einzeltherapeutische duale Arrangement ergibt sich zwanglos aus diesem Umstand. Und ebenso zwanglos und selbstverständlich folgen daraus die Eigenart der Übertragungsneurose als des eigentlichen Arbeitsfeldes der psychoanalytischen Behandlung und die Spezifität des Verständnis- und Interpretations*horizontes,* auf den alle in der Analyse zu beobachtenden Vorgänge bezogen werden: Wie zuletzt Argelander (1979) sehr klar herausgearbeitet hat, ist in der *klassischen* Behandlungstechnik das *Ich des einzelnen Patienten* der Bezugsrahmen für Verständnis und Interpretation mit dem Ziel der *Bewußtseinserweiterung* durch Verdrängungsauflösung. Die indikationsmäßigen Grenzen und *bestimmten* Voraussetzungen der klassischen Behandlungstechnik kommen von einer anderen Seite in der von Cremerius aufgegriffenen Beobachtung zum Ausdruck, daß die uns heute sehr häufig begegnenden Patienten mit ernsten, d. h. weitgehend prägenital determinierten, Überich-Störungen die klassische Behandlungstechnik vor schwer zu bewältigende Probleme stellen (Cremerius 1977a, 1977b). Das ist verständlich, weil es sich ja bei dieser Gruppe ebenfalls um strukturell ich-gestörte Patienten handelt, die nicht auf der Stufe des Ödipuskomplexes und damit der potentiellen persönlichen *Autonomie* stehen, sondern in innerer und häufig auch äußerer psychosozialer Abhängigkeit von Partnern leben, die ihrerseits durch die problematische psychoanalytische Einzelbehandlung des Patienten häufig in starke seelische Krisen geraten; eine Komplikation, die therapeutisch nicht vertretbar ist.

Der Psychoanalytiker, der sich an dem von mir anfangs entworfenen Berufsbild orientiert, zieht daraus für sich folgende Konsequenzen: Sehr viele Patienten, die mich um Rat aufsuchen, sind für die klassische psychoanalytische Behandlungstechnik nicht geeignet, und es wäre ein Kunstfehler, ihnen ein klassisches Behandlungsarrangement vorzuschlagen. Das würde zu langfristigen psychoanalytisch unfruchtbaren, durch Krisen oder Stagnation gekennzeichneten Behandlungsprozessen mit der Gefahr katastrophaler Auswirkungen auf die Partnerbeziehungen der Patienten führen, d. h. zur Fortsetzung, wenn nicht Verschlimmerung von Symptomatik. Offensichtlich ist in diesen Fällen der *Systembezug* der psychoanalytischen Arbeitsbeziehung unter dem Gesichtspunkt therapeutischer Veränderbarkeit, d. h. das Behandlungsarrangement, *anders zu wählen.* Eine andere Wahl des Behandlungsarrangements ergibt sich weiter bei der Gruppe von Patienten, die ihre Problematik oder Beschwerden selbst in ihrer emotionalen Verwicklung mit Lebenspartnern und Angehörigen, z. B. Kindern, sehen, diesbezüglich Rat und Hilfe suchen und damit den *Personenverband,* das *System,* in dem sie leben (nicht sich selbst als funktionell eingeschränkte autonome Person), als Problem anbieten.

Aus diesen Überlegungen ergibt sich eine Theorie des *angemessenen Behandlungsarrangements,* die von dem Gedanken bestimmt ist, der psychoanalytischen Arbeitsbeziehung den für therapeutische Veränderbarkeit *optimalen Rahmen* zu geben, d. h. denjenigen Rahmen, der eine für therapeutische Veränderung optimale *Zentrierung und Reichweite* hinsichtlich der beteiligten Personen bietet. Da das therapeutische Konzept der Psychoanalyse: die Eltern-Kind-Wechselbeziehungen, selbst ein *System*begriff ist, nämlich der eines mehrere Generationen umfassenden Familienverbandes, hat der Psychoanalytiker keine Schwierigkeit, mittels dieses seines familiären Systemkonzepts mit Systemen verschiedener Art und Reichweite umzugehen, wenn er die selbstverständliche Voraussetzung der traditionellen Behandlungstechnik: das Ich und Bewußtsein des einzelnen als Verständnis- und Interventionshorizont zu gebrauchen, als eine *begrenzte* und fachlich nur in bestimmten Fällen indizierte, d. h. nicht selbstverständliche, Voraussetzung durchschaut.

Das Prinzip des optimalen Systembezugs der psychoanalytischen Arbeitsbeziehung unter dem Gesichtspunkt therapeutischer Veränderbarkeit hilft dem Psychoanalytiker, unter Berücksichtigung aller relevanten Umstände, insbesondere der faktischen *familiären Lebenssituation* des bzw. der Patienten und der *Begrenztheit* aller psychoanalytischen Arbeitsbeziehungen, das für den Einzelfall bestgeeignete Behandlungsarrangement zu finden und den Patienten oder das Patientensystem in diesem Rahmen zu behandeln. Er folgt damit nur einer alten technischen Regel, die besagt, daß sich die analytische Arbeit von der Oberfläche zur Tiefe entwickeln müsse und daß sie scheitere, wenn sie aus einer künstlich verengten fachlichen Blickrichtung *allein auf die Tiefe* erfolge. Die Respektierung der familiären, systemischen, Lebenssituation des oder der Patienten *als Ausgangslage* durch Wahl des dafür angemessenen Behandlungsarrangements ist eine wesentliche Voraussetzung erfolgreicher psychoanalytischer Arbeit und eine therapeutische Verpflichtung gegenüber dem Patienten wie seinen Angehörigen. Damit ist eine hinreichend umfassende *system*diagnostische Untersuchung vor Entscheidung über eine psychoanalytische Arbeitsbeziehung erforderlich, eine Diagnostik, die über die bisher übliche Ichdiagnostik wesentlich hinausgeht.

4. Das Prinzip der Relevanz des Außenaspekts, des Drittenbezugs, der psychoanalytischen Arbeitsbeziehung (Prinzip des offenen Systems)

Ziel einer jeden psychoanalytischen Arbeitsbeziehung ist, daß sich der Patient oder das Patientensystem nach erfolgreicher Beendigung der psychoanalytischen Beziehung *im Leben,* im Lebensumfeld, freier, kreativer und befriedigender bewegen kann. Die psychoanalytische Arbeitsbeziehung geschieht um eines besseren Lebens willen. Um dieses Zieles willen wird ein künstlicher Raum geschaffen, in dessen Rahmen und unter dessen Schutz sich eine künstliche Krankheit, die sogenannte Übertragungsneurose, mehr oder minder ausbildet und entfaltet, auf die sich die gemeinsame therapeutische Arbeit der beiden Parteien bezieht. Es liegt nahe, die räumlich-zeitlich-thematische Entfaltung der psychoanalytischen Situation und des psychoanalytischen Prozesses als *geschlossenes System* zu verstehen. Das geschieht weitgehend in der traditionellen Theorie der psychoanalytischen Situation und des psychoanalytischen Prozesses.

Der diese Sicht *übersteigende* Umstand, daß die Beziehung beider Parteien auch eine *reale* ist, d.h. sich an einem bestimmten konkreten gesellschaftlichen Ort in einer bestimmten gesellschaftlichen Situation ereignet, spielt in dieser Theorie nach Abschluß des Behandlungsvertrages kaum eine Rolle. Der Grund dafür ist, daß sich in der klassischen Psychoanalyse der Analysand wegen der Intaktheit (strukturellen Gesundheit) seines Ichs dauernd dessen bewußt ist und bleibt, daß die psychoanalytische Behandlung für ein besseres Leben außerhalb und ohne die Behandlung stattfindet. Er nimmt dies sein Lebensinteresse als Gesundungswunsch *selbst* wahr: um eines besseren Lebens willen möchte er von seinen Funktionseinschränkungen befreit werden. Der behandelnde Psychoanalytiker und die psychoanalytische Behandlungstheorie können an ihn den Bezug zur Lebensrealität der Erwachsenengesellschaft (»Postödipalität«), d.h. die *Überwindung* des geschlossenen Systems der psychoanalytischen Behandlung, den Transfer, weitgehend *delegieren.* Wie Parin (1975) und Horst Eberhard Richter (1977) betont haben, kann sich der Psychoanalytiker aber auch unter diesen Bedingungen nicht darauf beschränken, mit dem Patienten oder dem Patientensystem allein deren *Innenwelt* zu beachten und zu bearbeiten, d.h. die Übertragungsneurose. Repräsentation von Postödipalität durch den Analytiker meint, daß er auch eine kritische, d.h. von *Durchblick* zeugende Haltung gegenüber der *gesellschaftlichen* Realität braucht, um seine analytische Funktion *innerhalb* der psychoanalytischen Behandlung angemessen auszuüben. Deshalb bedarf der Psychoanalytiker des neuen Berufsbildes gründlicher sozialwissenschaftlicher Orientierung zwecks Erhellung seiner eigenen gesellschaftlichen Position und Verwicklung wie der seiner Patienten.

Je intensiver der Psychoanalytiker mit Patienten, die strukturell ichgestört und d.h. wegen der Eigenart ihrer Partnerbeziehungen von anderen Menschen psychisch abhängig sind und mit Patienten*systemen,* wie Paaren oder Familien, in Berührung kommt und je stärker sich unabhängig davon oder im Zusammenhang damit der Einfluß der umgebenden *Gesellschaft* auf die psychoanalytische Beziehung und Behandlung, z.B. bei der Behandlungsfinanzierung, *direkt* geltend macht, desto mehr wird klar, daß der Bezug der

psychoanalytischen Beziehung auf Dritte: seien es Angehörige des Patienten, weitere Bezugspersonen des Patientensystems oder Institutionen der Lebensumwelt des Patienten bzw. des Psychoanalytikers, Relevanz für die psychoanalytische Arbeitsbeziehung hat und in der psychoanalytischen Arbeit kontinuierlich mitbeachtet werden muß. Dies formuliert das *vierte* hier herausgestellte Prinzip von der Relevanz des Außenaspekts, des Drittenbezugs der psychoanalytischen Arbeitsbeziehung, das auch als »Prinzip des offenen Systems« bezeichnet werden kann. Die Psychosoziologie offener Systeme ist besonders von der Tavistock-Forschungsgruppe entwickelt worden (vgl. Emery 1969; Lawrence 1979; Miller 1976; Miller u. Rice 1967). Behandlungstechnisch ist in diesem Zusammenhang die kontinuierliche Beachtung von System*grenzen* und zugehörigen Rollen von besonderer Bedeutung. Grenzen haben bekanntlich eine doppelte Funktion: Sie grenzen jeweils einen Bereich ein und definieren ihn damit als »intern«, verweisen damit aber zugleich auf dessen »externe« Umgebung. Grenzen und mit ihnen verbundene Rollen akzentuieren somit immer auch *grenzüberschreitende* Vorgänge.
Unser Psychoanalytiker erkennt in diesem Prinzip der Relevanz des Außenaspekts, des Drittenbezugs eine unmittelbare Verkörperung von Postödipalität. Begrenzte Beziehungen, insbesondere Zweierbeziehungen, stehen stets in größeren, weiteren Bezügen und sind, auch als begrenzte Beziehungen, nur voll zu tätigen oder zu verstehen, zu beeinflussen und zu verändern, wenn diese ihre Einbettung in komplexe Zusammenhänge *stets mitgesehen* wird und die Gestaltung der engeren Beziehung dieser Einbettung Rechnung trägt. Erst die Perspektive des *offenen* Systems, des Außen- und Drittenbezugs einer jeden psychoanalytischen Behandlung, schöpft die Möglichkeiten des postödipalen Modells für Entwicklung, Veränderung innerhalb der psychoanalytischen Situation aus und verhindert, z. B. beim Umgang mit stark regressiven Patientensystemen, ein gemeinsames pathologisches Versinken von Patientensystem und Analytiker in einer für absolut, d. h. unbegrenzt, gehaltenen Dualität. Das Prinzip des Drittenbezugs hat aber nicht nur eine kritische Funktion hinsichtlich mancher einseitig-verengter Vorstellungen über den psychoanalytischen Umgang mit »frühen Störungen«, er

leistet nicht nur eine vergleichbare Funktion beim Umgang mit Patientensystemen (zu verhindern, daß die Behandlung einer bestimmten Familie in einer Art geschlossenem System erstarrt); es vermittelt insbesondere, wie schon angedeutet, ein neues Verständnis für dritte Instanzen, die auf die Ermöglichung und Gestaltung psychoanalytischer Behandlung von außen Einfluß nehmen (vgl. hierzu Cremerius 1981). In diesem Zusammenhang erinnert das Prinzip von der Relevanz des Drittenbezugs daran, daß die Auseinandersetzung mit interferierenden dritten Instanzen unmittelbar und direkt zu den *zentralen Aufgaben reifen menschlichen Lebens* gehört und einen wesentlichen Aspekt des Gesundheits- und Reifemodells der Psychoanalyse ausmacht.

Die konsequente Orientierung am Prinzip des Drittenbezugs oder des offenen Systems erweist sich schließlich auch noch bei einer anderen unseren Analytiker sehr beschäftigenden Frage als äußerst anregend und hilfreich, bei dem Problem nämlich, wie unser Kollege mit dem Loyalitätskonflikt umgehen soll, der daher rührt, daß er zugleich Mitglied einer engeren psychoanalytischen Fachvereinigung, einer umgreifenden »berufsständischen« Gesellschaft und einer Berufskammer, z.B. der Ärztekammer, ist. Er erkennt, daß er mit diesem komplexen Loyalitätskonflikt nicht im Sinne eine Regression auf alternative Mitgliedschaften und Loyalitäten umgehen kann, auch nicht im Sinne eines dissozialen Agierens, das mit Verleugnungen operiert, sondern daß er sich diesem Loyalitätskonflikt und manchen anderen ähnlich strukturierten »postödipal« stellen muß, um jeweils die bestmögliche Lösung gemeinsam mit allen Beteiligten auszuhandeln.

Die vorgetragenen Überlegungen gehen von dem Gedanken aus, daß in der Gestaltung des Berufs des therapeutisch tätigen Psychoanalytikers das Arbeits- und Zielmodell der Psychoanalyse: »Postödipalität« als Sich-in-komplexen-Bezügen-bewegen-können, zum Ausdruck kommen muß, wenn wir uns selbst, unsere Theorie und unsere Ausbildung ernst nehmen. Daraus wurden als Konsequenz für jede konkrete Arbeitsbeziehung mit Patienten vier Prinzipien abgeleitet:

1. das Prinzip der Begrenztheit der psychoanalytischen Arbeitsbeziehung,

2. das Prinzip der Verfügung über den Rahmen der psychoanalytischen Arbeitsbeziehung,
3. das Prinzip des veränderungsoptimalen Systembezugs der psychoanalytischen Arbeitsbeziehung und
4. das Prinzip der Relevanz des Außenaspekts, des Drittenbezugs, der psychoanalytischen Arbeitsbeziehung (Prinzip des offenen Systems).

Diese vier Prinzipien müssen Gegenübertragungsauswertung, Widerstandshandhabung und Intervention in jeder psychoanalytischen Behandlung mitdeterminieren und mitsteuern, wenn psychoanalytische Behandlungen nach optimalen fachlichen Standards durchgeführt werden sollen.

Das Katathyme Bilderleben aus der Sicht einer differenzierten psychoanalytischen Behandlungstheorie

Bei der Vorbereitung dieses Beitrags wurde mir bewußt, daß sich meine Einstellung zum Katathymen Bilderleben als Psychotherapieverfahren in den letzten Jahren wesentlich verändert hat. Als ich in den sechziger Jahren – zur Zeit meiner psychoanalytischen Ausbildung und ersten klinischen Erfahrung – vom Katathymen Bilderleben Leuners hörte, kam ich sehr schnell zu dem Schluß, es handle sich bei diesem Verfahren um eine Technik, die sich ähnlich manch anderer Psychotherapie auf einen bestimmten Ausschnitt aus dem Gesamtgebiet der psychoanalytischen Theorie und Methodik beschränkt, diesen Teil ausgestaltet und daraufhin den Anspruch erhebt, einen indikationsmäßig weiten Bereich erlebnisbedingter Störungen mit einem im Grunde recht schmalen Verfahrensrepertoire erfolgreich zu behandeln. Die weitgehende Beschränkung auf Tagträume und Bilderleben schien mir eine klinisch nicht vertretbare Vereinfachung und gegenüber dem gewohnten psychoanalytischen Umgang mit Nachtträumen, Tagträumen und Phantasien kaum ein Fortschritt zu sein. Außerdem schienen mir die steuernde Aktivität des Therapeuten und der Übungsaspekt des Verfahrens recht suspekt, da ich zu jener Zeit von den Maximen der Nichtdirektivität und Nichtsuggestivität sehr fasziniert war.

Strukturierte Neurosen und Persönlichkeitsstörungen

In den Jahren seither hat sich die Situation für mich als Psychoanalytiker und Sozialwissenschaftler beträchtlich verändert. Aufgrund intensiver und vielgestaltiger klinischer und poliklinischer psychotherapeutischer Arbeit bin ich sehr schnell mit der großen Spannweite ambulanter und stationärer psychotherapeutischer Situationen konfrontiert worden, denen sich der Psychoanalytiker als

Therapeut heute gegenübersieht, wenn er sich nicht von vornherein auf einen sehr schmalen Sektor möglicher Klientel eingrenzt. Seitdem gilt mein Hauptinteresse der Aufgabe, dieser Mannigfaltigkeit erlebnisbedingter psychosozialer Störungen durch Fortentwicklung psychoanalytischer Konzeptionen und Verfahrensweisen Rechnung zu tragen. Im Rahmen dieser Bemühungen hat auch der Blick auf andere Psychotherapieverfahren einen besonderen Wert. Hinsichtlich der Grundlagen des psychoanalytischen Behandlungsverfahrens haben diese Forschungsinteressen zu der Einsicht geführt, daß der bisherige Versuch, Freuds psychoanalytische Theorie (»Metapsychologie«) und Behandlungskonzeption im Sinne der langfristigen hochfrequenten Einzeltherapie als die »eigentliche Psychoanalyse« zu bezeichnen und alle anderen psychoanalytischen Settings und Verfahrensweisen sowie die ihnen zugrunde liegenden Konzeptionen als »bloß Psychotherapie« abzuwerten, wissenschaftlich aus vielen Gründen unhaltbar ist. Zu diesem Ergebnis führt nicht zuletzt die Anwendung wissenssoziologischer, das heißt sozialwissenschaftlicher Verfahren der Aufdeckung impliziter, nicht reflektierter Bezüge und Voraussetzungen. Problematisiert man in diesem Sinne Selbstverständlichkeiten, dann bemerkt man, daß viele Eigentümlichkeiten, Normen und Verfahrensregeln der klassischen psychoanalytischen Therapie nur unter ganz bestimmten klinischen Voraussetzungen sinnvoll sind. Sie beziehen sich auf eine bestimmte psychotherapeutische Klientel, nämlich Patienten mit begrenzten funktionellen Störungen (strukturierten Neurosen) auf dem Hintergrund eines strukturell intakten Ichs und *nur* auf diesen Personenkreis.

Nur vom Symptomneurotiker kann erwartet werden, daß er – prinzipiell autonom – für das Aufnehmen, Durchführen und Beenden einer psychoanalytischen Behandlung aus Leidensdruck, Krankheitseinsicht und Gesundungswillen selbst Verantwortung übernimmt, im Freiraum der psychoanalytischen Situation frei assoziiert, kontrolliert regrediert, die psychoanalytische Situation (auf der Couch liegend) produktiv nutzt und eine im wesentlichen »interne« seelische Konfliktproblematik bearbeitet – all dies weitgehend in eigener sich selbst verantwortlicher Regie mit der Konsequenz, daß sich der Analytiker – frei von allen Sorgen um klinische Komplikationen – ausschließlich dem Verständnis der Interaktion des Analysanden mit ihm und der angemessenen Kommunikation von Sinnzusammenhängen widmen kann. Diese für die klassische psychoanalytische Behandlung geeignete Klientel macht jedoch heute weit weniger als 5% des Durchgangs großer poliklinischer Einrichtungen aus. In Anknüpfung an späte Schriften Freuds habe ich gezeigt, daß der Unterschied von begrenzten Funktionseinschränkungen (strukturierten Neurosen) einerseits und strukturellen Schädigungen des Ichs, d. h. Persönlichkeits- bzw. Charakterstörungen wie zum Beispiel Psychosomatosen, Borderlinefällen und Psychosen, andererseits weitreichende konzeptuelle Folgen hat, die zu einer Fortentwicklung der psychoanalytischen Theorie zwingen. Erst damit werden all die Forschungen vieler psychoanalytischer Kliniker, die sich mit schweren Persönlichkeitsstörungen und ihrer Behandlung in unterschiedlichen psychoanalytischen Settings beschäftigt haben, hinsichtlich ihrer Bedeutung für die *Grundlagen* der psychoanalytischen Praxis angemessen gewürdigt.

Aspekte einer erweiterten psychoanalytischen Behandlungstheorie

Ich möchte im folgenden auf fünf Gesichtspunkte eingehen, von denen ich meine, daß sie für Kollegen von besonderem Interesse sind, die mit der Tagtraumtechnik arbeiten.
Es sind dies:
1. die Orientierung der psychoanalytischen Behandlung nicht an »Metapsychologie«, sondern an Modellen, d. h. an Strukturschemata, die eine Orientierung vermittelnde, handlungssteuernde, operationale Funktion für das Therapieren zu erfüllen vermögen,
2. das zunehmende Interesse an einer modellorientierten Untersuchung der therapeutischen Chancen und Risiken der einzelnen Behandlungsarrangements (z. B. Einzel-, Gruppen-, stationäre Therapie, Paar- und Familientherapie) einschließlich einer neuen Würdigung von Momenten wie Ritualbildung, Gewöhnung und Übung,

3. die Anregung und Einübung neuer Erfahrungen auf dem Hintergrund eines neuen Musters von Beziehung als ein wesentlicher Aspekt der psychoanalytischen Therapie schwerer Persönlichkeitsstörungen – neben der Aufarbeitung verbliebener Kindlichkeit,
4. das Aufmerksamwerden auf die Bedeutung von Autoritätsausübung, Deklaration, z. B. im Sinne der Aufforderung zu Handlungen, als einem eigenen Interventionsmodus neben sinnkommunizierenden Interventionsweisen,
5. die zunehmende Bedeutung von Überlegungen zur Kontrolle, d. h. Dosierung von Widerstand und Regression, überhaupt Sensibilisierung für Belastungs- und Verarbeitungsgrenzen von Patienten.

Orientierung an Modellen

Der Ausarbeitung von Strukturschemata (Modellen) kommt in der psychoanalytischen Behandlungstheorie eine besondere Bedeutung zu. Denn erst eine solche Ausarbeitung ermöglicht es, Vorstellungen über die Entstehung und den Verlauf erlebnisbedingter Störungen (Dekompensation, Remission) und über ihre mögliche Behandlung, Besserung, Heilung, über Behandlungsarrangement, Verfahrensweise, Behandlungsverlauf und -ziel in einen *umfassenden konsistenten Sinn- und Verständniszusammenhang* zu bringen. Nach meiner Überzeugung sind Psychotherapietechniken wie das Katathyme Bilderleben auf solch umfassende Modellierung des gesamten Bereiches psychosozialer Gesundheit, Krankheit und Therapie sehr angewiesen. Denn für alle Entscheidungen, wie Auswahl des angemessenen Standardmotivs zum richtigen Zeitpunkt, Wahl einer der übrigen Techniken des Katathymen Bilderlebens, Entscheidung über die angemessenen Interventionen zur Steuerung des Ablaufs in der Sitzung, bedarf es der Orientierung an Modellkonzeptionen, die zu einem guten Verständnis der klinischen Situation verhelfen. Hier kann die erweiterte praxisbezogene psychoanalytische Theorie dem Katathymen Bilderleben Hoffnung auf solch klare Orientierung machen. Erst mit einer solchen Ausarbeitung von klinisch relevanten Modellen (Struktur- und Verlaufsschemata) gewinnt die psychoanalytisch orientierte Psychotherapie Anschluß an den wissenschaftlichen Stand der übrigen handlungsorientierten Sozialwissenschaften.

Theorie des Behandlungsarrangements

Erst die Orientierung der psychoanalytischen Behandlungstheorie an Modellen gibt die Möglichkeit, die psychodynamische Funktion des Behandlungsarrangements, des Settings, umfassend zu würdigen und die therapeutischen Chancen und Risiken der verschiedenen Settings genau zu erfassen. Erst durch eine solche Theorie des Behandlungsarrangements wird deutlich, wie sich psychoanalytische Einzel-, Gruppen-, stationäre Therapie, Paar- und Familientherapie voneinander unterscheiden. Wenn ich die Entwicklung innerhalb des Katathymen Bilderlebens richtig einschätze – ich denke insbesondere an die anregenden und ermutigenden Arbeiten über Paartherapie mit dem Katathymen Bilderleben von Kottje-Birnbacher (1982, 1983, 1984) und Klessmann (1982, 1983) –, sind solche Untersuchungen über die unterschiedlichen Chancen und Risiken der verschiedenen Behandlungsarrangements auch für das Katathyme Bilderleben zunehmend von Interesse.

Die Theorie des Behandlungsarrangements hat jedoch noch einen weiteren Bezug zu Faktoren, die im Katathymen Bilderleben eine besondere Rolle spielen. Ich meine Momente, die mit der Behandlung als einer sozialen Struktur mit einem bestimmten Aufbau und regelmäßigen Ablauf der Sitzung zusammenhängen: Ritualbildung, Gewöhnung, Übung. Das Katathyme Bilderleben versteht sich ja auch als ein übendes Verfahren. Einübung neuer Einstellungen und Haltungen ist ein wesentlicher Aspekt der Psychotherapie schwerer, das heißt in der Ich*bildungs*phase gestörter Patienten. Stabilisierung von Veränderung hat viel mit solchen Vorgängen zu tun, die in der Psychotherapie strukturierter Neurosen aus guten Gründen nicht eine solch große Rolle spielen. In dem Maße, in dem sich Kollegen mit der KB-Technik auch an schwerer gestörte Patienten heranwagen, was zunehmend ja im Bereich der Psychosomatosen und der Borderlinefälle geschieht, werden Überlegungen über die psychodynamische Wirkung des Behandlungsarrangements, zum Beispiel über die angemessene Dauer oder Frequenz der Behandlung, nach meiner Einschätzung immer wichtiger. Die Fragen, die mit der Bedeutung und der wiederholten, übenden Verwendung von Standardmotiven im K. B. zu tun haben, gehören ebenfalls in diesen Zusammenhang.

Neues Beziehungsmuster, neue Erfahrungen

In dem Maße, in dem sich die Psychoanalyse mit Störungen beschäftigt, die nicht erst nach der strukturellen Ausbildung des Ich, sondern schon wesentlich früher, in der Ich*bildungs*phase, einsetzen, ist die Bedeutung des Erlebens, Erfahrens und Erlernens im Sinne der Ausbildung *neuer* Ichfunktionen ein wesentlicher Gesichtspunkt der Psychoanalyse schwerer Persönlichkeitsstörungen. Diese Aufgabe tritt neben die Aufarbeitung der verbliebenen Kindlichkeit im Sinne der klassischen Psychoanalyse. Damit erweitert sich der *Verantwortungs- und Funktionsbereich des Therapeuten* wesentlich. Das stellt uns Psychoanalytiker vor starke neue Anforderungen, denen unser Selbstverständnis bisher noch kaum entspricht. Häufig reagieren wir mit einer gewissen Orientierungsunsicherheit und einer Angst vor Autoritätsausübung auf diese für uns neuen therapeutischen Aufgaben. Es ist ersichtlich, daß das von Leuner entwickelte Katathyme Bilderleben hervorragende Chancen bietet, im Medium der Imagination neue Erfahrungen zu machen, neue Beziehungsmuster zu erproben und einzuüben. Von daher bin ich überzeugt, daß die Klärung und Ausarbeitung dieser neuen Therapeutenfunktionen dem Katathymen Bilderleben besondere Bedeutung zuweisen wird, da das Katathyme Bilderleben ein leicht organisierbares, sehr praktikables und gut dosierbares Verfahren zu sein scheint, um (zumindest im Medium der konkreten, sinnlichen Imagination) neue Erfahrungen anzuregen, neue Einstellungen zu gewinnen und neue Haltungen auszubilden.

Direkte Einflußnahme

Mit den letzten beiden Gesichtspunkten ist bereits der vierte berührt: das Aufmerksamwerden auf die Bedeutung direkter Einflußnahme, Deklaration als eines eigenen Interventionsmodus neben sinnkommunizierenden Interventionsweisen. Hier macht sich die Konfusion über den Anwendungsbereich der klassischen psychoanalytischen Vorstellungen besonders nachteilig geltend. Psychoanalytiker sind bis heute sehr irritiert, wenn sie sich im Umgang mit strukturell ichgestörten Patienten vor die klinische Notwendigkeit gestellt sehen, auf Patienten im Sinne der stellvertretenden Ausübung von Ichfunktionen *direkt* Einfluß zu nehmen, statt wie sonst im wesentlichen interpretativ Sinn zu kommunizieren. Das gilt insbesondere dann, wenn diese direkte Einflußnahme den Patienten zu einem bestimmten Handeln oder Verhalten veranlassen soll. Häufig wird diese Ausübung fachlicher Autorität als eine unstatthafte suggestive Beeinflussung des Patienten mißverstanden. In der Psychoanalyse strukturierter Neurosen spielen solche Interventionen aus klinisch guten Gründen nur ausnahmsweise eine Rolle; für die Behandlung struktureller Ichstörungen (Persönlichkeitsstörungen) sind sie jedoch von großer Bedeutung. Der sinnvolle Einsatz dieser Interventionsweise setzt jedoch sichere psychodynamische Einschätzung der Situation und Vertrautheit mit diesem Interventionsinstrument voraus. Das Katathyme Bilderleben ist für den Psychoanalytiker von besonderem Interesse, weil es einen Entfaltungsraum sowohl für die Aktivität des Patienten wie für die steuernde Aktivität des Therapeuten bereitstellt. Leuner hat ja sorgfältige Überlegungen zur Ausübung und Dosierung der steuernden Funktion des Therapeuten angestellt. Aus der erweiterten psychoanalytischen Behandlungstheorie lassen sich Orientierungen über die klinischen Voraussetzungen der Anwendung und Gestaltung deklaratorischer Interventionen, z. B. Aufgabenstellung, gewinnen. Wenn ich es richtig sehe, breitet sich die Erkenntnis immer mehr aus, daß eine ausschließlich auf »Einsicht« zielende Psychotherapie bei strukturellen Ichstörungen nicht ausreicht, vielmehr eine ausdrückliche Ausübung therapeutischer Autorität und Aktivierung des Handelns des Patienten notwendig sind. Dies Handeln des Patienten kann sich auf verschiedenste Aufgaben in der Theorie und der Lebensumwelt des Patienten beziehen, z. B. auf den wirklichen Vollzug von Kommunikation mit Familienangehörigen, auf eine Erfahrung des eigenen Leibes in der Bewegung und im Kontakt mit Partnern (Körper- bzw. Sexualtherapie) oder auf ein Handeln in der Imagination. Das Katathyme Bilderleben hat dazu nach meiner Meinung eine wertvolle Technik und viel Erfahrung beizutragen. Anleitung zum Handeln durch Aufgabenstellung und Aufträge verdient unter diesen Umständen besonderes wissenschaftliches Interesse und sorgfältige Reflexion. Diese Aktivitäten des Therapeuten fordern einen sicheren Blick für das klinisch

Angemessene und eine hohe Geschicklichkeit bezüglich schneller Anpassung an sich verändernde klinische Situationen, was nur aufgrund detaillierter konzeptueller Orientierung zu erreichen ist.

Sensibilisierung für Belastungs- und Verarbeitungsgrenzen

Das leitet bereits zu dem fünften – letzten – Gesichtspunkt über: der zunehmenden Bedeutung von Überlegungen zur Kontrolle, d. h. *Dosierung von Widerstand und Regression,* überhaupt *Sensibilisierung für Belastungs- und Verarbeitungsgrenzen* von Patienten. Auch hier handelt es sich um Fragen, die bei der Behandlung strukturierter Neurosen – wegen der Intaktheit des Ichs dieser Patienten – kaum aktualisiert werden, im Umgang mit Borderlinefällen, Psychosen, Psychosomatosen, Perversionen oder Süchten dagegen kontinuierlich akut sind und den Behandlungserfolg stark mitbestimmen. Konkret bedeutet dies, daß der analytische Psychotherapeut unter diesen Umständen bemüht sein muß, Widerstandsreaktionen des Patienten in bestimmten Grenzen zu halten, d. h. seine Interventionen in Richtung auf die Stärke der zu erwartenden Reaktion des Patienten verläßlich einzuschätzen. Je stärker Patienten strukturell ichgestört sind, desto riskanter sind massive Widerstandsreaktionen, da sie zu symptomatischen klinischen Komplikationen, zum Zusammenbruch der Ichintegrität und zur Gefährdung der Kooperationsbereitschaft des Patienten führen können. Ein wesentlicher Weg, die therapeutischen Interventionen in dieser Hinsicht zu steuern und zu dosieren, ist die genaue Vertrautheit mit der *aktuellen Lebenssituation* des Patienten und den Bedürfnissen, Interessen, Zielsetzungen und Gewohnheiten des oder der Patienten, die sorgfältige und genaue Anknüpfung an der *bewußten* Motivation also. Damit ist eine eigene Dimension des aufzubauenden Verständnisses vom Patienten definiert, die sich von der Psychoanalytikern vertrauten Aufgabe wesentlich unterscheidet, die verbliebene Kindlichkeit des Patienten zu erforschen und zu bearbeiten. Für klinisch angemessene Intervention ist die Berücksichtigung *beider* Dimensionen von entscheidender Bedeutung: Erst auf dem Hintergrund von biographischem Verständnis *und* Kenntnis der aktuellen Lebenssituation einschließlich der bewußten Motivation ist ein kompetenter Umgang mit schwerer gestörten Patienten zu erreichen. Das sind Überlegungen, die – wenn ich es richtig sehe – für die Anwendung von KB-Techniken bezüglich schwerer gestörter Patienten auf der Mittel- und Oberstufe von Bedeutung sind, da es sich ja hier darum handelt, das »assoziative Vorgehen«, die »Fokussierung akuter Konflikte« oder das »Erschöpfen und Umbringen«, überhaupt das »Durcharbeiten« angemessen zu steuern (vgl. Leuner 1982a, S. 173 ff.).

Einbettung in umfassende Theorie

Ich habe versucht zu zeigen, daß für mich als einem an der Behandlung schwerer Persönlichkeitsstörungen in unterschiedlichen Behandlungsarrangements interessierten Psychoanalytiker das Katathyme Bilderleben Leuners und seiner Mitarbeiter eine Technik ist, zu der ich mannigfaltige Beziehungen herstellen kann und die mir für mannigfaltige Aspekte psychotherapeutischer Arbeit viele Anregungen und gute Möglichkeiten zu bieten scheint. Nach meiner Auffassung bedarf die volle Ausschöpfung einer bestimmten Technik der ausdrücklichen und engen Einbettung dieser betreffenden Technik in eine *umfassende, den gesamten Bereich deckende Konzeption.* Nach meiner Überzeugung stellt die fortentwickelte psychoanalytische Praxeologie ein konzeptuelles Angebot dar, auf das psychotherapeutische Techniken wie das Katathyme Bilderleben zurückgreifen können, wenn es sich darum handelt, die klinischen Situationen präzis zu bestimmen und zu analysieren. Auf eine solche Verbindung sind Psychotherapietechniken nach meiner Überzeugung *angewiesen.* Deswegen ist für mich die volle Ausschöpfung der Möglichkeiten einer so wertvollen Psychotherapietechnik, wie es das Katathyme Bilderleben darstellt, gebunden an eine intime Vertrautheit mit dem heutigen Stand der psychoanalytischen Behandlungstheorie (Praxeologie).

Psychiatrische Psychotherapie in der Klinik auf systemisch-psychoanalytischer Grundlage

Als mich Erich Wulff Anfang der 70er Jahre einlud, eine Supervision auf seiner Gießener Station zu übernehmen (was immer er damals darunter verstand), begann für mich eine bis heute anhaltende Auseinandersetzung mit den Möglichkeiten und Grenzen institutioneller Psychiatrie aus der Position eines psychoanalytisch-sozialwissenschaftlichen Supervisors. Was ich hier vorstellen möchte, sind Reflexionen eines kritischen Fellow-travellers der Psychiatrie – für die Psychiatrie.

Interessant ist schon der Zeitpunkt des Beginns meiner Zusammenarbeit mit der Psychiatrie. In den 60er Jahren hatte ich mich noch vergeblich darum bemüht, als Lernender, als Hospitant Zugang zu Derworts Gießener Klinik zu erlangen. Es war dies eine Zeit, in der sich die institutionelle Psychiatrie zwischen den beiden Polen einer die neue psychopharmakologische Behandlung höchstens begleitenden seelischen Führung des Patienten und ersten sozialpsychiatrischen Impulsen hin und her bewegte. Auch die sozialpsychiatrischen Ansätze hatten eine deutliche Reserve gegenüber Psychotherapie, verstanden vor allem als psychoanalytische Therapie. Die faszinative Neuentdeckung mancher älterer psychoanalytischer Gesellschafts- und Kulturtheoretiker war mit einer starken Zurückhaltung gegenüber der psychoanalytischen Behandlungspraxis verbunden. Der sozialpsychiatrische Ansatz, der sich aus politischen und wirtschaftlichen Gründen bis heute nicht voll entfalten konnte, versuchte gerade in einer nichtprofessionellen, menschlich-solidarischen Form durch Aufnahme und Modifikation des Konzepts der therapeutischen Gemeinschaft von Team und Patientengruppe dem psychiatrischen Patienten zu helfen. Das Modell der Psychoanalyse, konkret verstanden als langfristige psychoanalytische Einzelbehandlung, wurde – mit Recht – als der zu lösenden Aufgabe nicht dienlich angesehen.

Zwar kam auf gesundheitspolitischem Gebiet in den 70er Jahren in der gemeinsamen Kraftanstrengung von Psychiatern und psycho-

analytischen Therapeuten unter Kulenkampff und Richter die wichtige Bestandsaufnahme der Enquête zustande, die für den Ausbau und die Modernisierung der vorhandenen psychiatrischen Anstalten und für die Entwicklung halbstationärer, ambulanter und flankierender Dienste richtungweisend wurde (vgl. Bericht 1975), aber die politischen und ökonomischen Voraussetzungen für eine konsequente Umsetzung des Forderungskatalogs der Enquête schwanden zur selben Zeit.
In diese seit den 70er Jahren sich ausbreitende Phase der Stagnation fällt das zunehmende Interesse der Mitarbeiter psychiatrischer Kliniken an der Entwicklung einer für psychiatrische Patienten geeigneten Psychotherapie und an der Zusammenarbeit mit psychoanalytischen Supervisoren. Bezüglich der Supervisoren war allerdings mit einer intuitiv richtigen Einschätzung, was sie hauptsächlich beitragen konnten, vor allem ihre gruppendynamische und gruppentherapeutische Kompetenz gefragt. Sie sollten für die therapeutischen Teams hilfreich sein, indem sie deren Verwicklungen untereinander und mit den Patienten klären und damit die mit der schweren beruflichen Arbeit verbundenen persönlichen Belastungen lindern. In den Supervisionen wurde der konkrete einzeltherapeutische, gruppentherapeutische, pflegerische oder spezialtherapeutische Umgang mit den Patienten vor dem Supervisor nicht selten eher verborgen als enthüllt – aus Angst, der Supervisor könnte durch seine Art der Professionalität auf dem eigentlichen Gebiet der Psychotherapie eher stören oder gar zerstören als fördern. Die Teams taten in solchen Fällen so, als ob es ganz selbstverständlich und klar wäre, wie man mit psychiatrischen Patienten in kurativer Absicht psychologisch umgeht und spricht, obgleich sie bei ihren psychotherapeutischen Bemühungen zusammen mit ihren Patienten immer wieder in ziemliche persönliche Schwierigkeiten gerieten. Allerdings handelt es sich dabei wohl um ein Komplott, an dem beide Parteien beteiligt waren. Denn was die psychoanalytischen Supervisoren in vielen Fällen (Ausnahmen bestätigen die Regel) neben ihrer gruppendynamischen, gruppentherapeutischen und neurosentherapeutischen Kompetenz und Erfahrung einzubringen hatten, waren Ergebnisse und Erfahrungen aus den von psychoanalytischen Pionieren oft nicht gerade sehr erfolgreich durchgeführten

jahrelangen, wenn nicht jahrzehntelangen ambulanten oder stationären Psychoseneinzeltherapien. Sowohl das psychoanalytische Modell der ambulanten hochfrequenten langfristigen Neurosentherapie als auch dessen Variation oder Modifikation als Psychoseneinzeltherapie konnten der institutionellen Psychiatrie wenig helfen. Trotzdem werden wohl immer noch von einzelnen psychoanalytisch begeisterten jungen Psychiatern heroische Versuche unternommen, mit einzelnen psychiatrischen Patienten auf ihrer Station – in stetem Kampf mit ihrem Team – strikt nach dem Modell der langfristigen ambulanten Neurosentherapie umzugehen. Die psychoanalytische Weiterbildung, die bis heute am Modell der langfristigen ambulanten Neurosentherapie – wenn auch mit großen praktischen Schwierigkeiten – orientiert ist, leistet dem ihrerseits Vorschub. Mit ihrer weitgehenden Orientierung an einzeltherapeutischen Standardverfahren vernachlässigen die Weiterbildungsinstitute die Entwicklung der Fähigkeit junger Therapeuten, sich auf sehr unterschiedliche Bedingungen und Situationen von Patienten ihrerseits kompetent psychotherapeutisch einzustellen. Die faszinativ hochbesetzte Ausbildung in einer bestimmten Behandlungstechnik verhindert nicht selten eine konsequente primäre Orientierung an der Eigenart des jeweiligen Patienten mit der Suche nach der bestmöglichen Art, ihn therapeutisch zu erreichen.
In dem Maße, in dem sich Psychoanalytiker und damit potentielle Supervisoren in den 70er Jahren beratend Gruppen mit besonderer Problematik oder Fragestellung im Lebensfeld selbst zuwandten, z. B. Elterngruppen, die Kinderläden betrieben, oder sozialen Randgruppen, und sich mit den Möglichkeiten psychoanalytisch hilfreicher Intervention in außertherapeutischen Situationen auseinanderzusetzen begannen, änderten sich die Verhältnisse auf der Seite der Supervisoren. Der Blick für die aktuelle Lebenswirklichkeit, die Lebensbezüge der Menschen, ihr soziales Netz führte zu einer schnellen Rezeption der angelsächsischen familiendynamischen Forschung einschließlich mannigfaltiger familientherapeutischer Ansätze, die allerdings den Rahmen der Psychoanalyse bald sprengten. Bezeichnend ist in diesem Zusammenhang eine persönliche Erfahrung. Als Blankenburg mich 1976 wegen eines Wochenendseminars für Mitarbeiter der Bremer Nervenklinik ansprach,

ging es um Kooperationskonflikte zwischen den Mitarbeitern und der Klinikleitung, um Team- und Hierarchieprobleme. Nachdem ich einmal dort gewesen war, entwickelte sich aus diesem Kontakt eine neunjährige Zusammenarbeit, die dem familiendynamischen (systemischen) Verständnis von Patienten und der familientherapeutischen Intervention gewidmet war.

Institutionelle psychiatrische Psychotherapie ist für mich im wesentlichen Krisenintervention, Therapie durch die spezifischen Angebote des stationären Milieus (Leben auf der Station, therapeutische und Aktivitätsgruppen, Spezialtherapien) und familiendynamisch orientierte Intervention. Dieses Arbeitsprogramm setzt eine hohe und komplexe Kompetenz aller an der stationären Behandlung beteiligten Mitarbeiter des Psychiatrischen Krankenhauses voraus. Die mit der sozialpsychiatrischen Bewegung mancherorts einhergehende Vorstellung, daß dazu im wesentlichen eine mitmenschliche Haltung ausreiche (eine weltliche Variante des alten karitativen Gedankens), hat sich, glaube ich, allerorts als nicht richtig herausgestellt. Kompetenz kann sich nur entwickeln, wenn Erfahrung kontinuierlich in Hinblick auf eine dem Aufgabenbereich angemessene Konzeption ausgewertet und die Konzeption ihrerseits durch den Erfahrungsbezug kontinuierlich in Hinblick auf den konkreten Arbeitsbereich und seine Bedingungen differenziert wird. Damit ist die Wahl einer hinreichend komplexen und hinreichend elastischen Konzeption ein entscheidender Gesichtspunkt für die Qualität der in einer Institution geleisteten gemeinsamen Arbeit. Die psychotherapeutischen Techniken (Psychoanalyse, Verhaltenstherapie, Suggestivtherapie, katathymes Bilderleben usw.) erfüllen dies Bedingung wegen ihrer Individuumszentriertheit nicht, da sie wesentliche Faktoren des zu berücksichtigenden Feldes gar nicht oder nicht angemessen reflektieren. Sie bedürfen der Integration in eine sozialwissenschaftliche (systemische) Konzeption. Das zu berücksichtigende Feld umfaßt ja mindestens: die therapeutische Institution und ihre Mitarbeiter, weitere mit der Behandlung direkt oder indirekt befaßte Institutionen wie den überweisenden Arzt, den Kostenträger und Sozialbehörden, den Patienten in seinen gegenwärtigen Lebensbezügen zu familiären Partnern, Bekannten, Nachbarn, Arbeitskollegen und

Vorgesetzten sowie die früheren Lebensbezüge des Patienten, insbesondere in der Ursprungsfamilie, soweit sie für ihn pathoätiologisch noch heute von Bedeutung sind. Die einzige mir bekannte Konzeption, die dies Feld, noch dazu als ein sich entwickelndes, veränderndes kohärent konsistent modellmäßig zu erfassen und die Arbeit in ihm zu steuern vermag, ist eine psychoanalytisch-systemische. Auf eine nähere Darstellung dieses sozialwissenschaftlich erweiterten psychoanalytischen Paradigmas, das letztlich eine Ausarbeitung der Variationen und Konsequenzen der ubiquitären bewußt-unbewußten Eltern-Kinder-Beziehung darstellt, muß ich hier verzichten und mich mit der Erwähnung einiger weniger Gesichtspunkte begnügen, die mir bezüglich der möglichen Anwendung dieser Konzeption für die institutionelle psychiatrische Psychotherapie von besonderer Bedeutung zu sein scheinen.

Die institutionelle psychiatrische Psychotherapie hat sich auf zwei Bedingungen besonders einzustellen: die Eigenart des psychiatrischen Patienten und die Eigenart der stationären Behandlung, daß hier eine Gruppe von Fachkräften eine Gruppe von Patienten in einem bestimmten gemeinsamen »Lebensraum« betreut.

Während sich die Symptomatik neurotischer Patienten innerhalb des Repertoires bewegt, das einem um Verständnis bemühten therapeutischen Partner mehr oder minder aus eigenem Erleben vertraut und damit zugänglich ist, ist gegenüber der Eigenart psychiatrischer Patienten wegen der Stärke der Regression bei therapeutischem Personal wie in der Gesellschaft eine sozusagen gesunde Abwehr vorauszusetzen: die antipsychotische Abwehr, die nur durch eine ausdrückliche Einstellung auf die gegenwärtige Position des Patienten in Familie und übrigem Lebensfeld und die pathoätiologisch relevante Logik von Baby mit Mutter überwunden werden kann. Außerdem wird das Verständnis von und der therapeutische Umgang mit psychiatrischen Patienten in der Regel dadurch erschwert, daß sich die Symptomatik dieser Patienten in einer befremdlich eigentümlichen Form der Beziehung zum therapeutischen Personal realisiert. Diese Beziehungsform gibt einem keine Gelegenheit zu freischwebender Aufmerksamkeit aus einer gelassen abwartenden Haltung. Dadurch wird der therapeutische Umgang mit den Patienten sehr erschwert. Nur eine klare Orientierung an zureichenden psychopathologischen und therapeutischen Konzepten kann die therapeutischen Mitarbeiter davor schützen, in affektiven Verstrickungen mit dem Patienten zu versinken.

Die zweite Besonderheit besteht darin, daß institutionelle psychiatrische Psychotherapie eine gemeinsame Arbeit einer Personalgruppe mit einer Patientengruppe ist; das heißt, daß eine Gruppe von Patienten, die noch dazu häufig recht verschieden sind, von einer Gruppe von Menschen gemeinsam behandelt wird, die unterschiedliche berufliche Funktionen kooperativ gegenüber den Patienten wahrnehmen. Auch die Menschen dieser Gruppe sind natürlich sehr unterschiedlich in mannigfaltiger Hinsicht.

Damit sind Umstände skizziert, die es verständlich machen, daß es hier darum geht, sehr komplexe interaktionelle Prozesse in angemessener Form zu organisieren, d. h. organisatorisch zu regeln und tagtäglich auszuwerten und zu steuern. Es handelt sich um eine psychologische Fortentwicklungsarbeit an zwei Gruppen, die beide kontinuierlich fluktuieren. Es wechselt ja nicht nur ständig die Patientenbesetzung auf der Station, auch das Personal fluktuiert und rotiert dauernd in einem gewissen Umfang. Nicht nur die befremdlich-schwierigen Patienten sollen jeweils – möglichst noch dazu in begrenzter Zeit – psychotherapeutisch in Richtung auf gesündere Weisen der Lebensbewältigung gefördert werden, zugleich muß sich auch die sich kontinuierlich verändernde Personalgruppe gemeinsam stets neu zusammenfinden und bezüglich Kompetenz weiterentwickeln, um sich in ihrer jeweiligen Zusammensetzung möglichst gut kooperativ auf die jeweils auf der Station befindliche Patientengrupe einzustellen. Teams, die sich auf Psychotherapie im Psychiatrischen Krankenhaus einlassen, stehen damit vor einer unter den heutigen institutionellen Bedingungen nur mit großen dauernden Anstrengungen erfüllbaren Aufgabe.

Es bedarf wohl keiner näheren Begründung, daß zur Steuerung dieser Prozesse eine therapeutische Konzeption von der integrativen Potenz erforderlich ist, die ich vorhin für das sozialwissenschaftlich erweiterte psychoanalytische Paradigma in Anspruch genommen habe. Dies Modell kann jedoch die geforderte Funktion nur

ausüben, wenn es von kompetentem Personal voll ausgeschöpft wird.
Ich muß es mir leider versagen, zur Frage der psychoanalytisch-systemischen Krisenintervention und zur methodischen Gestaltung von Gruppenarbeit, Stationsmilieu sowie zur Funktion der spezialtherapeutischen Angebote nähere Ausführungen zu machen. Diesbezüglich kann ich auf die instruktiven Arbeiten von Janssen (1987) und Heim (1985) verweisen. Statt dessen möchte ich zur Frage der Lebensfeldorientierung, Familienbezogenheit der Psychotherapie noch einige Bemerkungen machen. Unter organmedizinischen Gesichtspunkten ist institutionelle Therapie in besonderem Maße Behandlung des individuellen Patienten. Das scheint auch für den psychiatrischen Patienten zu gelten, der ja gerade ins Psychiatrische Krankenhaus eingewiesen wird, weil eine ambulante Therapie im Rahmen des familiären und sonstigen Lebensfeldes des Patienten nicht ausreichend oder nicht möglich ist oder der Patient in seinem normalen Lebensfeld nicht lebensfähig oder nicht tragbar scheint. Und nun soll die Psychotherapie eines solchen Patienten auch und gerade in der psychiatrischen Institution lebensfeldorientiert, familienbezogen, wenn nicht familientherapeutisch erfolgen. Traditionelle psychotherapeutische Ansätze sehen gerade in der Distanz von der Familie eine Chance der Rekompensation des Patienten und nutzen ihre Chance in diesem Sinne. So z. B., wenn psychotherapeutische Arbeit mit jungen Schizophrenen darauf ausgerichtet ist, die Abgrenzung von der Familie, die Autonomie des Patienten zu fördern und mit ihm zu guten Vorsätzen bezüglich größerer Selbständigkeit der Lebensgestaltung nach der Entlassung zu kommen. Unter dem Einfluß der gegenwärtigen psychotherapeutischen Beziehung und des Lebens auf der Station gelingt dies ja auch häufig durchaus. Nachdem der Patient jedoch entlassen wurde, stellen sich die alten Abhängigkeitsverhältnisse oft schnell wieder her.
Wir verdanken der familiendynamischen und familientherapeutischen Forschung und Erfahrung der letzten Zeit die Einsicht, daß wir die bewußte und unbewußte Motivationsdynamik regressiver Prozesse von Patienten bisher falsch eingeschätzt haben. Zu kurzschlüssig waren unsere Vorstellungen, weshalb Menschen in

massive psychiatrische Symptomatik regredieren. Die Loyalität für die Familie und die Stärke der Systemkräfte, die die Eigenart von Familien mit psychotischen Mitgliedern bestimmen, kamen in unseren Vorstellungen über die individuelle Dynamik psychotischer Dekompensation nicht vor. Dies gilt auch und gerade für den traditionellen individuumszentrierten psychoanalytischen Ansatz. Für manch einen Psychoanalytiker mag es als Experten für das Unbewußte eine Kränkung bedeuten, Areale des Unbewußten – aus methodisch allerdings gut erklärbaren Gründen – übersehen zu haben. Jedenfalls sind die mit den Systemkräften der Familie verbundenen Loyalitätsgefühle nach unserem gegenwärtigen Wissen relevante Faktoren, von denen die Erfolgschancen psychotherapeutischer Bemühungen wesentlich mit abhängig sind. Unter diesen Umständen ist es für jegliche psychotherapeutische Bemühung um psychiatrische Patienten heute wichtig, im Umgang mit dem Patienten seine jeweilige seelische Verfassung mit seinem gegenwärtigen familiären und außerfamiliären Beziehungsfeld einschließlich der in die Gegenwart hineinwirkenden inneren Determinanten aus der Ursprungsfamilienerfahrung ausdrücklich in Beziehung zu setzen.

Dies bedeutet eine konsequente methodische Ausrichtung der psychotherapeutischen Beschäftigung mit dem Patienten auf diesen familialen Fokus; es bedeutet, die persönliche pathologische regressive Reaktion des Patienten in den Kontext des aktuellen Lebensfeldes des Patienten zu stellen und in diesem Kontext zu verstehen und zu bearbeiten. Dies schließt eine Auseinandersetzung mit der Ursprungsfamilie, wie schon erwähnt, nicht aus, sondern im Gegenteil ein, aber eben unter dieser aktuellen Rahmensetzung und Fokussierung. Erst aus einer solchen Familien- bzw. Lebensfeldfokussierung des psychotherapeutischen Verstehens und Handelns gewinnt die psychotherapeutische Bemühung um den Patienten im Psychiatrischen Krankenhaus ihre Struktur, ihren Rahmen und ihr Ziel.

Ob bei einer solchen primären Orientierung am gegenwärtigen Lebensfeld des Patienten die Einbeziehung von Familienmitgliedern in die stationäre Behandlung indiziert ist oder nicht, ist dann eine zweite Frage, die von den Besonderheiten des Einzelfalles und

sicher auch von den Besonderheiten der Institution abhängig ist. In jedem Falle ist die Einbeziehung von Familienmitgliedern nicht in der Form des Einzelgeprächs von Therapeuten mit einem Angehörigen, sondern in der Form eines gemeinsamen Familiengespräches eine entscheidende eigene Quelle von Information für die therapeutischen Mitarbeiter, die zu einem tieferen Verständnis der Problematik des Patienten und der Möglichkeiten seiner therapeutischen Förderung führt. Allerdings setzen Familieninterviews und Familienpsychotherapie eine einschlägige Kompetenz der daran beteiligten therapeutischen Mitarbeiter voraus. Nicht zuletzt können übersteigerte therapeutische Zielsetzungen und überzogene Vorstellungen bezüglich des Tempos des therapeutischen Prozesses durch solche Sitzungen mit der ganzen Familie korrigiert werden.
Für mich ist die paartherapeutische oder familientherapeutische Behandlung schwerer gestörter Patienten heute in der Regel der einzeltherapeutischen vorzuziehen; die familiendynamische Fokussierung jeglicher Psychotherapie ist ein zentrales methodisches Prinzip, und für mich gehört die Orientierung am aktuellen Lebensfeld, insbesondere der Familie, wenn nicht eine ausdrückliche Familientherapie, zu dem sozialpsychiatrischen Minimum, das neben der sinnvollen Gestaltung der Angebote innerhalb des Psychiatrischen Krankenhauses unter den heutigen institutionellen, gesundheitspolitischen und sozialen Verhältnissen unbedingt realisiert werden muß, wenn man sich auf der Höhe des heute erreichbaren Standards von Wissen und Können bewegen will.
In diesem Zusammenhang ist vielleicht die Bemerkung nicht überflüssig, daß die hier für die institutionelle Psychiatrie offerierte psychoanalytisch-systemische Konzeption somatische Faktoren der Störungsentstehung ebensowenig ausschließt wie somatische Komponenten der Therapie. Psychoanalyse wie Systemtheorie sind im Gegensatz zu rein somatischen Konzeptionen integrative Ansätze, die zu einer sinnvollen Kooperation von Organmedizinern und Vertretern der Psychologischen Medizin bei der Arbeit am und für den Patienten zum Wohle des Patienten die orientierungsmäßige Grundlage liefern können.

Stationäre Psychotherapie im Jahre 2000

Die Klinik für psychoanalytisch-systemische Therapie

Ich möchte im folgenden den Leser dazu verführen, einen Blick in die Zukunft zu tun. Dabei soll es um die stationäre Psychotherapie im Jahre 2000 gehen. Ich möchte also über etwas sprechen, was es erst in Ansätzen gibt und von dem ich aufgrund eigener therapeutischer Erfahrungen, mancher Beobachtungen in Fortbildungszusammenhängen, vieler Beratungsgespräche in pychotherpeutisch orientierten Kliniken und einiger sozialwissenschaftlicher Informationen meine, daß es sich entwickeln wird, nämlich: die Klinik für psychoanalytisch-systemische Therapie. Dabei will ich nicht verhehlen, daß ich die Trends, die ich auszumachen meine, auch begrüße und mir im Interesse der Patienten wünsche, daß die Entwicklung in diese Richtung geht.
Beginnen möchte ich damit, daß nach meiner Überzeugung viel zu wenig gesehen wird, welche Vorreiterfunktion die psychotherapeutischen Kliniken für unser Fach haben. Wir sind viel zu sehr gewohnt, Psychoanalyse und psychoanalytische Therapie nach den Modellen und Regularien der ambulanten Therapie zu betrachten. Die stationäre Psychotherapie ist meiner Meinung nach fachlich in vieler Hinsicht der Entwicklung im ambulanten Bereich voraus. Sie hat ganz bestimmte besondere Chancen. Diese Chancen hängen damit zusammen, daß sie sich wichtigen Aspekten unseres Faches besonders widmet: Da ist zunächst einmal die Behandlung schwerer gestörter Patienten zu nennen. Es sind doch eben schwer gestörte, meist chronifizierte, zunehmend auch ältere Patienten, die zum Teil auch noch erfolglos vorbehandelt und häufig auch sozial oder kulturell in ungünstiger Lage sind, die durch die Teams der psychotherapeutischen Kliniken behandelt werden.
Eine weitere Vorreiterfunktion besteht darin, daß es sich bei der stationären Psychotherapie um eine zeitlich begrenzte Therapie handelt. Es ist eine besondere Herausforderung, in begrenzter Zeit therapeutisch erfolgreich zu sein. Verfahren und Konzeptionen

einer kurzfristigen Psychotherapie entwickelt zu haben, ist ein Verdienst der psychotherapeutisch arbeitenden Kliniken.
Weiter hat die psychotherpeutische Klinik die Chance, Patienten mit einem komplexen Behandlungsangebot zu helfen, was in der ambulanten Versorgung nach unserem ärztlichen Berufsrecht und dessen Regularien bisher nicht möglich ist, so daß man also eine sinnvolle Kombination verschiedener Behandlungsangebote, einen komplexen Behandlungsplan bisher nur im stationären oder teilstationären Bereich entwickeln kann. Daß hier also Körpertherapie, gestaltende, kreative Methoden, psychodramatische Methoden und vor allem Milieutherapie mit verbaler Psychotherapie und einer organmedizinischen Versorgung verbunden werden können, gibt der stationären psychotherapeutischen Behandlung besondere Bedeutung.
Hinzu kommt ein letzter Punkt: Die stationäre psychotherapeutische Behandlung ist ohne eine Reflexion auf die häusliche Lebenssituation der Patienten nicht möglich. Denn man will ja die Patienten auch wieder entlassen können. Und manche Patienten kann man bekanntlich schwer entlassen. Irgendwie muß sich also jede psychotherapeutische Klinik auch mit der familiären und beruflichen Situation des jeweiligen Patienten auseinandersetzen. Sehr häufig werden diese besonderen fachlichen Chancen gerade der stationären Psychotherapie gar nicht angemessen gewürdigt.
Ich möchte nun kurz über verstärkte Herausforderungen etwas sagen, die mit gesellschaftlichen Trends in den nächsten Jahren zusammenhängen. Einmal wird die Frage nach der Effizienz von Psychotherapie, ob der Aufwand für die Therapie auch wirklich angemessen ist, sicher immer dringlicher gestellt werden – ein Punkt, der in der Psychoanalyse ziemlich diskret verhandelt wird. Im Gegensatz zum ambulanten Bereich, der durch eine Richtlinienpsychotherapie sehr eng geregelt ist und kaum Spielräume zuläßt, gibt es im stationären Bereich zunehmend Freiheit, verschiedene Behandlungsangebote und -kombinationen zu entwickeln und auszugestalten. Dadurch gibt es in diesem Bereich auch zunehmend Konkurrenz und die Verpflichtung, die Effizienz der eigenen Konzeption nachzuweisen. Dieser fachliche Konkurrenz- und Rechtfertigungsdruck wird sich verstärken. Dasselbe gilt für die von

mir schon kurz angesprochene Patientenselektion: nicht leichte Fälle, sondern die genannten schwerer gestörten Patienten, Ältere und Menschen in ungünstigen sozialen und kulturellen Lagen (Minderheiten) werden zunehmend die Klientel psychotherapeutischer Kliniken bilden. Dabei werden ungünstige wirtschaftliche Bedingungen wie Arbeitslosigkeit und Frühberentung die Rehabilitation von psychogen Kranken weiter erschweren.

Es wird sich ferner der Zug zu dem verstärken, was die Soziologen »Individualisierung der Lebensverhältnisse« nennen. Damit ist gemeint, daß sich die gesellschaftlichen Muster und normativen Vorstellungen, wie ein Mensch leben soll und was gut und richtig ist, in Richtung auf eine große Mannigfaltigkeit individueller Lebensformen und Lebensweisen relativiert. Daraus resultieren schwierige Orientierungsprobleme für die Therapeuten, auf die sie sich in einer zunehmend multikulturellen und von ethnischen Minderheiten mitgepägten Gesellschaft erst werden einstellen müssen.

Durch all dies wird der Effiziensdruck auf das Personal, nicht nur auf die Psychotherapeuten, sondern auf alle Berufsgruppen im Team zunehmen. Dabei bezieht sich Effizienz nicht nur auf die Ausübung der einzelnen Therapieangebote, sondern besonders auch auf die Kooperation aller mit allen. Denn eine Klinik steht und fällt ja damit, wie die Fähigkeiten der einzelnen Personalgruppen miteinander in Beziehung gesetzt und für die Behandlung der einzelnen Patienten wie der Patientengruppe integriert nutzbar gemacht werden. Das stellt bekanntlich hohe Anforderungen an die Mitarbeiter, die unmittelbar mit den Patienten umgehen, wie an das Leitungspersonal.

Auf dem Hintergrund all dieser Trends wird die Frage der *fachlichen Orientierung* für die psychotherapeutische Arbeit zu einem wichtigen Problem. Vor den organisatorischen Fragen sind zunächst die Aufgaben der fachlichen Orientierung und Konzeption zu lösen. Diese Frage wird zunehmend dadurch schwierig und prekär, daß sich immer mehr herausstellen wird, daß die Orientierung an den bisherigen ambulanten Psychotherapiemodellen nicht ausreichend, nicht passend ist für die stationäre psychotherapeutische Arbeit und daß auch die Ausbildung zum analytischen Psychotherapeuten, wie sie in den Ausbildungsinstituten geleistet wird, für die stationäre Psychotherapie keine klare und besonders günstige Vorbildung darstellt. Die bisherigen Ausbildungsgepflogenheiten werden zunehmend in eine Krise kommen, wie sich in den Diskussionen der allerletzten Zeit anzudeuten beginnt.

Nach meiner Einschätzung stehen wir vor einer Existenzfrage, was die Psychoanalyse betrifft: Entweder verschwindet sie weitgehend aus der psychotherapeutischen Versorgung und wird zu einer esoterischen Angelegenheit einiger weniger für einige wenige, oder sie bekommt wirkliche Relevanz für die Versorgung. Dazu bedarf sie aber einer fachlichen und dann auch organisatorischen und ausbildungsmäßigen Weiterentwicklung, die mühsam zu erreichen sein wird, aber notwendig und chancenreich ist. Ein Trost kann sein, daß es schon jetzt mannigfaltige Erfahrungen in der Behandlung schwerer gestörter Patienten in verschiedenen Settings gibt und daß psychotherapeutische Kliniken ein wesentlicher Ort waren und sind, wertvolle Erfahrungen dieser Art zu sammeln, auch wenn diese klinische Kompetenz noch nicht sozusagen offiziell so viel Anerkennung, Verbreitung und Würdigung gefunden hat, wie aus fachlichen Gründen wünschenswert ist.

Im folgenden möchte ich diese fachlichen Trends, die für mich zu dem Konzept einer Klinik für psychoanalytisch-systemische Therapie führen, knapp skizzieren.

Zunächst ist in dieser Hinsicht die Erkenntnis der Einseitigkeit der Krankheits- und Mangelorientierung in Diagnostik und Therapie zu nennen, der Einseitigkeit der Konstruktion pathologischer Strukturen und Wiederholungszwänge und der Einseitigkeit der Konzentration auf die Bearbeitung, was immer das heißen mag, dieser pathologischen Strukturen. Ich glaube, in der nächsten Zeit werden die psychoanalytischen Therapeuten dem Hinweis der systemischen Therapeuten Beachtung schenken, wie stark die Psychoanalyse mit Pathologie und Mangel, mit der Konstruktion pathologischer Strukturen und der Festschreibung und Fixierung von pathologischen Momenten in der Persönlichkeit der Patienten präokkupiert ist.

Es ist psychologisch nicht verwunderlich, daß man bezüglich der Absicht, Patienten wirklich zu einer heilsamen Änderung zu verhelfen, schnell entmutigt wird, wenn man so ausschließlich mit den Mängeln der Patienten beschäftigt ist und diese Mängel als Strukturmomente versteht. Dann ersetzt häufig, genauso, wie es die Psychoanalytiker früher den Psychiatern vorwarfen, die Beschreibung pathologischer Strukturen das eigentliche therapeutische Tun, die Hilfe für die Patienten, gesünder zu werden. So ist mit der psychoanalytischen Haltung häufig eine Resignation in bezug auf therapeutische Kompetenz verbunden. Es tröstet dann wenig, daß man ganz genau weiß, wie die Patienten in ihrer Störung organisiert sind. In den nächsten Jahren wird zunehmend klar werden, daß, wenn man sich mit Patienten in diesem Sinne beschäftigt, also im wesentlichen diese pathologischen Strukturen herausarbeitet, das auf eine Verfestigung der pathologischen Momente hinausläuft – nach der einfachen sozialpsychologischen Beobachtung: Je mehr ich über etwas Bestimmtes rede und mich damit beschäftige, desto mehr verfestigt es sich. Ich muß über etwas Anderes und Besseres reden, wenn ich etwas Anders und Besseres erreichen will.

Dabei wird dann auch klar werden, daß Psychoanalyse keine Behandlungsmethode ist, sondern eine Behandlungstechnik, die wie eine Operationstechnik in ein methodisches Gesamtkonzept integriert werden muß, um hilfreich zu sein. Dieses methodische Gesamtkonzept hat sehr viel mehr und anderes mit zu erfassen als nur diese betreffende Technik selbst. Das heißt, die psychoanalytische Technik ist nur jeweils in einem bestimmten klinischen Rahmen (Kontext) effizient ausübbar, was bedeutet, daß bei der Ausübung dieser Technik dieser Kontext klinisch subtil berücksichtigt werden muß.

Ein zweiter weitreichender Gesichtspunkt scheint mir zu sein, daß sich die Rolle des Therapeuten in den nächsten Jahren in einem neuen Licht darstellen wird. Die Therapeutenrolle wird nach meiner Einschätzung zunehmend vom Bild eines aktiven Therapeuten bestimmt sein, der zur Übernahme von Verantwortung für die Weiterentwicklung des Patienten und für den Grad der iatrogen induzierten Regression bereit ist. Wenn psychoanalytische Therapie wirklich Behandlung durch und in der Beziehung bedeutet, dann wird gerade beim Umgang mit schwerer gestörten Patienten ein starkes persönliches Engagement im Umgang mit den Patienten erforderlich sein, eine Umgangsform, die den Mut zu persönlich ausgeübtem Einfluß auf andere Menschen mit einschließt und damit eine uralte psychotherapeutische Perspektive für die Psychoanalyse wieder fruchtbar macht.

Das impliziert eine Kritik an einer falsch verstandenen Abstinenz und Distanz, letztendlich an der Spiegelvorstellung und der Vermeidung von Einflußnahme, wie sie theoretisch in der Abgrenzung von »Suggestion« zum Ausdruck kommt. In der vergleichenden Psychotherapieforschung ist seit langem klar, daß Suggestion die Basis jeder Psychotherapie ist und daß eine reflektierte fachliche Ausübung von Einfluß das eigentliche fachliche Problem ist, nicht deren Vermeidung. Auf die Psychoanalytiker kommt also eine neue Auseinandersetzung mit Suggestion zu, angestoßen von der systemischen Therapie, die originell mit Suggestion umgeht. Damit im Zusammenhang steht eine Kritik an Autonomievorstellungen, die implizieren, daß Patienten jederzeit in jeder Verfassung imstande seien, selbst Entscheidungen zu treffen. Das ist deutsche Philosophie des 19. Jahrhunderts, die manche Kollegen noch ins 21. Jahrhundert hinüberretten möchten. Eine fachlich angemessene Form der Förderung von Patientenautonomie erfordert eine klinische Einschätzung dessen, was in einer bestimmten Situation der betreffende Patient wirklich selbst sinnvoll entscheiden kann und welche Schritte ich ihm dosiert in bestimmter Form durch steuernde Aktivitäten meinerseits vorzeichnen und anbieten muß, um seine Autonomieentwicklung effektiv zu fördern. Das ist eine Einschätzungs- und Dosierungsaufgabe, die der Therapeut jeweils aktiv zu lösen hat.

In diesen Zusammenhang gehört auch die Förderung einer auf Problemlösung hin orientierten Wahrnehmungseinstellung der Patienten, als eine Lenkung der Patienten von der Präokkupation mit ihren Beschwerden auf die Wahrnehmung von Möglichkeiten, Gelegenheiten und Situationen, in denen sie sich besser fühlen, in denen es ihnen besser geht, eine Schärfung des Blickes dafür, was sie tun können, um diese Situation häufiger herbeizuführen. Das sind deutliche Veränderungen der Rolle des Therapeuten in Richtung auf aktive klinische Einschätzung, Einflußnahme und Übernahme von Verantwortung, die mit der überkommenen

Vorstellung vom verständnisvoll zuhörenden und ab und zu kommentierenden Analytiker wenig gemein haben. Allerdings wird damit auch deutlich, daß man, um klinisch angemessen intervenieren zu können, Sensibilität für mannigfaltige menschliche Situationen, d.h. Lebenserfahrung und menschliche Reife in die therapeutische Beziehung einbringen sollte.

Der nächste Gesichtspunkt, den ich hervorheben möchte, ist, daß sich unsere Vorstellungen von Diagnostik weiter entwickeln werden. Diese Erfahrung bezieht sich als Anfangs- und kontinuierliche Diagnostik auf folgendes: zunächst auf die gegenwärtige Lebenssituation des Patienten, in der er entgleist, in der er erkrankt oder mit der er nur unter Symptomproduktion umgehen kann; ferner auf die Muster und Mechanismen, mittels derer der Patient diese Situation zu bewältigen sucht. Das scheint wichtiger als manche anamnestischen Einzeldaten, mit denen sich viele analytische Therapeuten zu trösten pflegen in ihrem Erkenntnisanspruch. Des weiteren gehört dazu die Eruierung der gesunden Ich-Anteile des Patienten, dessen, was ihm trotz seiner Symptomatik im Leben gelungen ist, was er erreicht hat, und damit seiner Ressourcen. Denn die Therapie arbeitet immer mit den gesunden Ich-Anteilen des Patienten und seinen Ressourcen. Die pathologischen Momente sind nur wichtig, um dem Patienten zu helfen, sie in angemessener Form zu überwinden. Sie sind nicht Selbstzweck der Therapie. Bei einer solchen primären Einstellung auf die Aufgaben der aktuellen Lebenssituation des Patienten und seiner Ressourcen werden Möglichkeiten der Meisterung dieser Aufgaben identifizierbar, die der Patient Schritt für Schritt ausloten kann.

Dazu gehört vor allem auch die Eruierung der gegenwärtigen Beziehungsstruktur des Patienten und seiner Auseinandersetzung mit noch lebenden Repräsentanten seiner Ursprungsfamilie (Systemdiagnostik). Sich darüber ein Bild zu verschaffen, scheint ebenso wichtig wie sich der innerseelischen Verhältnisse des Patienten zu vergewissern. Das bedeutet eine Beziehungsdiagnostik, die den Patienten in die aktuellen Systeme eingefügt sieht, in denen er lebt. Daraus ergibt sich zwanglos eine Einschätzung seines psychosozialen Entwicklungsstandes, d.h. eine Entwicklungsdiagnostik, aus der dann Ansatzpunkt und Orientierung hervorgehen, wohin die therapeutische Reise gehen soll: die Ziele der Therapie als einer Weiterentwicklungshilfe. So gehen aus der dermaßen verstandenen Diagnostik Zielformulierungen und Orientierungen für die Therapie hervor. Schließlich gehört eine Reflexion darüber, welchen Stellenwert der Therapeut bzw. das therapeutische Team für das Beziehungsnetz des Patienten hat, mit dazu, damit der Therapeut oder das Team nicht, wie das in analytischen Kontexten häufig geschieht, unbewußt eine Rolle in diesem Beziehungsnetz spielt, ohne es zu merken.

Kommen wir von der Diagnostik zur Therapie! Schnell stellt sich die Frage, wie diese Weiterentwicklung von Patienten direkt therapeutisch gefördert werden kann, insbesondere dann, wenn die Patienten stärker seelisch gestört sind. Bei einem strukturierten Neurotiker kann ich unterstellen, daß er selbst genug Selbstheilungskräfte und -impulse hat, so daß er viele Funktionen innerhalb der Therapie selbst ausüben kann. Je mehr der Patient aber gestört und eingeschränkt ist, desto stärker muß ich die positive Weiterentwicklung des Patienten ausdrücklich interventionsmäßig aktiv fördern und kann mich nicht auf die »Aufarbeitung« der verbliebenen Kindlichkeit beschränken. Das stationäre Milieu mit seinen mannigfaltigen Angeboten bietet besondere Chancen der Anregung gesünderer Weiterentwicklung, sofern den Therapeuten klar ist, welche Bedeutung *gute neue Erfahrungen* für die Patienten innerhalb der Therapie haben und wie man verhindern kann, daß sich weiterhin überwiegend schlechte Erfahrungen auch in der stationären Behandlung des Patienten immer wieder ereignen und damit die Pathologie verstärken. Das läuft auf die Frage hinaus, wie man gegen das Übertragungsangebot, das die Patienten selbstverständlich auch in das stationäre Milieu einbringen, Voraussetzungen für gute neue Erfahrungen in der Klinik schaffen kann; durch den Umgang mit den Patienten, die Organisation der Station, den Umgang der Teammitglieder miteinander.

Die Akzentuierung guter neuer Erfahrungen im Umgang des therapeutischen Personals mit den Patienten zeigt sich vor allem darin, wie es gegenüber den Patienten interveniert. Um nicht zu weitschweifig zu werden, möchte ich mich hier darauf beschränken, kurz das erweiterte Interventionsrepertoire vorzustellen, das für eine solche entwicklungsfördernde therapeutische Arbeit nach meiner Einschätzung erforderlich ist. Ich unterscheide sechs verschiedene Kategorien von Intervention je nach deren jeweiligem Ziel:

1. Akzeptieren, Bestätigen,
2. Verstärken, Bekräftigen, Ermuntern,
3. Beschreiben, Fokussieren, Konfrontierend Hervorheben, Akzentuieren, Modellieren,
4. In-einen-anderen-Rahmen-(Zusammenhang-)Stellen, Umdeuten, Interpretieren,
5. Eine-Werthaltung-(Position)Deklarieren,
6. Aufgaben-Stellen; Veranlassen, etwas Bestimmtes zu tun; Fragen.

Die meisten der unterschiedenen Interventionsweisen spielen in der traditionellen psychoanalytischen Therapie offiziell keine Rolle. Mit dem dargestellten Interventionsinstrumentar können sowohl neue gute bzw. bessere Erfahrungen von Patienten angeregt, verstärkt, geklärt und gefördert werden als auch negative bisherige Erfahrungen in einen neuen Verständniszusammenhang gestellt, eingegrenzt und relativiert werden. Das Interventionsrepertoire erleichtert den Übergang von einer problemorientierten meditativen zu einer lösungs- und entwicklungsfördernden aktiven Haltung des Therapeuten.

Aus dieser letztgenannten neuen Position des Therapeuten resultiert auch eine konsequente neue Umgangsweise mit den Beschwerden, Problemen und Charaktereigenheiten der Patienten, der zweiten Aufgabe innerhalb der Therapie neben der direkten Förderung besserer Bewältigung der aktuellen Lebensaufgaben durch Anregung und Verstärkung neuer Erfahrungen.

Sehr wichtig scheint mit in diesem Zusammenhang, die Klagen, Beschwerden oder anstößigen Verhaltensweisen der Patienten, wenn irgendmöglich, zu aktzeptieren und zu respektieren, keinen Versuch zu machen, die Patienten davon abzubringen, und Machtkämpfe möglichst zu vermeiden. Dies wird durch die Maxime erleichtert, den Symptomen und Verhaltenseigentümlichkeiten der Patienten positive Motive in bezug auf das jeweilige familiäre System zu unterstellen, in dem die Patienten leben bzw. zum Zeitpunkt der

Entwicklung des Symptoms gelebt haben, und dann in diesem Sinne die Symptomatik auch interventionsmäßig für den Patienten »positiv zu konnotieren« – ein zentraler Aspekt systematischer Therapie. Dies Verfahren eröffnet einen verstehenden und kontaktmäßigen Zugang auch zu schwierigen und befremdlichen Patienten und hat die unmittelbare Wirkung, die Selbstachtung der Patienten zu stärken. Zudem wirkt es maligner bzw. übermäßiger Regression entgegen. Praktisch bedeutet es, die Symptomatik der Patienten nicht als mangelhaft, unreif, »triebhaft« oder sonst negativ anzusehen und anzusprechen, sondern als die bestmögliche Lösung, die die Patienten zu der betreffenden Zeit unter den damaligen Umständen innerhalb ihres familiären Lebensraumes, d. h. mit ihren Familienmitgliedern aus Liebe zu ihnen gefunden haben. Ein solcher Zugang zur Symptomatik, der der üblichen Akzentuierung von »Aggression« entgegengesetzt ist, eröffnet für die Patienten die Perspektive, jetzt neue, bessere Lösungen zu finden als zu jener Zeit. Das heißt: Übertragungsanalyse, Aufarbeitung der verbliebenen Kindlichkeit gewinnen erst in diesem Rahmen Profil und Effizienz. Bis zum Jahre 2000 wird sich nach meiner Einschätzung im psychoanalytischen Lager die Einsicht verbreiten, daß die Beschäftigung mit der Übertragung nicht Selbstzweck der Therapie, sondern nur dann und in dem Maße sinnvoll ist, wie sie der weiteren – gesünderen – Entfaltung des Patienten dient, ihn von Entwicklungshemmungen und -einschränkungen befreit. Dann wird auch breiteren Fachkreisen klar, daß dies durchaus in vielen Fällen mit einem kurz- bzw. mittelfristigen Therapieprogramm erreichbar ist, während langfristige Therapiekonzepte immer mit dem Risiko verbunden sind, zu regressiven Stagnationen und zu einem antitherapeutischen Pakt zwischen dem Patienten und dem Therapeuten zu führen.

Daraus ergibt sich dann weiter, daß Therapeut wie Patient die Vorstellung aufgeben müssen, Psychotherapie bestehe in der immer genaueren Erforschung der Ursachen pathologischen Erlebens und Verhaltens. Statt dessen gilt es, mit dem Patienten einen Pakt zu schließen, daß man ihn begleiten wolle auf dem Wege gesünderer Weiterentwicklung, besserer Lebensmeisterung.

Viele der hier angesprochenen Themen sind in verschiedenen

psychotherapeutischen Verfahren, die sich von der Psychoanalyse scharf abgegrenzt haben, entwickelt und ausgearbeitet worden. Als besonders anregend für mich als Psychoanalytiker habe ich die auf der genauen Erforschung von Beziehung (Kommunikation) beruhenden Ansätze der systemischen Therapie in den letzten 20 Jahren erlebt. Daraus sind therapeutisch wichtige Konzeptionen von Kurztherapie im Einzel-, Gruppen- wie Familiensetting hervorgegangen. Im Zusammenhang damit ist es zu einem vertieften Verständnis der Möglichkeiten suggestivtherapeutischen Vorgehens gekommen. Diese Suggestivtherapie hat mit der Hypnose zur Zeit Freuds nichts mehr gemein.

Ich bin überzeugt, daß eine intensive kritische Beschäftigung mit all dem auch für meine psychoanalytischen Kollegen produktiv und entwicklungsfördernd ist, daß sich psychoanalytische und systemische therapeutische Ansätze, recht verstanden, nicht ausschließen, sondern im Gegenteil synergetisch, wie man heute sagt, potenzieren. Ich hoffe sehr, daß diese meine Meinung bis zum Jahre 2000 von vielen Kollegen zum Heile unserer Patienten geteilt wird.

Solch eine intensive Auseinandersetzung der Psychoanalytiker mit der systemischen Therapie wird innerhalb der stationären Psychotherapie sicher dazu führen, bei der Behandlung der jeweils in der Klinik präsenten Patientengruppe den Fokus des Verständnisses und der Intervention auf die Muster und Regeln des familiären Zusammenlebens der jeweiligen Patienten zu legen, d.h. mit der psychoanalytischen Therapie als Beziehungstherapie in einem umfassenderen Sinne als es das Konzept der Übertragungsanalyse vorsieht, ernst zu machen, statt immer wieder der Versuchung zu verfallen, sich in sogenannten innerseelischen Zusammenhängen der Patienten zu verlieren. Die Kleinianische Objektbeziehungsperspektive in bezug auf alle seelischen Akte kann da hilfreich sein.

Für die psychoanalytisch-systemisch orientierte psychotherapeutische Klinik der Zukunft wird in diesem Sinne eine familien- bzw. systemdynamische Sicht zentral sein, unabhängig davon, ob man sich settingmäßig zu einer Einbeziehung von Familienmitgliedern – in welchem Umfang auch immer – entscheidet. Das ist eine zweite, organisatorische Frage. Primär geht es darum, als Therapeutenteam mit dem jeweiligen Patienten von Anfang an so umzugehen, daß er zu gesünderen besseren Lösungen seiner persönlichen Einstellung gegenüber den Repräsentanten der eigenen und der Ursprungsfamilie gelangt, die altersgemäß und sozial-kulturell angemessene Rolle in Familie, Beruf und im Freizeitbereich gesünder auffaßt und gestaltet.

Ein solcher Umgang mit den Patienten reduziert das Risiko, daß der Patient in der Klinik regressiv diese aktuellen Lebenszusammenhänge ganz aus dem Auge verliert. Das hat dann auch Auswirkungen auf weitere Probleme, mit denen psychotherapeutische Kliniken heute oft zu tun haben, z. B. das der sexuellen Beziehungen. Dies Problem ist zu einem beträchtlichen Teil eine unbeabsichtigte Nebenfolge der umfassenden Freisetzung, die mit der traditionellen psychoanalytischen Technik verbunden ist. Disziplinär läßt sich dem »sexuellen Agieren« bekanntlich fachlich nicht befriedigend entgegentreten. Mit einer intensiven familiendynamischen Ausrichtung des therapeutischen Umgangs mit dem Patienten reduziert sich dies Freisetzungsrisiko wesentlich.

Nach meiner Erfahrung gibt erst die skizzierte Integration psychoanalytischer und systemischer Momente Psychotherapeuten die Chance, den Beziehungsaspekt voll therapeutisch für die Patienten fruchtbar zu machen. In der zukünftigen Klinik für psychoanalytisch-systemische Therapie bedeutet dies, die Beziehung der Patientengruppe zum therapeutischen Team, die Beziehung der Patienten untereinander und die Beziehung der Patienten zu den Mitgliedern ihrer eigenen und der Ursprungsfamilie sowie am Arbeitsplatz und im geselligen Leben unter dem Gesichtspunkt gesünderer Weiterentwicklung und neuer besserer Erfahrungen so zu reflektieren, daß eine heilsame Weiterentwicklung für die Patienten möglich wird.

Psychoanalytisch-systemische Teamsupervision im psychiatrisch-psychosomatischen Bereich zwecks Förderung der Teamentwicklung

I. Unklarheiten über Teamsupervision

Obgleich oder vielleich gerade weil sich in den letzten Jahren Teamsupervision in psychiatrischen und psychosomatischen Kliniken sehr verbreitet hat, ist häufig sehr unklar, was darunter verstanden wird. Dasselbe gilt für die Auffassung der Supervisoren. Auch über die professionellen Voraussetzungen für die Rolle des Supervisors gibt es keinen Konsens. Am verbreitetsten scheint noch immer ein mehr oder minder aus der psychoanalytisch orientierten Einzel- und Gruppentherapie abgeleitetes Modell, demgemäß sich der Supervisor mit dem affektiven Geschehen innerhalb des Teams und des Teams mit ihm beschäftigt und die Teamsupervision als ein höchstpersönliches, deshalb gegenüber Vorgesetzten abzuschirmendes diskretes Unternehmen der unmittelbar mit den Patienten umgehenden Mitarbeiter verstanden wird.

II. Psychoanalytisch-systemische Teamsupervison

Dem gegenüber wird hier ein Konzept vertreten, das auf folgenden Grundannahmen beruht: Bei der Teamsupervision in psychiatrischen oder psychosomatischen Kliniken handelt es sich um eine Beratungsbeziehung, die eine Arbeitsgruppe innerhalb einer Arbeitsinstitution nachsucht. Die Arbeitsgruppe wünscht externe Beratung zwecks besserer Erfüllung ihrer Aufgaben, weil sie mit den eigenen Mitteln innerhalb der Institution Teamkonflikte und Probleme, auf die sie gestoßen ist, nicht befriedigend lösen kann. Wie jede Dienstleistungsinstitution hat die Psychiatrische Klinik insgesamt und in ihren einzelnen Gliederungen (Abteilungen, Stationen) zwei Ziele, aus denen Aufgaben für alle Mitarbeiter auf allen Ebenen resultieren: die fachliche Dienstleistung (hier psychiatrische bzw. psychosomatische Versorgung) möglichst gut gemeinsam zu erbringen (Dienstleistungsauftrag) und die Arbeit in der Institution für die Mitarbeiter möglichst zufriedenstellend zu gestalten (Fürsorgepflicht des Arbeitgebers).

Dieser doppelten Zielsetzung ist auch der Supervisor vor allen besonderen Absprachen und Vereinbarungen verpflichtet. Seine Aufgabe ist, die Fortentwicklung der betreffenden klinischen Arbeitseinheit in diesen beiden Richtungen zu fördern. Daraus ergeben sich die Qualifikationsanforderungen an den Supervisor: Er sollte einen reflektierten Bezug zu der psychiatrischen bzw. psychosomatischen therapeutischen und pflegerischen Dienstleistung haben, mit der Eigenart von Arbeitsinstitutionen, insbesondere psychiatrischen/psychosomatischen Kliniken als Institutionen vertraut und auf den Umgang mit Einzelnen und Gruppen in bezug auf ihre Arbeitsauffassung und ihr Arbeitsverhalten eingestellt sein. Das Qualifikationsprofil teilt der psychoanalytisch-systemische Supervisor weitgehend mit den Führungskräften innerhalb dieses Bereichs. Als letzter Kompetenzaspekt ist daher noch hinzuzufügen, daß er sich über den Unterschied von Beraten und Führen (Leiten) im klaren sein sollte.

Damit ist eine sozialwissenschaftliche (systemische bzw. organisationssoziologische) und eine persönlichkeits- und sozialpsychologische (beratungspsychologische, gruppendynamische, psychoanalytische) Kompetenz gefordert. Eine psychoanalytische Orientierung erfüllt diese letztgenannte Voraussetzung nur, wenn sie auf Aufgabenbewältigung, d. h. ichpsychologisch ausgerichtet ist und Affekte nicht isoliert für sich, sondern als Kognitionen (Wahrnehmungen, Erwartungen, Informationsverarbeitungsprozesse, Denken und Sprechen) begleitende Phänomene versteht, die Kognitionen und Kommunikationen jeweils in charakteristischer Weise nuancieren (vgl. hierzu S. 198 f.).

Wie jede Arbeitsinstitution ist auch die psychiatrische/psychosomatische Klinik ein soziales Gebilde, das eine Mannigfaltigkeit von Menschen in verschiedenen Rollen zu gemeinsamer Arbeit durch Regelungen und Absprachen organisiert und integriert. Diese Regelungen schaffen nicht nur den Rahmen für die gemeinsame

Tätigkeit, indem sie eine Abgrenzung gegenüber der Umgebung konstituieren, sondern sie regeln über ein gestuftes System umfassenderer und engerer Rollenvorschriften und Absprachen das gesamte Tun und Lassen aller Rollenträger innerhalb der Institution. Dem widerspricht nicht, daß alle diese Regelungen von allen Rollenträgern jederzeit interpretiert, ausgelegt werden müssen, um wirksam zu werden. Jeder Rollenträger und jede Arbeits- bzw. Berufsgruppe innerhalb der Klinik ist damit in einer ständigen mehr oder minder klaren Auseinandersetzung mit den »geltenden« Regelungen, die seine bzw. ihre Arbeit und seine bzw. ihre Kooperation mit den übrigen Mitarbeitern in einen sinnvollen Zusammenhang bringen. Diese Rollenauffassung der einzelnen wie der Arbeitsgruppen beeinflußt zu einem gewissen Grad deren Rollenverhalten.

Gegenstand der Teamsupervision ist das Spannungsfeld zwischen (geltenden) Regelungen = Rollenvorschriften und Absprachen, Rollenauffassungen = Regelungsinterpretationen und Rollenverhalten der Arbeitsgruppen bzw. der einzelnen im Kontext ihrer Arbeitsgruppe. Die Regelungen sind unterschiedlich hinsichtlich Dauer und Festigkeit angelegt und von daher auch schwerer oder leichter zu ändern. Je konkreter Regelungen den Ablauf des Alltags betreffen, desto eher liegt die Änderungskompetenz auf unteren Ebenen. Je weitreichender und dauerhafter die Regelungen sind, desto eher liegt die Kompetenz, sie zu ändern, auf höheren Ebenen. Zum Spannungsfeld der Teamsupervision gehört damit auch die Klärung der Frage, ob bestimmte Regelungen noch in die Änderungskompetenz des Teams fallen oder ob darüber ggf. mit höheren Instanzen verhandelt werden muß.

Damit ist bereits die hierarchische Gliederung psychiatrischer/psychosomatischer Kliniken angesprochen. Mindestens lassen sich in der Regel unterscheiden: eine Träger- (oder Eigentümer-) Ebene, eine Leitungsebene für die gesamte Einrichtung (Chefarzt, Pflegedienstleitung, Verwaltungsleiter), eine Leitungsebene für die betreffende Abteilung oder Station (Oberarzt und Abteilungspflegeleitung) und die Ebene der Mitarbeiter, die direkt mit den Patienten umgehen.

Versteht man unter »Team« eine Arbeitsgruppe, der die laufenden

Behandlungen und Betreuungen der präsenten Patientengruppe gemeinsam obliegt, dann gehört der die Behandlung kontinuierlich mitsteuernde Oberarzt mit zum Team. Da er für Konzeption und Organisation (Regelungen) ebenso wie für die Einzelbetreuungen primär, wenn auch nicht ausschließlich, verantwortlich ist und da Teamprobleme, wie sich zeigen wird, gewöhnlich Regelungsfragen aufwerfen, gehört er folgerichtig (im Gegensatz zu verbreiteter Praxis) auch zur Teamsupervisionsklientel. Wie weit Spezialtherapeuten wie kreative Therapeuten, Körpertherapeuten, Werktherapeuten mit zum Team zu rechnen sind, ergibt sich daraus, ob sie einem oder wenigen Teams ausdrücklich zugeordnet oder für die Klinik im ganzen zuständig sind.

Da Teamsupervision eine von der Klinik zur Verbesserung der Versorgung der Patienten und zur Verbesserung der Kooperation und Arbeitszufriedenheit der Mitarbeiter eingerichtete arbeitsbezogene Veranstaltung ist, ist die Teilnahme an der Teamsupervision nach der hier vertretenen arbeitsbezogenen Auffassung eine Dienstpflicht aller Teammitglieder. Die Teilnahme an der Teamsupervision ist für diesen Personenkreis also verbindlich. Das impliziert auf der Seite des Supervisors die Verpflichtung, die Supervision so zu gestalten, daß sie jedem Mitarbeiter als Teil seiner Arbeit zugemutet werden kann. Der Supervisor hat in seinem Rahmen alle Supervisionsklienten genau so vor unzumutbaren Situationen zu schützen, wie dies zur Fürsorgepflicht des Arbeitgebers in seinem Verantwortungsbereich gehört. Daraus ergibt sich für die Teamsupervision ein ausdrücklicher Schutz der privaten Persönlichkeitssphäre der Teammitglieder. Gegenstand der Supervision sind ausschließlich das persönliche Arbeitsverhalten und die mit ihm unmittelbar zusammenhängenden Persönlichkeitsaspekte. Da die Ausübung therapeutischer, pflegerischer, betreuender Arbeit eine höchstpersönliche ist, kommen persönliche Aspekte durchaus zentral in das Blickfeld der Supervision, aber eben nur in der Weise, wie sie die Arbeit und Kooperation des Betreffenden bestimmen und färben. Aufgabe des Supervisors ist es, sich und die Gruppe auf diesen Fokus klar einzustellen und ihn auch in heiklen Situationen zu wahren.

III. Die Einigung über den Beratungsauftrag zwischen Leitung, Team und Supervisor als erste verändernde Intervention

Der psychoanalytisch-systemische Supervisor ist vom ersten Kontakt mit der betreffenden Institution an verändernd tätig. Das Aushandeln der die Supervision betreffenden Beratungsvereinbarung ist eine erste den weiteren Prozeß entscheidend determinierende Intervention. Indem der Supervisor im Zuge der Vertragsverhandlungen bestimmte Fragen über die Institution und den Auftrag aufwirft und bestimmte Deklarationen über seine Auffassung von der Supervision abgibt, setzt er Supervision als professionell gesteuerte Veränderungsbegleitung in der betreffenden Abteilung in Gang. Entscheidend ist dabei, Regeln des Umgangs zwischen der Institution und dem Supervisor gemeinsam festzulegen, die die oben skizzierte Fortentwicklung des betreffenden Teams in Richtung einer fachlich möglichst guten Arbeit und Kooperation bezüglich der therapeutischen und pflegerischen Betreuung der jeweiligen Patientengruppe und einer möglichst befriedigenden Gestaltung der Arbeitsbedingungen für das Personal begünstigen und fördern. Sonst ist ein ungünstiger, d.h. ineffektiver Verlauf der Supervision programmiert. Eine wichtige Voraussetzung auf seiten des Supervisors ist die wirtschaftliche und sonstige Unabhängigkeit von der betreffenden Einrichtung, d.h. die Freiheit, auf einen bestimmten Supervisionsauftrag auch verzichten zu können, wenn eine sinnvolle Zusammenarbeit ermöglichende Vereinbarung nicht zustande kommt.

Die Auftragsverhandlungen zwischen der Leitung des Hauses bzw. des Bereichs, dem betreffenden Team (einschließlich des Oberarztes) und dem Supervisor müssen daher so geführt werden, daß der betreffenden Klinik die Aufgaben- und Zielorientiertheit des Supervisors im Sinne der oben dargelegten Fokussierung deutlich wird und die Klinik veranlaßt wird, sich ihrerseits auf die Supervision im Sinne eines gemeinsamen Arbeitsprojektes zur Förderung zentraler Arbeitsinteressen einzustellen. Dies beinhaltet auf seiten des Teams z.B. den Entschluß, sich für einen gemeinsamen Problemlösungsprozeß, eben das Arbeitsprojekt »Teamentwicklung«, zusammen mit dem Supervisor zu engagieren. (Hierfür könnte z. B. neben für alle akzeptablen örtlich-zeitlichen Rahmenbedingungen die Regel förderlich sein, die Supervisionssitzungen einige Tage vorher im Team thematisch vorzubereiten, d.h. die Einigung über das Thema nicht dem spontanen Aufstieg zu Beginn der Sitzung zu überlassen wie in einer psychoanalytischen Therapiestunde.)

Indem in diesem Aushandlungsprozeß zwischen Leitern, Team und Supervisor angemessene Rahmen- und Verfahrensbedingungen und Absprachen über nächste Ziele für die Supervision erörtert und beschlossen werden, werden Regeln für begrenzte Zeit institutionalisiert, die auf beide Parteien innerhalb des Supervisionsprozesses strukturierende, steuernde Auswirkungen haben. Auf der Seite der Klienten des Supervisors wird dadurch die Erfahrung gestärkt, daß angemessene Regelungen eine erfolgreiche und befriedigende gemeinsame Arbeit erleichtern und fördern. Dem Einigungsprozeß über die Supervision kommt in diesem Sinne Modellfunktion zu. Der Supervisionsvertag sollte zeitlich begrenzt sein, um Gelegenheit zur Auswertung der gemeinsamen Arbeit in Abständen und zu erneuter Definition von Schwerpunktbereichen oder anzupackenden Aufgaben als Nahzielen zu geben bzw. Rahmenveränderungen vorzunehmen.

Der Kontakt des Supervisors mit der Leitung der Klinik (ärztliche, pflegerische, ggf. auch administrative) dient nicht nur der letztendlichen verbindlichen Formulierung der beiderseitigen Arbeitsbedingungen und Verpflichtungen, sondern auch der Absprache über die grundsätzliche Ausrichtung der Supervision aufgrund der expliziten Deklarationen des Supervisors und der Informationen seitens der Leitung an den Supervisor über die therapeutische und pflegerische Konzeption und die Kooperationsregularien im Hause. Der Kontakt mit der Leitung gibt dem Supervisor Gelegenheit, auch auf der Leitungsebene die Besonderheit (Individualität) der betreffenden Klinik zu erfahren, um sich darauf einzustellen. In diesem Sinne ist mit der Leitung nicht nur eine formale Vertragsverständigung herzustellen, sondern auch ein inhaltlicher Konsens über Sinn, Ziel und Ausrichtung einer Teamsupervision an diesem Ort zu dieser Zeit mit diesen Menschen.

IV. Zur Methodik der psychoanalytisch-systemischen Teamsupervison

Die Aufgabe des Supervisors im Prozeß der Teamsupervision besteht darin, das Team auf dem Wege seiner Weiterentwicklung bezüglich Arbeits- und Kooperationskompetenz in dem Sinne fördernd zu begleiten, wie es der Eigenart dieses Teams in dieser Klinik jetzt gemäß ist (Respektierung der Eigenart des Klientensystems). In den Prozeß bringt der Supervisor seinerseits neben seinem fachlichen Bezug zur Psychiatrie bzw. Psychosomatik seine psychoanalytisch-sozialpsychologische und seine systemische (institutionsbezogene) Kompetenz in persönlicher Weise möglichst situationsangemessen ein.

a) Wahrnehmung und Wahrnehmungsverarbeitung seitens des Supervisors

Im Prozeß der Supervision vertieft sich schrittweise durch die vom Team von sich aus gegebenen und die vom Supervisor erfragten Informationen das Bild von der Eigenart und der Arbeitsauffassung des Teams. Auf dem Hintergrund dieses Verständnisses ist die Wahrnehmung des Supervisors primär auf alle wenn auch noch so diskreten und subtilen positiven Ansätze von Problemlösung und aufgabengerechter Weiterentwicklung gerichtet, die im Supervisionsprozeß auszumachen sind. Dabei kann es sich um gegenwärtige oder frühere Regelungen, Vorschläge zu Verfahrensänderungen oder um Erwartungen, Hoffnungen, Phantasien handeln. Eine besondere Rolle spielen Ausnahmen, gelegentliche oder regelmäßig auftretende positive Abweichungen von einem beklagten Ereignis, Problem oder Teamkonflikt (vgl. zu all dem de Shazer 1985, 1988).
Bezüglich der vom Team geäußerten und gezeigten Probleme und negativ bewerteten Vorkommnisse sowie der gegenüber dem Supervisor gezeigten und geäußerten negativen Reaktionen oder Einstellungen besteht die Aufgabe für den Supervisor darin, sie durchgängig (ggf. auch gegen eigenen Widerstand) positiv zu konnotieren, d. h. ihnen eine positive Bedeutung in bezug auf Arbeit

und Kooperation in diesem Team gemäß dessen Eigenart zuzuschreiben. Damit erfaßt der Supervisor die »hinter« den vermeintlich nur negativen Phänomenen liegende – häufig dem Team unbewußte – positive Motivation. Hierfür ist eine auf klinischer psychoanalytischer Erfahrung beruhende gute Menschenkenntnis dienlich und förderlich.

Erst durch diese Handlungsanweisung eröffnet sich für den Supervisor das, was man als Verständnis für das Klientensystem gerade auch anläßlich negativ erscheinender Phänomene bezeichnen kann. In diesem Sinne ist die positive Konnotation anstößiger Reaktionen und Einstellungen eine Voraussetzung für guten Kontakt zwischen Supervisor und Team. Dem traditionellen psychoanalytischen Brauch, der Mängel als Mängel identifziert, ist diese Verfahrensweise entgegengesetzt. Für viele psychoanalytisch vorgebildete Supervisoren bedarf es daher eines gewissen Trainings, diese Maxime konsequent im Wahrnehmungsprozeß zu befolgen. Für ichpsychologisch informierte psychoanalytische Supervisoren ist die Handlungsanweisung nicht schwer umzusetzen, da sie nichts anderes fordert als den Rückbezug defizitärer Phänomene auf die gesunden Ichanteile des jeweiligen Klientensystems (vgl. hierzu S. 88 ff., Weiss, Sampson et al. 1986). Mit der positiven Konnotation schafft sich der Supervisor die Voraussetzung dafür, Klagen, Probleme und anstößige Verhaltensweisen einschließlich derer ihm selbst gegenüber in ansprechbare, eingegrenzte, lösbare Probleme = Aufgaben zu verwandeln – eine wesentliche Voraussetzung für erfolgversprechende Intervention.

Diese Verwandlung von Klagen, Konflikten und anstößigen Verhaltensweisen in lösbare begrenzte Aufgaben ist allerdings an eine weitere wahrnehmungsverarbeitende Operation seitens des Supervisors gebunden: »negative« affektive Reaktionen von einzelnen Teammitgliedern, Teilgruppen des Teams oder dem gesamten Team einschließlich derer dem Supervisor selbst gegenüber als Hinweise auf Unklarheiten und Differenzen im Umgang mit den jeweils tangierten Regelungen oder als Hinweise auf Mängel oder Lücken dieser Regelungen selbst zu verstehen. Diese Handlungsanweisung lenkt die Wahrnehmung und Wahrnehmungsverarbeitung des Supervisors auf den Bezug zwischen den affektiven

Reaktionen des Personals, der Auffassung des Personals von den geltenden Regelungen und diesen Regelungen selbst: d.h. auf den strukturellen (Ordnungs-)Zusammenhang innerhalb der Institution. Erst mit dieser strukturellen Informationsverarbeitung wird der Supervisor instand gesetzt, Klagen, Vorkommnisse, Konflikte, anstößige Verhaltensweisen kognitiv für sich so aufzubereiten, daß er gegenüber dem Team jeweils von eingegrenzten, lösbaren Aufgaben sprechen und gezielt und mit Erfolgsaussicht intervenieren kann. Das setzt allerdings voraus, daß er sich der Suggestion dieser häufig starken affektiven Ereignisse und Appelle entziehen kann, was nicht immer leicht ist, aber zu seiner professionellen Verpflichtung gehört. Denn nur auf dem Hintergrund dieser Distanz kann er wirklich hilfreich intervenieren (Gegenübertragungsdistanz und -auswertung).

Im psychiatrisch/psychosomatischen Bereich sollte der psychoanalytisch-systemische Teamsupervisor darüber hinaus darauf eingestellt sein, bei Teamkonflikten oder der Stigmatisierung einzelner Teammitglieder oder bei Konflikten mit ihm selbst insbesondere zu prüfen, ob nicht Teamkonflikte entgegen dem Anschein und dem Erleben des Teams mit der unmittelbaren Patientenarbeit zu tun haben. Häufig handelt es sich auch hier wiederum um Auswirkungen unklarer oder unzureichender Regelungen, mangelhafter Absprachen oder mißveständlicher Informationen hinsichtlich der patientenbezogenen Aktivitäten einzelner Teammitglieder oder Berufsgruppen. Hierbei sind alltägliche Informationsaustauschnachlässigkeiten und Reibungskonflikte von beratungsbedürftigen strukturellen Problemen zu unterscheiden, die mit Mängeln und Unklarheiten der therapeutisch-pflegerischen Konzeption zusammenhängen. Unklar ist häufig nicht nur die fachliche Kooperation von therapeutischem und pflegerischem Personal; auch innerhalb des therapeutischen Personals im engeren Sinne sind die Aufgaben oft nicht wechselseitig geklärt und auf ihre Kooperationsfolgen hin durchdacht. Manchmal übersehen einzelne Berufsgruppen (z. B. die psychoanalytischen Therapeuten oder die »Organmediziner«), daß in einer Klinik das gesamte Stationspersonal die gesamte Patientengruppe gemeinsam versorgt. Häufig wird in den Teamsupervisionen seitens der Teams und der Supervisoren gemeinsam verleugnet, daß die stationäre Behandlung psychiatrischer oder psychosomatischer Patienten bis heute keine selbstverständliche geklärte Angelegenheit ist, sondern ein Feld, auf dem um Modelle, Konzepte, Methoden und Standards überall gerungen wird oder gerungen werden sollte (vgl. Janssen 1985, 1987).

Natürlich verweisen affektive Auseinandersetzungen und Konflikte nicht immer auf Probleme im Zusammenhang mit der Patientenversorgung, sondern in vielen Fällen auf Mängel der Absprachen und Regelungen, die die Kommunikation und Kooperation der verschiedenen Personen bzw. Berufsgruppen untereinander und mit den anderen Bereichen im Hause betreffen, d. h. z. B. auf Mängel des Konferenzsystems, der Organisation von Urlaub und Vertretung, des Verfahrens der Einweisung neuer Mitarbeiter, der Kommunikation mit der Leitungsebene, der Verwaltung oder anderen Klinikbereichen.

Um affektive Phänomene in Hinweise auf Mängel im Umgang mit Regelungen oder auf Mängel der Konzeptionen und Regelungen selbst verwandeln zu können, muß der Supervisor strukturell sozialwissenschaftlich denken können. Hier ist neben der fachlichen psychiatrisch/psychosomatischen systemische (institutionswissenschaftliche) Kompetenz erforderlich. Der Supervisor braucht einen Blick dafür, welchen Stellenwert Absprachen, Regelungen, Ordnungen, Konzeptionen für die Koordination von Menschen zur Erfüllung gemeinsamer Ziele haben und wie sowohl die Eigenart dieser Regelungen als auch der Umgang mit ihnen die persönliche (seelische) Verfassung des betreffenden Personals tangiert und determiniert. Das gilt in besonderem Maße in diesem Arbeitsbereich, wo sich das Personal nahen affektiven Einwirkungen seitens der Patienten nicht entziehen kann und soll. Neben der feldbezogenen und der psychoanalytisch-sozialpsychologischen Kompetenz des Supervisors ist hier also eine der Menschenkenntnis vergleichbare Kenntnis der Vielfalt möglicher institutioneller Ordnungen und Regelungen hinsichtlich deren Vor- und Nachteilen, Unterschieden, Konsequenzen, Interdependenzen und Auswirkungen auf das Personal gefragt.

Zum Abschluß dieses Abschnitts über Wahrnehmung und Wahrnehmungsverarbeitung sei auf ein Phänomen besonders eingegangen, das vielen Supervisoren (wie Therapeuten) immer wieder Schwierigkeiten bereitet: Gefühle von Ohnmacht und Hilflosigkeit in bestimmten Situationen mit der Klientengruppe. Innerhalb psychoanalytischer Kontexte wird dies Phänomen mit dem sogenannten Widerstand der Klienten in Verbindung gebracht. Diese Sicht geht davon aus, daß der Supervisor in der Beziehung zum Klientensystem etwas Bestimmtes erreichen will, dabei auf Widerstand stößt und sich dann ohnmächtig oder hilflos fühlt. In systemischer Sicht stellt sich diese Interaktion anders dar: Gefühle des Supervisors von Ohnmacht und Hilflosigkeit sind ein Zeichen dafür, daß der Supervisor (oder Therapeut) etwas will, was der Verfassung des Klientensystems gegenwärtig nicht entspricht. Statt in einen Machtkampf einzutreten oder sich ohnmächtig und hilflos zu fühlen, sollte der Supervisor aus diesem Gegenübertragungsgefühl schnell den Schluß ziehen, diesen seinen Willen zu kontrollieren und statt dessen den »Widerstand« des Klientensystem als anstößiges Verhalten positiv zu verstehen suchen in dem Sinne, daß sich das Klientensystem aus sicherlich guten Gründen so verhält. Dies erlaubt ihm, sich aus der Gegenübertragungsverwicklung zu befreien und seine Aufmerksamkeit von der Defizienz weg auf Ansatzpunkte positiver Weiterentwicklung des Klientensystems zu richten, in dem er z. B. zunächst wahrnehmungsmäßig (dann auch interventionsmäßig) den Ausnahmen des anstößigen Verhaltens nachspürt oder anderen Ansatzpunkten weiterführenden Denkens und Verhaltens der Klienten. Bei anhaltenden Stagnationsgefühlen stellt sich die Frage, ob sich der Supervisionsprozeß nicht erschöpft hat, d. h. das Klientensystem aus welchen Gründen auch immer zu einer weiteren Entwicklung nicht bereit ist, und die Supervision zu beenden ist.

b) Interventionsverhalten des Supervisors

Das Interventionsverhalten des psychoanalytisch-systemisch arbeitenden Supervisors ist von dem Ziel bestimmt, die Ergebnisse seiner Wahrnehmungsverarbeitung so in den Prozeß einzubringen, wie es ihm zur Förderung der fachlichen Kompetenz und der Kooperationskompetenz des Teams jeweils angemessen scheint. Ein wichtiges umfassendes Ziel der Intervention ist die Förderung der

Selbstachtung und des Vertrauens des Teams in seine Kompetenzen und Möglichkeiten (Ressourcen) und deren Weiterentwicklung bzw. Aktivierung (im Gegensatz zu depressiv-resignativen, selbstentwertenden, pessimistischen oder destruktiven Tendenzen im Team). Dem entsprechend sollte der Supervisor trotz aller vom Team geschilderten Misere dem Team durch seine Interventionen dazu verhelfen, den Blick auf Kompetenzen, Ressourcen und Lösungsmöglichkeiten zu lenken, sich ihrer zunehmend bewußt zu werden, sie zu entwickeln und auszuschöpfen.
In diesem Rahmen kommt der direkten Förderung solch positiver Lösungen bzw. Lösungsansätze eine besondere Bedeutung zu. Dabei handelt es sich um Interventionen, die solch neue Ansätze vorbereiten, anregen, akzeptieren, fokussieren, verstärken, fördern und sichern. Es kann jedoch unter Umständen auch angebracht sein, Lösungsvorschläge oder die eigene Stellungnahme zu einem bestimmten Problem in den Prozeß selbst einzuführen und damit zur Diskussion zu stellen, um das Team zu einer ihm gemäßen Lösung des betreffenden Problems (nicht also in jedem Fall etwa zur Übernahme der vorgeschlagenen Lösung) anzuregen. Diese ausdrückliche direkte Förderung (Verstärkung) neuer Ansätze und angemessener Lösungen kennt die traditionelle mehr oder minder von einer bestimmten Auffassung psychoanalytischer Therapie bestimmte Supervision, die eher den Mangel affektiv verwaltet als behebt, nicht. Voraussetzung für diese ausdrückliche und direkte interventionsmäßige Förderung angemessener Lösungen ist natürlich, daß der Supervisor aufgrund seiner oben bereits erwähnten Erfahrung mit Regelungen und deren Auswirkung auf das Personal die Bedeutung solcher Lösungsansätze einschließlich ihrer Konsequenzen für die Teamentwicklung klar erkennt.
Gegenüber den geklagten oder gezeigten Beschwerden, Spannungen, Konflikten, Problemen und anstößigen Verhaltensweisen (einschließlich derer ihm gegenüber) sollte der Supervisor zunächst stets interventionsmäßig eine akzeptierende, verstehende Haltung einnehmen, eigene affektive Reaktionen kontrollieren und auf vorwurfsvolle Interventionen ebenso verzichten wie auf solche, die auf eine schnelle Veränderung abzielen. Statt dessen sollte er auch das anstößige Denken oder Verhalten positiv konnotieren in dem

oben dargelegten Sinne – etwa als Ausdruck guter Motive und Intentionen oder als die bestmögliche Lösung, die das Team bis jetzt im Umgang mit dem betreffenden Problem gefunden hat. Dadurch wird sowohl die Selbstachtung des Teams gestärkt als auch die Möglichkeit für das Team eröffnet, von der betreffenden Denk- oder Verhaltensweise Abstand zu nehmen, d. h. bereit zu werden zu einer Neudiskussion und damit Veränderung der bisherigen Auffassung oder Verhaltensweise.

Auf diesem Hintergrund sollte sich der Supervisor beharrlich interventionsmäßig dafür einsetzen, die Situationen zu klären, in denen das aufgeworfene Problem oder die betreffende Schwierigkeit nicht oder nicht in demselben Maße auftritt. Den Umständen dieser Ausnahmen sollte er beharrlich nachgehen, weil sie die Ansatzpunkte für die Lösung des betreffenden Problems enthalten. Ähnlich ergeben sich weiterführende Impulse aus der Herausarbeitung guter Motive und Intentionen, die hinter den als negativ erlebten Ereignissen und Vorkommnissen erkennbar sind, durch die Frage, wie diese guten Intentionen aufgrund des neuen Diskussionsstandes effizienter in neue Regelungen und Absprachen umgesetzt werden könnten.

Zur Realisierung dieser unterschiedlichen Interventionsaktivitäten bedarf der Supervisor einer breiten Palette von Interventionsweisen (im Gegensatz zum schmalen Repertoire traditioneller psychoanalytischer Interventionen). Mindestens lassen sich je nach den unterschiedlichen Zielen der einzelnen Interventionen folgende sechs Interventionsmodi unterscheiden:

1. Akzeptieren, Bestätigen,
2. Verstärken, Bekräftigen, Ermuntern,
3. Beschreiben, Fokussieren, Konfrontierend Hervorheben, Akzentuieren, Modellieren,
4. In-einen-anderen-Rahmen-(Zusammenhang-)Stellen, Umdeuten, Interpretieren,
5. Eine-Werthaltung-(Position-)Deklarieren.
6. Aufgaben-Stellen; Veranlassen, etwas Bestimmtes zu tun; Fragen.

Die Darstellung des Interventionsverhaltens sollte deutlich machen, daß nach dem hier vertretenen Teamsupervisionskonzept der Supervisor eine flexible aktive Rolle innerhalb des Supervisionsprozesses zu übernehmen hat, im Gegensatz zu Modellen einer eher meditativen Form der Ausübung seiner Funktion.

Konsequenzen der systemtheoretischen Orientierung für die psychoanalytische Gruppentherapie

Die folgenden Ausführungen stehen im größeren Zusammenhang praxeologischer Überlegungen, die von der geringen Brauchbarkeit der überkommenen psychoanalytischen Theorie für die Steuerung psychoanalytischer Behandlungsprozesse angeregt wurden. Zunehmend hat sich in den letzten Jahren eine systemtheoretische Orientierung als für die psychoanalytische Praxeologie hilfreich erwiesen. Nach meinen eigenen Vorstellungen sind insbesondere folgende Aspekte einer systemischen Orientierung für eine Diskussion gruppentherapeutischer Probleme innerhalb der Psychoanalyse förderlich:

Erstens die zentrale Bedeutung eines Modells, genauer: eines dynamischen Strukturmodells, für eine konzeptbezogene Diskussion klinischer Fragen und Probleme. Es handelt sich bei diesem Modell um eine Darstellung der Verlaufsdynamik gesunden wie psychisch kranken familiären Lebens unter besonderer Akzentuierung der für die Psychoanalyse entscheidenden Eltern-Kind-Beziehung. Daraus ergibt sich eine Reihe von mindestens triangulären Netzwerken mit mehrfachem Positionswechsel des einzelnen im Laufe seines Lebens. Zu dieser ersten Dimension des Modells kommt eine zweite, die sich auf die Persönlichkeitsentwicklung bezieht und den Spielraum progressiver bzw. regressiver Ausgestaltung der Persönlichkeitsstruktur jedes einzelnen betrifft. Schließlich gehört zu diesem dynamischen Modell als dritte Dimension die der Funktionsaufteilung innerhalb familiärer Verbände. Die bekannteste störungsrelevante Operation in diesem Bereich ist die unbewußte Delegation.

Der nächste Gesichtspunkt ist: daß die psychoanalytische Therapie unter Bezugnahme auf dies Modell als eine artifizielle vorübergehende der Eltern-Kind-Beziehung analoge Beziehung eigener Art definiert ist, die die Förderung gesunder bzw. gesünderer Weiterentwicklung (im Sinne des eben skizzierten Modells) zum Ziel hat. Sie bedient sich dabei struktureller und operationaler (verfahrensmäßiger) Instrumente, die nach Analogie derjenigen konzipiert sind, die zum psychoanalytischen Modell gehören. Das Modell bewährt sich hier, indem es nach dem Analogieprinzip der Therapie Orientierung hinsichtlich Gestaltung und Durchführung bietet. Das bedeutet, daß das Modell gesunder lebenslanger Entwicklung (das heißt eine Gesundheitskonzeption) die psychoanalytische Therapie in vielerlei Hinsicht bestimmt und steuert. Diese Konzeption psychoanalytischer Therapie beinhaltet zugleich, daß die psychoanalytische therapeutische Beziehung eine vorübergehende räumlich-zeitliche Abgrenzung innerhalb der für Therapeut und Patientensystem gemeinsamen gesellschaftlichen Realität darstellt. Das wiederum hat zur Folge, daß die Behandlung nur als ein offenes System angesehen werden kann – im Gegensatz zu der bisher üblichen Darstellung als ein geschlossenes System. Daraus ergeben sich des näheren folgende Konsequenzen.

Hinsichtlich der rahmensetzenden (konstitutiven, strategischen) Aktivität des Psychoanalytikers: daß die psychoanalytische Behandlung als eine begrenzte vorübergehende Beziehung des Patientensystems mit dem Analytiker gemeint ist, daß der Analytiker nach seinen fachlichen Kriterien über den Rahmen der psychoanalytischen Beziehung verfügen muß und nicht der Patient (oder das Patientensystem); sonst entsteht ein veränderungsresistenter pathologischer Pakt zwischen beiden, nicht eine an Gesundung, das heißt: Veränderung orientierte Behandlung. Die rahmensetzende Funktion des Psychoanalytikers zeigt sich vor allem in der Suche nach und Entscheidung für den veränderungsoptimalen Systembezug der psychoanalytischen Beziehung, das heißt die Wahl desjenigen Behandlungsarrangements hinsichtlich Einbeziehung von Familienangehörigen, das am ehesten Zugänglichkeit des Familiensystems für Veränderung verspricht. Nach meiner Überzeugung ist die Wahl des veränderungsoptimalen Systembezugs eine entscheidende strategische Operation des Psychoanalytikers – eine Intervention, die auf Erfolg oder Mißerfolg der psychoanalytischen Behandlung größten Einfluß hat.

Für die Durchführung der psychoanalytischen Behandlung innerhalb des konstituierten Rahmens (die Taktik der psychoanalyti-

schen Therapie) resultieren aus den vorhin vorgetragenen Modellüberlegungen insbesondere zwei Konsequenzen:
Für das Verstehen, die *Wahrnehmungsverarbeitung* des Psychoanalytikers, ergibt sich eine von der traditionellen psychoanalytischen Auffassung markant abweichende neue Formulierung: Verständnishorizont, Bezugsrahmens für die Bearbeitung und Integration der Wahrnehmungen des Psychoanalytikers (vor allem seiner Gegenübertragung) ist nicht mehr die Bewußtseinseinheit, das Ich des Patienten, wie es zuletzt Argelander (1979) herausgestellt hat. Der Verständnishorizont und Bezugsrahmen der Wahrnehmungsverarbeitung wird vielmehr von dem Personenverband, dem familiären Teilsystem determiniert, das durch den Behandlungsrahmen abgesteckt ist, wobei zusätzlich in Rechnung zu stellen ist, daß dieser ausgegrenzte Netzwerkbereich zu dem weiteren familiären und gesellschaftlichen Feld hin offen ist. Konkret klinisch heißt das, daß die einzelnen Wahrnehmungen vom Psychoanalytiker daraufhin verarbeitet werden müssen, immer besser zu verstehen, welche Funktionen die einzelnen Personen des Patientensystems für dieses System, diesen familiären Verband haben. Verständnishorizont ist also die Sinnstruktur eines Personenverbandes oder psychosozialen Systems, nicht mehr der Bezugsrahmen der klassischen deutschen Philosophie und Psychologie einschließlich der klassischen Psychoanalyse: das Bewußtsein bzw. Ich einer Einzelperson.
Hinsichtlich der *Interventionsmethodik* ergibt sich aus dem bisher Ausgeführten als Prinzip der Intervention: aus dem in der Interaktion mit dem Patientensystem jeweils gewonnenen Systemverständnis heraus so zu intervenieren, daß damit eine Veränderung des Patientensystems in Richtung auf mehr Gesundheit (im Sinne des Modells) gefördert wird. Die Interventionsmodi resultieren dabei aus den verschiedenen Momenten des vorhin geschilderten Modells und sind dementsprechend keineswegs auf einen bestimmten Interventionsmodus wie etwa die zusammenhangsaufdeckende Interpretation beschränkt. Die Interventionsmöglichkeiten ergeben sich in der jeweiligen Situation sowohl aus der Verarbeitung der Übertragungskonstellation wie aus der Einschränkung der gesunden Ressourcen des Patientensystems auf dem Hintergrund des schon gewonnenen Systemverständnisses.

Wendet man sich mit der dargestellten systemtheoretischen Orientierung der psychoanalytischen Gruppenpsychotherapie zu, dann fällt die Sonderstellung der Gruppentherapie sofort ins Auge: daß sie im Gegensatz zur Einzeltherapie, Paar- und Familientherapie nicht einen Ausschnitt aus dem familiären Netzwerk als Patientensystem definiert, mit einem psychoanalytischen Therapeuten in Beziehung setzt und in einem entsprechenden Behandlungsarrangement (Setting) zusammenfaßt. Vielmehr werden hier Personen, die innerhalb ihrer familiären Netzwerke unterschiedliche Positionen innehaben, in einem künstlichen Verband zu Behandlungszwecken versammelt, ähnlich wie in Arbeitsorganisationen. Das ist – vom Standpunkt des familiären Netzwerks her gesehen – eine atomistisch-additive Ausgangslage, die nur dadurch gemildert wird, daß den in dem künstlichen Behandlungssystem versammelten Patienten die Behandlungsbedürftigkeit, die Beziehung zum Therapeuten und die Zielsetzung: in ihren jeweiligen Lebensverhältnissen gesünder zu werden, gemeinsam ist.
Diese bezüglich der jeweiligen familiären Systeme atomistische Ausgangslage erklärt, weshalb die psychosozialen Störungen der Patienten im Gruppenprozeß eine hohe Chance haben, sich zu addieren, und es häufig sehr leicht ist, den Gruppenprozeß als einen Manifestationsprozeß von Störung, die Gruppe zum Beispiel als hysterische, schizoide, psychosomatische zu beschreiben. Je kränker im Sinne einer strukturellen Ichstörung die Patienten (als einzelne gesehen) sind, desto eher liegt eine Entwicklung des Gruppenprozesses im Sinne dysfunktionaler Machtverhältnisse, psychotisch-archaischer oder anderer regressiver Mechanismen und Reaktionen nahe. Innerhalb des Behandlungssystems mag sich affektiv viel ereignen, fraglich scheint jedoch, ob die Aufarbeitung des in der Gruppe Erlebten mit der Folge einer gesünderen Bewältigung der Aufgaben und Situationen des Alltags, der eigentlichen familiären und außerfamiliären Lebensverhältnisse der einzelnen Patienten, gegenüber der Manifestation mißlingender Lebensbewältigung im Gruppenprozeß letztlich das Übergewicht gewinnt, die Patienten also gesünder werden. Dies Problem stellt sich auch dann, wenn es gelingt, innerhalb der Gruppenbehandlung selbst klinische Besserungen im Sinne gesünderer Verhaltenslösun-

gen zu beobachten; denn der Transfer in die Situation des eigentlichen, ursprünglichen Lebensverbandes ist damit, wie wir wissen, nicht automatisch verbunden, und dies umso weniger, je strukturell kränker die Patienten (in persönlichkeitspsychologischer Beschreibung) sind bzw. waren.
Günstiger hinsichtlich Besserungs- bzw. Heilungschancen liegen die Verhältnisse natürlich dann, wenn die Patienten auf dem Hintergrund einer intakten Ichstruktur nur funktionell gestört sind. Dann folgt der Gruppenprozeß weitgehend dem Modell eines emotionale Krisen überwindenden Kooperationsprozesses, der sich in dosierter Form schrittweise psychosozialen Problemen, die in der Gruppe manifest werden, stellt und gerade aus der atomistischen Ausgangslage und Heterogenität Anstoß und Anregung erfährt. Die Patienten sind hier imstande, den Bezug zu ihren eigentlichen alltäglichen familiären und außerfamiliären Lebensverhältnissen selbst bewußt und ausdrücklich aufrecht zu erhalten. Sie verarbeiten das, was sie in der Gruppe erleben, weitgehend selbständig in Hinblick auf seinen Nutzen für ihre Alltagskonstellation, da sie an der Aufhebung ihrer funktionellen Einschränkungen selbst stark interessiert und zu einem solchen Transfer befähigt sind.
Klinisch bedeutsamer als dieser uns auch sonst aus der psychoanalytischen Therapie bekannte Spezialfall der psychoanalytisch gut behandelbaren strukturierten Patienten ist jedoch die erste Kategorie der schwerer gestörten. Hier kommt unter den geschilderten Umständen (der hohen Chance zur Manifestation von Störung, Pathologie im Gruppenprozeß) *der Führung der Gruppe durch den Psychoanalytiker* besondere Bedeutung zu, soll der Gruppenprozeß letztendlich zu gesünderen Lösungen im alltäglichen familiären und extrafamiliären Kontext der Patienten führen. Eine Eigentümlichkeit der gruppentherapeutischen Praxeologie ist mit diesen Verhältnissen gut erklärbar, die Tatsache nämlich, daß fast alle Gruppentherapeuten zu Interventionstheorien neigen, die auf eine starke Reduktion möglicher Komplexität, auf eine ziemliche Einseitigkeit und Rigidität hinauslaufen, indem sie zum Beispiel empfehlen, sich auf die Analyse des hic et nunc zu konzentrieren oder die Gruppe vor allem als ein Ganzes anzusprechen oder den Gruppenmitgliedern, dem Gruppentherapeuten und der Gruppe selbst bestimmte

familiäre Positionen (Geschwister, Vater, Mutter) regelhaft zuordnen oder die Forderung aufstellen, den Gruppenprozeß möglichst konstant auf einem bestimmten Regressionsniveau zu halten. Mir scheint, daß dies für die psychoanalytische Gruppentherapie typische Phänomen der starken Normierung einer bestimmten Umgangsweise damit zusammenhängt, daß die Zusammenfassung der Patienten außerhalb und unabhängig von ihren jeweiligen familiären Kontexten es nahe legt, zur Überwindung der damit verbundenen atomistischen Situation, die psychoanalytische Gruppentherapie als ein geschlossenes Verlaufssystem mit markanter Eigenkultur aufzufassen.

Diese Tendenz zum geschlossenen System findet sich auch in vielen nicht-psychoanalytischen Gruppenkonzeptionen. Darauf beruht weitgehend die Attraktivität von Gruppenverfahren für Patienten und Klienten. Gruppen versprechen intensive Erlebnisse und Erfahrungen in einem weitgehend abgeschirmten Rahmen; diese Erlebnisse haben in sich einen hohen emotionalen Wert – unabhängig von einem Transfer in die alltägliche Lebenssituation. Klinisch bedeutet das, daß die erhoffte Transferwirkung auf die normale Lebenssituation auch bei wiederholter intensiver Teilnahme an therapeutischen Gruppen keineswegs immer erreicht wird; die Teilnahme an therapeutischen Gruppen also durchaus mit einem pathologischen Lebensarrangement verträglich scheint.

Um so mehr ist unter diesen Umständen für den analytischen Gruppentherapeuten geboten, sich an einem Modell klar zu orientieren, um den atomistisch-desintegrierenden, fragmentierenden Tendenzen in Hinblick auf mehr Integration und Gesundheit entgegenzuwirken und die heilenden Kräfte des Gruppenarrangements für die Behandlung der Patienten wirklich nutzbar zu machen.

Gruppendynamische Erfahrungen haben mich darin bestärkt, die Funktion des Gruppentherapeuten als eine auf das »Unternehmen gesunden Lebens« zielende komplexe Tätigkeit zu sehen, die jeweils verschiedenen Gesichtspunkte in der Situation frei zu integrieren hat, um die Mitglieder der Gruppe in Richtung auf mehr Gesundheit zu fördern – ein komplexes unter Bezugnahme auf Modellüberlegungen und Wertorientierungen auszuübendes »Management«,

nicht eine zwanghaft engen Verhaltensweisungen folgende Arbeit.
Konzeption und Wertorientierung ergeben sich aus dem vorhin skizzierten psychoanalytischen Modell. Das bedeutet konkret, daß der analytische Gruppenpsychotherapeut stets in folgendem Spannungsfeld operiert: einem Feld, das einerseits durch die aktuellen Vorgänge gebildet wird, die sich in der Gruppensituation zwischen allen Beteiligten ereigenen, andererseits durch die aktuellen Lebensverhältnisse der Patienten in ihren familiären Systemen und sonstigen Lebenszusammenhängen. Sowohl für die Aktualität der Gruppenvorgänge als auch für die Aktualität der außerbehandlungsmäßigen Lebensverhältnisse gilt, daß sie eine Geschichte haben, die in die Aktualität fördernd, aber auch störend, verwirrend hineinwirkt. Je stärker es gelingt, diese beiden Aspekte: Hier und Jetzt einerseits, Dort und Damals andererseits konkret miteinander in Beziehung zu setzten und zu bearbeiten, um so mehr kann erwartet werden, daß die Gruppe als ein künstliches therapeutisches Medium wirklich der weiteren Entwicklung der Patienten in ihren jeweiligen familiären und außerfamiliären Lebensbezügen dient. Das setzt jedoch eine ständige Bemühung des Therapeuten um klare Erfassung nicht nur der behandlungssystemimmanenten Gruppenvorgänge, sondern auch der behandlungstranszendenten Lebensumstände und Lebensbezüge der einzelnen Gruppenmitglieder voraus, deren Förderung ja letzendliches Ziel der Therapie ist. Dies gilt umso mehr, wenn die Gruppentherapie mit einer vorübergehenden Entfernung der Patienten vom üblichen Milieu verbunden ist, wenn es sich um eine Gruppentherapie in institutionellem Kontext handelt. Wird der Bezug zu den eigentlichen Lebensverhältnissen der Patienten nicht schon während der stationären Gruppentherapie kontinuierlich und konkret hergestellt und verfolgt, kann nicht erwartet werden, daß ein etwa während des Klinikaufenthaltes erzielter Behandlungserfolg nach Rückkehr in die familiären und Arbeitszusammenhänge stabil bleibt, und zwar unabhängig davon, ob eine angemessene, das heißt systembezogene ambulante Nachbehandlung erfolgt oder nicht.
Es gibt viele Gründe, weshalb Gruppentherapie auch innerhalb der Psychoanalyse in den letzten Jahrzehnten große Verbreitung

gefunden hat. Unsere Tendenz, eine weite Indikation für psychoanalytische Gruppentherapie zu stellen, sollte uns jedoch nicht dazu verführen zu meinen, wir könnten auf eine ausdrückliche und sorgfältige Überlegung darüber verzichten, wie wir möglichst sicherstellen können, daß in der Gruppentherapie nicht nur Dynamik entsteht, sondern eine solche in der richtigen Richtung.

Die Anwendung psychoanalytisch-systemischer Orientierung auf die Gruppentherapie

Ziel, Medium und Rahmen

Die einzelnen Patienten sollen durch die Therapie im Medium der Gruppe gesünder werden bezüglich der aktuellen und künftigen persönlichen Lebensmeisterung. Die Therapiegruppe ist also eine Projektgruppe zur Förderung der Fähigkeit zu befriedigenderer und erfolgreicherer persönlicher Lebensmeisterung. Das Medium der Therapiegruppe soll den einzelnen Patienten Gelegenheit zu entsprechender Fortentwicklung ihrer Ichstruktur geben. Diese Veränderung der Ichstruktur wird durch neue Beziehungs- und Gesprächserfahrungen induziert, die befriedigender und erfolgreicher bezüglich der Lösung von Aufgaben der Lebensbewältigung sind als die bisherigen. Das impliziert eine ausdrückliche Distanzierung von den bisherigen unbefriedigenden Mustern des Erlebens und Sichverhaltens, der bisherigen Gestalt der Ichstruktur, auf Grund von diskrepanten neuen Erfahrungen. Die Chance zu solch neuen Erfahrungen ist im Medium der Gruppe bekanntlich besonders groß. Darauf beruht ihr therapeutischer Wert – bei angemessenem Umgang des Therapeuten mit der Gruppe.

In dem geschilderten Sinne ist die Bereitstellung und Aufrechterhaltung des Rahmens (Settings) der therapeutischen Gruppe eine erste, wesentliche Intervention des Therapeuten in die persönlichen Verhältnisse der Patienten, ein markanter Eingriff in das Beziehungsnetz der einzelnen Patienten, indem deren Beziehungsnetz durch die Gruppe (den Therapeuten und die Mitpatienten) vorübergehend erweitert wird. Zugleich wird damit ein eigenes System (die Therapiegruppe) konstituiert, das mit den Beziehungsnetzen der Gruppenmitglieder (und des Therapeuten) im Sinne eines auf geregeltem Austausch beruhenden offenen Systems in Beziehung steht.

Wahrnehmung und Wahrnehmungsverarbeitung seitens des Gruppentherapeuten

Aufgabe des Therapeuten ist die Beobachtung und Verarbeitung der Gruppenvorgänge einschließlich der Wechselbeziehung zwischen Therapeut und Gruppe unter dem Gesichtspunkt des therapeutischen Ziels: zur strukturellen (d. h. stabilen, nicht nur situativ flüchtigen) Weiterentwicklung aller Gruppenmitglieder bezüglich ihrer Fähigkeit zu gesünderer aktueller und künftiger persönlicher Lebensmeisterung (innerhalb und außerhalb der Gruppe) in reflektierter (professioneller) Form nach Kräften beizutragen.

Das erfordert eine in der psychoanalytischen Behandlungstheorie kaum erörterte ausdrückliche Einstellung des Analytikers bezüglich Wahrnehmungsverarbeitung auf die den Äußerungen von Patienten und den Kommunikationen in Gruppen jeweils zugrunde liegenden Erlebnisverarbeitungsmuster (Modelle, Schemata, Erwartungsstrukturen, Überzeugungen, Denkweisen, Rolleninterpretationen, »Prinzipien«, [Handlungs-]Maximen, Normen, Übertragungsformationen). Nur wenn diese häufig vorbewußten oder unbewußten Muster vom Analytiker »hinter« den einzelnen Kommunikationen erfaßt werden (eine Variante von Strukturerfassung), können sie im zweiten Schritt durch Intervention für die Patienten erlebbar gemacht werden (falls die Patienten nicht schon selbst auf sie gestoßen sind).

Diese Strukturerfassung, die für psychoanalytische Arbeit in jedwedem Setting von großer Wichtigkeit ist, setzt jedoch die Überwindung einer verbreiteten Haltung voraus, nämlich der sentimentalen Reaktion auf die Gefühls- bzw. Affekttönung von Patientenäußerungen. Diese unzureichende Auswertung der Gegenübertragung wird dadurch begünstigt, daß in der psychoanalytischen Behandlungstheorie die Einsicht verlorengegangen ist, daß Affekte und Emotionen stets Gehalte (Inhalte) von Kognitionen begleiten und d.h. in spezifischer Weise akzentuieren und färben. So besteht die Gefahr, daß Analytiker affektive und emotionale Botschaften von Patienten isoliert für sich, d.h. fast ausschließlich affektiv (sentimental), wahrnehmen und in einer affektiven Beziehung zum Patienten befangen bleiben. Affektive bzw. emotionale Äußerungen werden erst verständlich, wenn sie ausdrücklich in Hinblick auf diese zugehörigen kognitiven Gehalte (Phantasien, Vorstellungen, Überzeugungen und Bewertungen) reflektiert werden. Nur aufgrund solcher Wahrnehmungsverarbeitung wird der Analytiker instand gesetzt, Übertragungen, pathologische Überzeugungen von Patienten interventionsmäßig auf den Begriff zu bringen und damit Diskrepanzerlebnisse der Patienten in dem dargelegten Sinne zu induzieren oder zu verstärken. Erst solch strukturelle Diskrepanzerfahrungen geben den Patienten die Chance einer strukturellen Ichveränderung im Sinne des Erreichens einer neuen Stufe der Lebensmeisterung. Sonst besteht die Gefahr, daß affektive Unterschiedserfahrungen situativ verpuffen.

Diese strukturelle Weise der Wahrnehmungsverarbeitung seitens des Analytikers wird durch eine prinzipielle ichpsychologische Ausrichtung erleichtert, die Patientenäußerungen und Kommunikationen in der Gruppe und folgerichtig auch jede Gegenübertragungsreaktion als Versuch der Lösung einer Lebensbewältigungsaufgabe (durch Kommunikation und Kooperation) versteht. Diese Orientierung am Aufgabengesichtspunkt führt direkt zu den kognitiven Gehalten und dann auch zu den ihnen zugrundeliegenden kognitiv-normativen Strukturen.

Die Aufgabe, Gruppenvorgänge in diesem Sinne strukturell zu erfassen, differenziert sich dann weiter in die Unterscheidung von gesünderen (befriedigenderen und erfolgreicheren) Mustern der Lebensmeisterung von unbefriedigenden, nicht erfolgreichen (pathologischen) bisherigen Mustern der Lebensmeisterung der Patienten. Denn nur, wenn sowohl die neuen Erfahrungen der Patienten als auch die bisherigen »auf den Begriff gebracht« werden, d. h. für die Patienten und vorrangig für den Therapeuten strukturell (hinsichtlich ihrer Muster) klar erfaßt werden, ist eine Distanzierung von den bisherigen Mustern (Diskrepanzerfahrung) und damit eine Weiterentwicklung (der Ichstruktur) für die Patienten möglich. Jeder klinischen Einschätzung seitens eines Therapeuten liegt eine solche Bewertung zugrunde, auch jeder psychoanalytischen – ebenfalls ein Psychoanalytikern häufig nicht bewußter Sachverhalt. Insofern hängt jegliche Diagnostik bis in die Mikrodiagnostik, die

einer einzelnen Therapeutenintervention zugrunde liegt, von einer Bewertung im Sinne der therapeutischen Zielsetzung, d. h. letztlich von einer Bewertung unter dem wie immer näher verstandenen oder abgewandelten Gesichtspunkt »gesund – krank«, ab.
Jegliche Wahrnehmungsverarbeitung von Therapeuten ist daher an eine differenzierte klinisch konkretisierte bzw. konkretisierbare Konzeption als geordnetes Repertoire von Einschätzungs- und Bewertungskriterien gebunden. Für Psychoanalytiker ist dies die psychoanalytische Strukturtheorie der lebenslangen Entwicklung der Person, des Ichs im Kontext der Familie mit ihrer Unterscheidung verschiedener Entwicklungsstufen (Niveaus) der Persönlichkeitsorganisation (und damit auch der Kommunikation und Kooperation), verschiedener familialer Positionen und der beiden Dimensionen gesunder und pathologischer (auf neurotischer bzw. psychotischer Abwehr beruhender) Erlebnisverarbeitung. Innerhalb dieser dynamischen Strukturtheorie der erlebnismäßig gesunden wie der erlebnisbedingt kranken Person spielt die Dimension »Progression – Regression« bezüglich der Strukturausprägung unter dem Einfluß einwirkender Erlebnisbedingungen eine wesentliche Rolle. Schließlich gehört zu dieser Konzeption die Dimension der Funktionsaufteilung innerhalb des jeweiligen Beziehungsnetzes mittels bestimmter Operationen wie z. B. der unbewußten Delegation (vgl. auch *Cohen* u. *Kinston* 1984, *Kinston* u. *Cohen* 1986). Das Insgesamt dieser umfassenden klinischen psychoanalytischen Konzeption läßt sich auch als System der Variation der psychischen Eltern-Kind-Beziehung bezeichnen und betrifft damit den zentralen Gesichtspunkt der Psychoanalyse. Zugleich ist diese so verstandene, dem heutigen Erfahrungsstand Rechnung tragende klinische psychoanalytische Theorie ersichtlich eine systemische Theorie, da sie die Person von Anfang an und über das gesamte Leben hinweg in all ihren erlebnismäßigen Äußerungen im Kontext ihres jeweiligen erlebten Beziehungsnetzes sieht und versteht (konsequenter interaktioneller psychologischer Ansatz).
Unter dem Einfluß des dargelegten entwicklungspsychologischen Verständnisses ergibt sich für den psychoanalytisch orientierten Therapeuten, daß die bisherigen vom Patienten (oder von seiner Umgebung oder vom Therapeuten) als unbefriedigend und nicht

erfolgreich erlebten »pathologischen« Lösungen der Aufgaben der Lebensmeisterung historisch als für den Patienten seinerzeit unter den inneren und äußeren (interaktionellen, systemischen) Bedingungen bestmögliche Lösungen verstanden und respektiert werden. Damit verlieren sie ihren makelhaft mangelhaften Charakter. In der systemischen Therapie ist diese Sichtweise, die das Verständnis unbewußter Prozesse wesentlich bereichert, mit der Anweisung, die Beschwerden und pathologisch anmutenden Charaktereigenschaften von Klienten (und ihren Angehörigen) in bezug auf den jeweiligen Entwicklungsstand des zugehörigen Beziehungsnetzes (Familiensystems) »positiv zu konnotieren« (und entsprechend zu intervenieren), klar herausgearbeitet worden. Ein solches interaktionelles entwicklungspsychologisches Verständnis von Beschwerden und Charaktereigenschaften erleichtert es dem Therapeuten, so zu intervenieren, daß die Selbstachtung der Patienten gestärkt und nicht durch die Therapie weiter herabgesetzt wird. Es hilft auch, affektive Gegenübertragungszuspitzungen gar nicht erst aufkommen zu lassen.

Die Verarbeitung der Wahrnehmung der Gruppenvorgänge einschließlich der Ereignisse in der Wechselbeziehung von Gruppe und Therapeut unter Bezugnahme auf die dargelegten Kriterien setzt den Therapeuten instand, angemessen zu intervenieren. Dabei ist vorausgesetzt, daß er die dargestellte Theorie auch auf sich selbst anzuwenden vermag, d.h. sich anbahnende oder entstehende Gefühlsverwicklungen unter dem Einfluß der dargestellten Konzeption zu analysieren und damit zu distanzieren vermag (Erkennen und Auflösen von Gegenübertragungsreaktionen). Das wiederum setzt eine hinsichtlich der dargestellten Konzeption gründlich informierte und hinsichtlich der eigenen Lebensbewältigung einigermaßen erfahrene und reflektierte Persönlichkeit voraus.

Interventionsverhalten des Therapeuten

Bezüglich Intervention besteht die Aufgabe des Gruppentherapeuten darin, die Ergebnisse seiner auf das therapeutische Ziel hin ausgerichteten Wahrnehmungsverarbeitung für die Gruppe im

Sinne der oben dargelegten therapeutischen Zielsetzung in angemessener Form nutzbar zu machen. Verbale Interventionen werden dabei durch das (nonverbale) Auftreten und Benehmen des Therapeuten, seinen Umgang mit der Gruppe in einen umfassenden Rahmen gestellt. Ich konzentriere mich im folgenden auf die verbalen Interventionen.

Aus der dargelegten differenzierten Wahrnehmungsverarbeitung in Hinblick auf die Weiterentwicklung der Patienten und die Besonderheiten der jeweiligen psychischen Einschränkungen und Behinderungen ergibt sich, daß der psychoanalytisch orientierte Gruppentherapeut über ein weites Repertoire von Interventionsmöglichkeiten verfügen muß, um situativ angemessen zu intervenieren. Er muß ja bei seinen Interventionen die Eigenart von einzelnen Personen, Interaktionen von Personen, Beziehungen von einzelnen, Untergruppen und der gesamten Gruppe zu sich selbst ebenso berücksichtigen wie die verschiedenen Regressions-Progressions-Niveaus, um die es sich jeweils handelt, ferner Vorgänge innerhalb der Gruppe, wie auch in die Gruppe eingebrachte Erlebnisse außerhalb der Gruppe. Schließlich muß er sich auf verschiedenste klinische Abwehrformen in seinem Verhalten und Intervenieren einstellen. Dies bedeutet, daß jede Einengung auf einen bestimmten Interventionstypus, z.B. »Interpretation«, ihn in der Ausübung dieser umfassenden Funktion behindern und beeinträchtigen würde. Die angemessene Ausübung der therapeutischen Verantwortung erfordert einen freien Umgang mit einem großen Repertoire unterschiedlicher Interventionsweisen. Der therapeutische Leiter der Projektgruppe »seelische Gesundung« muß wie ein Manager frei eigenverantwortlich aufgrund seiner Einschätzung der Gesamtsituation und d.h. des Prozesses handeln. Dies bedeutet eine klare Abgrenzung der hier vertretenen Position von vielen psychoanalytischen Gruppentherapiekonzepten.

In dem dargelegten Konzeptrahmen zielt jede therapeutische Intervention ausdrücklich auf eine Veränderung in bestimmter Richtung, sie hat ein bestimmtes Ziel, das sie zu erreichen sucht. Hier liegt ein wesentlicher Unterschied zu manchen psychoanalytischen Auffassungen, die eine solche ausdrückliche Zielgerichtetheit von Interventionen ablehnen. Selbstverständlich stoßen die Interventio-

nen des Gruppentherapeuten auf die Eigenart der sie aufnehmenden Einzelpersonen, Teilgruppen und der gesamten Gruppe und werden unterschiedlich verarbeitet; die beabsichtigte Wirkung wird nicht immer sofort und vor allem nicht immer in der vorhergesehenen Weise erreicht. Wichtig ist jedoch, daß der Gruppentherapeut seine ziel- und aufgabenbezogene Ausrichtung deshalb nicht aufgibt, sondern unter Verarbeitung der Reaktionen der Gruppenmitglieder, d. h. des Gruppenprozesses, konsequent aufrechterhält.
In Hinblick auf unterschiedliche Ziele lassen sich mindestens folgende Interventionsaktivitäten unterscheiden:

1. Akzeptieren, Bestätigen,
2. Verstärken, Bekräftigen, Ermuntern,
3. Beschreiben, Fokussieren, Konfrontierend Hervorheben, Akzentuieren, Modellieren,
4. In-einen-anderen-Rahmen-(Zusammenhang-)Stellen, Umdeuten, Interpretieren,
5. Eine-Werthaltung-(Position-)Deklarieren,
6. Aufgaben-Stellen; Veranlassen, etwas Bestimmtes zu tun; Fragen.

Die Steuerung des Gruppenprozesses seitens des Therapeuten steht unter der Maxime, in erster Linie entsprechend der Zielsetzung weiterführende gesündere Lösungsansätze innerhalb des Gruppenprozesses zu fördern, zu verstärken und zu sichern (s. hierzu im einzelnen vor allem de Shazer 1985, 1988). In zweiter Linie kommt es für die Steuerung des Gruppenprozesses darauf an, die deutlich werdenden belastenden, behindernden, einschränkenden, abschreckenden (pathologischen, defensiven, regressiven) Aspekte des Gruppenprozesses in dem Maße und in der Art zu bearbeiten, wie es für die Förderung der gesünderen Weiterentwicklung dienlich ist. Die Arbeit in dieser zweiten Dimension zielt darauf, daß die Gruppenmitglieder eine Distanz gegenüber diesen pathologischen Erlebnisweisen gewinnen (Übertragungsanalyse). Dies hat seinerseits zwei Voraussetzungen: Erstens müssen die Patienten die diesem Erleben zugrunde liegenden Muster in dem oben dargelegten Sinne klar erfassen, und zweitens müssen diese deutlich erlebten pathologischen, regressiven Muster in der Gruppe mit den gesünderen weiterführenden Ansätzen verglichen und als diskrepant erlebt werden (zwei Phasen der Übertragungsanalyse nach Gill 1982). Soweit diese beiden Operationen nicht schon durch die Interaktion der Gruppenmitglieder untereinander erfolgen, sind diesbezügliche Interventionen des Gruppentherapeuten angezeigt. Das Interventionsverhalten des Gruppentherapeuten ist also gegenüber den progressiven wie den regressiven Aspekten von der Zielsetzung der Förderung der Weiterentwicklung der Patienten bestimmt. Eine interventionsmäßige Beschäftigung mit oder Begünstigung der Entfaltung von bisherigen, in die Kindheit und Jugend der Patienten zurückweisenden unbefriedigenden Erfahrungen der Gruppenmitglieder ohne Bezug auf die progressive Zielsetzung gesünderen Erlebens und Sichverhaltens ist kontraindiziert und erschwert bzw. vereitelt den Gesundungsprozeß in der Gruppe. Die therapeutische Ineffektivität mancher analytischer Gruppentherapien und die andauernden Ohnmachtserfahrungen mancher analytischer Gruppentherapeuten sind Folgen eines solchen Ausblendens der Zielorientierung und damit des therapeutischen Auftrags aus der Gruppenarbeit. Subjektiv führen Ineffektivität und Ohnmachtserfahrung häufig zu einer heroischen Berufsauffassung dieser Therapeuten, behandlungsmethodisch handelt es sich jedoch schlicht um einen pathologischen Pakt zwischen Therapeut und Patientengruppe aufgrund einer unangemessenen theoretischen und behandlungsmethodischen Orientierung (neben höchst persönlichen Anteilen).

Thesen zur Bedeutung von Rahmenbedingungen und rahmenbezogenen Konflikten in der Gruppenarbeit

Rahmen und Rahmenbedingungen

Das Aushandeln des Rahmens und damit der Rahmenbedingungen bedeutet die erste wichtige Chance des Gruppenleiters, auf die zukünftigen Gruppenmitglieder, seine Klienten, in Richtung auf Veränderung Einfluß zu nehmen. Unbedachte, ungünstige oder laxe Vereinbarungen über den Rahmen und inkorrekte oder laxe Handhabung des Rahmens während des Gruppenprozesses tangieren die Wirkungschancen erfolgreicher Gruppenarbeit beträchtlich.

Rahmen und Rahmenbedingungen grenzen die Gruppenarbeit gegenüber dem sonstigen üblichen Leben und Verhalten der Klienten (Gruppenmitglieder) ab. Das Überschreiten dieser Grenze bedeutet für die Klienten einen Veränderungssprung. Beinhalten die als Rahmen gesetzten Bedingungen eine zu starke Differenz zum üblichen sonstigen Leben und Verhalten der Klienten, können die Klienten diesen Sprung nicht vollziehen; ist die Differenz zu gering, bedeutet der Eintritt in die Gruppe keinen Sprung mehr, d.h. keine nennenswerte Veränderung gegenüber dem bisherigen Leben und Verhalten.

Die Veränderung, die schon mit der Akzeptanz eines angemessenen Rahmens seitens der Klienten verbunden ist, besteht in erster Linie darin, die Klienten auf weitere Veränderungen, die durch die Arbeit *innerhalb* des Rahmens, d.h. den Gruppenprozeß, bewirkt werden sollen, ausdrücklich und klar einzustellen und bereitzumachen, zu »öffnen«.

Die Verfügung über den Rahmen im Sinne des Vorschlagens und Aushandelns angemessener Rahmenbedingungen ist daher ein unverzichtbares (nicht aufgebbares) Einflußinstrument des Gruppenleiters als Experten, Professionals.

Die auf den Rahmen bezogene Kompetenz des Gruppenleiters (Konzipieren, Aushandeln, Aufrechterhalten, Ändern) steht mit der

Prozeß- (die Gruppenarbeit innerhalb des Rahmens steuernden) Kompetenz in einem hierarchischen Verhältnis (Kompetenz I. und II. Ordnung).
Als veränderungsbezogene Intervention ist die Rahmengestaltung auf das (Veränderungs-) Ziel der Gruppenarbeit klar bezogen und daraus für die Klienten legitimierbar.
Der Rahmen verpflichtet nicht nur die Klienten, sondern auch den Gruppenleiter.
Neben der Veränderung der Klienten dient der Rahmen der geordneten (geregelten) Verfolgung der beruflichen Interessen des Gruppenleiters. Diese Interessen beinhalten Präferenzen für bestimmte berufliche Tätigkeiten ebenso wie wirtschaftliche Subsistenzgesichtspunkte.
Die beruflichen Interessen des Gruppenleiters werden durch seine Position innerhalb institutioneller Zusammenhänge mitstrukturiert im Sinne von spezifischen Begünstigungen und Einschränkungen.
Die in die Rahmengestaltung eingehenden wirtschaftlichen Interessen des Gruppenleiters müssen für die Klienten wie für den Gruppenleiter zumutbar und angemessen sein.
Veränderungsfortschritte und -rückschritte innerhalb des Gruppenprozesses oder Veränderungen der Situation der Klienten oder des Gruppenleiters können neue Rahmenvereinbarungen notwendig machen, wenn sich der bisherige Rahmen als nicht mehr angemessen (passend) erweist.

Rahmenbezogene Konflikte

Rahmenbezogene Konflikte innerhalb des Gruppenprozesses haben Bearbeitungspräferenz, da sie den Erfolg der Gruppenarbeit in Frage stellen.
Sie betreffen als Krisen stets zentrale Gesichtspunkte der Gruppenarbeit, indem sie die Beziehung der Klienten zum Gruppenleiter tangieren und damit das Veränderungspotential, das der Gruppenleiter in die Gesamtgruppe einbringt.
Rahmenbezogene Konflikte betreffen jedoch zugleich das Veränderungspotential, das die Gruppe, d.h. die einzelnen Klienten

miteinander in diesem Rahmen repräsentieren, indem sie mit der Beziehung zum Gruppenleiter auch die Existenz der Gruppe in Frage stellen.

Die vorrangige Bearbeitung rahmenbezogener Konflikte (Krisen) erweist sich damit als besonders fruchtbar (chancenreich) bezüglich Veränderung.

Rahmenbezogene Konflikte und Krisen führen bei erfolgreicher Bearbeitung häufig zu sprunghaften Veränderungen, während Konflikte innerhalb der Gruppe eher zu kontinuierlich anmutenden Veränderungen oder zu Stagnation tendieren. Jedoch gibt es natürlich auch sprunghafte Veränderungen innerhalb der Gruppenarbeit.

Anhaltende Stagnation des Gruppenprozesses weist auf verschleierte, nicht ausgetragene rahmenbezogene Konflikte hin, die durch rahmenbezogene (Rahmenkonflikte schaffende) Interventionen des Gruppenleiters aktualisiert werden können und sollten.

Das heißt: Anhaltende Stagnation des Gruppenprozesses sollte den Gruppenleiter veranlassen zu überprüfen, ob die bisherige Rahmenvereinbarung noch angemessen ist.

Entsprechendes gilt bei anhaltender Stagnation einzelner Gruppenmitglieder.

Anhaltende Stagnation des Gruppenprozesses kann auch auf situative oder habituelle Grenzen des Gruppenleiters verweisen, insbesondere dann, wenn er sich außerstande fühlt, die Stagnation durch Intervention in einen rahmenbezogenen Konflikt zu verwandeln.

Der institutionelle Aspekt ambulanter Gruppenpsychotherapie

Zunächst möchte ich hervorheben, daß ambulante Gruppenpsychotherapie in unserer Kultur zu einem Ritual mit weithin bekannten Normen und Regelungen, Rollen und Verhaltenserwartungen auf beiden Seiten geworden ist, auf der Therapeutenseite wie auf der Patientenseite einschließlich eines etablierten Methodenverständnisses – zumindest bei den Verfahren, die sich von der Psychoanalyse her in den letzten Jahrzehnten entwickelt haben. Ambulante Gruppenpsychotherapie als eine für unsere Kultur charakteristische Erscheinung (culture trait).

Der zweite Gesichtspunkt betrifft die spezifischen Einflüsse, die vom Arrangement der ambulanten Gruppenpsychotherapie auf die Patienten einwirken. Wenn ich Patienten ein Behandlungsarrangement, das eine bestimmte erprobte Form hat, anbiete, fordere ich sie auf, in eine etablierte Institution einzutreten. Die Patienten werden mit einem charakteristischen sozialen Setting konfrontiert, das sich auf sie spezifisch auswirkt. Diese institutionellen Wirkungen müssen bei der Indikationsstellung ausdrücklich mitreflektiert werden, wenn es nicht zu Fehlentscheidungen bezüglich Indikation kommen soll.

Der dritte Gesichtspunkt betrifft die institutionelle Verwurzelung des Gruppenpsychotherapeuten als spezifischen Einflußfaktors innerhalb der Gruppentherapie, sei es, daß der Gruppentherapeut in freier Praxis oder in einer Ambulanz bzw. Beratungsstelle als Mitarbeiter tätig ist. Hier handelt es sich offensichtlich ebenfalls um einen sozialinstitutionellen Einfluß auf die Patienten.

Viertens scheinen mir für das Thema sozial-strukturelle, politische Bezüge von Bedeutung, die den gesamten Bereich von Gruppenpsychotherapie, Therapeuten und Patienten unserer Gesellschaft umfassen. Dieser gesamtgesellschaftliche Zusammenhang soll ebenfalls kurz zur Sprache kommen.

Nun zu dem ersten Gesichtspunkt: ambulante Gruppenpsychotherapie als ein culture trait, ein für unsere Kultur charakteristisches

Ritual. Dazu möchte ich die These vertreten, daß die Ritualisierung gruppentherapeutischer ambulanter Behandlung, die Entwicklung eines lehr- und lernbaren technischen Standards, zu einer Minderung der kurativen Potenz dieses Behandlungsverfahrens geführt hat. Das heißt: In dem Maße, in dem methodische Transparenz, Dogmatisierung und Traditionsbildung stattfindet, nimmt die therapeutische Valenz des Verfahrens ab. Und zwar in dem Sinne, daß nun ein System von durchschaubaren und damit auch manipulierbaren Operationen vorliegt, dessen sich nicht nur Therapeuten bedienen, sondern dem sich auch Patienten leicht anpassen können. Die Patienten gehen unter diesen Umständen mit bestimmten realistisch begründeten Vorstellungen und Erwartungen in diese Behandlung hinein und reagieren auf sie mit bestimmten Manövern, hinter denen sie ihren Veränderungswiderstand verstecken. Mit diesen Manövern können die Therapeuten schwer umgehen, da sich diese Manöver auf Züge der Behandlung richten, bezüglich deren sich die Therapeuten durch Deklaration und methodisch-technische Orientierung festgelegt haben. Diese Patientenmanöver betreffen sozusagen das Apriori der Behandlung, das jenseits dessen liegt, was die Therapeuten aufgrund ihrer expliziten Orientierung wahrnehmen und verarbeiten. In dem Maße, in dem sich die Therapeuten auf eine bestimmte Technik, die sie in der Konkurrenz mit anderen Therapieangeboten am Gesundheitsmarkt anbieten und deklarieren, festlegen, werden sie von seiten der Patienten manipulierbar und begeben sich derjenigen therapeutischen Chance, die mit der Souveränität und Freiheit der persönlichen Konfrontation in der analytischen Therapie zusammenhängt. Mit der Planbarkeit, Voraussehbarkeit und Organisierbarkeit der ambulanten Gruppenpsychotherapie, der Einführung in ein öffentliches Versorgungs- und Honorierungssystem, schwindet weitgehend die Spannung des Überraschenden, Neuen, Befremdlichen, das Anstoß zu einem veränderten Erlebnis für die Patienten werden könnte.

Im Bereich der Behandlungstheorie wird diese Entwicklung durch strukturalistische Positionen ermöglicht, für die in der BRD Argelander repräsentativ ist. Diese Auffassungen rücken den unbewußten Gruppenprozeß so sehr in den Mittelpunkt von

Wahrnehmung und Intervention seitens der Therapeuten, daß das eigentliche Ziel der Therapie: die Veränderung der einzelnen Patienten, um derentwillen ja die Gruppe als ein künstliches therapeutisches Medium überhaupt nur existiert, nicht mehr als zentrale Aufgabe der Therapie und als ein wissenschaftliches Problem gesehen wird. Die eigentliche klinische Dimension, die Wirkung auf die einzelnen Patienten, tritt hinter einer Raffinierung und subtilen Technisierung des Methodenbewußtseins, einer feinsinnigen Erforschung unbewußter Gruppenprozesse, das heißt einer Ideologiebildung bezüglich psychoanalytisch charakterisierter Strukturen zurück. Auf dem Hintergrund dieser Entwicklung zu Institutionalisierung und Ritualisierung ist es eine offene Frage, wie in diesen Therapien eine unmittelbare, affektive Erlebnissituation von genügender Mächtigkeit entspringen kann, aus der kräftige Impulse zu persönlicher Veränderung hervorgehen.

Nun zu dem zweiten Gesichtspunkt: den spezifischen Einflüssen, die auf die Patienten vom Setting der ambulanten Gruppenpsychotherapie ausgehen. Dazu möchte ich, in Übereinstimmung mit Kollegen, wie zum Beispiel Strotzka, darauf hinweisen, daß die Wahl des Behandlungsarrangements, des Settings eine für die Veränderung des Patienten folgenreiche Entscheidung ist. Je nachdem, ob ein Patient einzeltherapeutisch, gruppentherapeutisch, familientherapeutisch oder im sozialen Feld psychoanalytisch behandelt wird, erfährt er systematisch unterschiedliche Einflüsse, die sich im Verlauf und Ergebnis (Erfolg) der Behandlung unterschiedlich niederschlagen. Daraus folgt, daß wir viel stärker als das bisher bei uns geschieht, auf das Behandlungsarrangement als differentiellen therapeutischen Faktor reflektieren müssen und daß wir uns auch darüber klar werden müssen, welch unterschiedliche Wertorientierungen diesen verschiedenen Behandlungsarrangements zugrunde liegen. So ist eine Familie, die familientherapeutisch behandelt wird, ja eine ganz andere Gruppe als der künstlich zu Behandlungszwecken zusammengestellte Personenverband der ambulanten Gruppentherapie, und beiden Behandlungsverfahren liegen unterschiedliche Wertorientierungen zugrunde. Die Wertorientierung der ambulanten Gruppenpsychotherapie scheint mir im wesentlichen durch ein bestimmtes Leitbild vom gesunden

Menschen als Einzelpersönlichkeit bestimmt zu sein, das Modell des beruflich wie privat selbständig handelnden Erwachsenen, der mit bestimmten anderen in bezug auf jeweils bestimmte Aufgaben oder Interessen begrenzt kooperiert; ein Modell, das sich also zum Beispiel von manchen Vorstellungen einer diffusen Gemeinsamkeit nicht sehr stark individuell von einander abgehobener Personen wesentlich unterscheidet. Nach meiner Auffassung ist der ambulanten Gruppenpsychotherapie die Wertorientierung des selbständig und verantwortungsvoll handelnden Erwachsenen implizit, der nicht etwa als ein isoliertes Wesen existiert, sondern kooperations- und liebesfähig ist, das heißt jeweils begrenzte Kooperationen realisiert, aber nicht in diffusen symbiosenahen Gemeinsamkeiten versinkt. Schon daraus folgt, daß ein solches Behandlungsangebot sicher nur für einen Teil der Klientel, die Psychotherapie sucht und braucht, angemessen ist, für einen bestimmten Teil, der sich nicht nach einfachen Kriterien innerhalb der Gesellschaft aussondern und definieren läßt. Daher bedarf es in jedem einzelnen Fall ausdrücklicher Indikationsüberlegungen, ob das dem Behandlungsarrangement inhärente Leitbild einem bestimmten Patienten oder einer Gruppe von Patienten angetragen und zugemutet werden kann und soll. Sogleich ergibt sich aus diesen Überlegungen ein starkes Argument für einen Pluralismus verschiedener Behandlungsarrangements und das heißt auch ein gewichtiges Argument gegen alle modischen Versuchungen, ein bestimmtes Behandlungsarrangement, zum Beispiel das der Gruppentherapie, einseitig unkritisch in den Vordergrund zu stellen.

Der dritte Gesichtspunkt: die Auswirkung der institutionellen Verwurzelung des Gruppenpsychotherapeuten, das heißt im wesentlichen der Unterschied zwischen freiberuflicher Ausübung von Gruppenpsychotherapie in der Einzelpraxis oder einer Gemeinschaftspraxis einerseits und der entsprechenden Tätigkeit eines Angestellten einer poliklinischen Institution, Ambulanz oder Beratungsstelle andererseits, betrifft einen weiteren behandlungsrelevanten institutionellen Faktor ambulanter Gruppenpsychotherapie. Denn offenbar sind unterschiedliche Chancen und Risiken mit der Alternative verbunden, ob ein Patient von einem niedergelassenen Therapeuten mit einiger Erfahrung behandelt wird, der sich unter seinem eigenen Namen eine Praxis aufgebaut hat, in diesem Rahmen bestimmte Behandlungsangebote macht und seiner Klientel langfristig zur Verfügung steht, also als Person eine therapeutische Institution verkörpert, oder ob Patient von einem Mitarbeiter in einer Ambulanz oder Beratungsstelle in deren Namen und Auftrag gruppentherapeutisch behandelt wird. Denn dieser Mitarbeiter kann nach einiger Zeit aus Weiterbildungsgründen, organisatorischen Erfordernissen oder wegen seiner Forschungsinteressen an einen anderen Arbeitsplatz wechseln, er kann auch aus persönlichen Gründen aus der Institution ausscheiden und ist vielleicht auch überhaupt noch nicht mit Psychotherapie voll identifiziert. In jedem Falle ist es Sache der betreffenden Einrichtung, für den Patienten gegebenenfalls einen anderen Mitarbeiter als Therapeuten bereitzustellen. So sieht sich der Patient bei Inanspruchnahme einer therapeutischen Institution einem personell und hinsichtlich der institutionellen Interessen zumindest sehr viel komplexeren Feld konfrontiert mit Zügen von Anonymität, Unverbindlichkeit und Unsicherheit, als in der höchstpersönlichen Beziehung zu einem niedergelassenen Therapeuten, der seine therapeutischen Auffassungen voll selbst vertritt und für sein therapeutisches Handeln und dessen Folgen voll selbst eintritt. Vergegenwärtigt man sich, daß nach psychoanalytischer Auffassung die Behandlungsbeziehung eine sehr intime persönliche Vertrauensbeziehung ist, dann ist evident, welche Bedeutung dieser institutionellen Alternative für die Tiefe und Weite angestrebter und erreichter persönlicher Veränderung zukommt. Daß die gruppentherapeutische Behandlung innerhalb einer Institution für den Patienten auch besondere Vorteile haben kann, soll damit natürlich nicht geleugnet werden. Diese können organisatorischer, zum Beispiel ökonomischer Natur sein, aber auch fachlicher Art. Denn Institutionen können umfassendere fachliche Zielsetzungen, wie die gezielte Erforschung bestimmter Störungen oder die Entwicklung neuer besserer Behandlungsverfahren, eher realisieren als in der Regel der niedergelassene Therapeut in seiner Praxis.

Zu dem vierten Gesichtspunkt, den sozialstrukturellen, politischen Bezügen, einem sehr komplexen Thema, kann ich hier nur einige wenige Bemerkungen machen. Gruppenpsychotherapie als charakteristischer Zug unserer Gesellschaft, die Therapie nachfragenden Patienten wie die diese Therapie anbietenden Therapeuten gehören alle drei einem gemeinsamen gesellschaftlich-kulturellen Zusammenhang an. Das heißt, sie gewinnen aus diesem Zusammenhang ihre institutionelle Eigenart bzw. die Besonderheit ihrer je unterschiedlichen Rollen.

Dieser gesellschaftliche Zusammenhang hat einen Aspekt jeweiliger Gegebenheit, das heißt der Tatsächlichkeit vorhandener materieller Ressourcen und geltender Regelungen, und einen Aspekt der Veränderbarkeit sowohl der Ressourcen als auch der Regelungen. Zu dem Aspekt der Gegebenheit gehört sicher, daß Psychotherapie eine an einzelnen Menschen bzw. Gruppen von Menschen ansetzende sozusagen nachträgliche Bemühung um Korrektur von Schäden und Beeinträchtigungen darstellt, die im Zusammenhang bestimmter gesellschaftlicher Lebensverhältnisse bei Menschen entstanden sind. Psychotherapie ist in diesem Sinne ein sekundärer im Subjektbereich ansetzender gesellschaftlicher Korrekturmechanismus. Auf eine unpolitische Art erfüllt dieser Mechanismus eine politisch sehr relevante Funktion. Die Gestaltung von Gruppenpsychotherapie innerhalb einer Gesellschaft ist daher durchaus ein Politikum. Hinsichtlich der Veränderung von Regelungen bezüglich Gruppenpsychotherapie ist von zentraler Bedeutung, daß in unserer spätkapitalistischen Gesellschaft aus der Natur der Sache heraus kein politischer Konsensus über das Verständnis der Gesellschaft im ganzen wie einzelner gesellschaftlicher Institutionen besteht. Und damit auch nicht über die Zielrichtung der Änderung solcher Institutionen. Politische Entscheidungen bezüglich Veränderung haben daher die Form von Kompromissen, die häufig zu recht unbefriedigenden Lösungen führen. Aktivitäten, die Änderungen bestehender Regelungen anstreben, lassen sich unter diesen Umständen danach beurteilen, ob und wie weit sie zu realen Veränderungen in der je angestrebten Richtung, das heißt zu politischem Erfolg, führen oder eher eine Trostfunktion haben, das heißt den guten Willen für die Tat nehmen, Solidarität in der gefühlsmäßigen und intellektuellen Einschätzung einer Situation als dringend reformbedürftig für die Durchsetzung der Reformen. In dem Maße, in dem diese zweite Alternative an Bedeutung gewinnt,

gehen entsprechende politische Aktivitäten in soziale Bewegungen mit einer Trost- und Kompensationsfunktion angesichts weitgehend unveränderter sozialer Mißstände über.
Mein Eindruck ist, daß sich dieser Vorgang bei uns in den letzten Jahren im Bereich der Psychotherapie beobachten läßt; das heißt, daß es eine offene Frage ist, wie weit die Politisierung der Probleme, Aufgaben und Möglichkeiten von Psychotherapie und damit auch von Gruppenpsychotherapie real zu effizienten Veränderungen führt und wie weit sie in eine soziale Bewegung übergeht, ähnlich wie die Adlerianische der zwanziger und dreißiger Jahre, in deren Rahmen sich viele Menschen mit dem Problem der Verbesserung der psychotherapeutischen Versorgung der Bevölkerung beschäftigen, darüber miteinander auf Kongressen und Arbeitstagungen reden, ihre Gefühle und Meinungen austauschen, ohne daß diese Rituale in einem entsprechenden Maße zu einer realen Verbesserung der Verhältnisse und einer Vertiefung der therapeutischen Kompetenz der daran Beteiligten führen. Das scheint mir damit zusammenzuhängen, daß in unserer Gesellschaft die Möglichkeit eines solchen religiösen bzw. symbolischen Outlets, einer Kanalisierung politischer Aktivität in eher religiöse Rituale ein bereitliegender Stabilisierungsmechanismus ist. Ideologiebildung statt realer politischer Veränderung.

Literaturverzeichnis

Argelander, H. (1970), Die kognitive Organisation psychischen Geschehens. Klett-Cotta, Stuttgart

Badura, B., Ferber, C. von (Hg.) (1981), Selbsthilfe und Selbstorganisation im Gesundheitswesen. Oldenbourg, München, Wien

Balint, M. (1968), Therapeutische Aspekte der Regression. Rowohlt, Reinbek

Bateson, G. (1981), Ökologie des Geistes. Anthropologische, psychologische, biologische und epistemologische Perspektiven. Suhrkamp, Frankfurt/M.

Bateson, G. (1982), Geist und Natur. Eine notwendige Einheit. Suhrkamp, Frankfurt/M.

Bateson, G. et al. (1969), Schizophrenie und Familie. Beiträge zu einer neuen Theorie. Suhrkamp, Frankfurt/M.

Becker, H. (1981), Konzentrative Bewegungstherapie. Integrationsversuch von Körperlichkeit und Handeln in den psychoanalytischen Prozeß. Thieme, Stuttgart, New York

Beese, F. (Hg.) (1978), Stationäre Psychotherapie. Vandenhoeck & Ruprecht, Göttingen, Zürich

Bellak, L., Small, L. (1972), Kurzpsychotherapie und Notfallpsychotherapie. Suhrkamp, Frankfurt/M.

Bericht (1975) über die Lage der Psychiatrie in der Bundesrepublik Deutschland – Zur psychiatrischen und psychotherapeutisch-psychosomatischen Versorgung der Bevölkerung – mit Anhang. Deutscher Bundestag, 7. Wahlperiode, Drucksachen 7/4200 und 4201, Heger, Bonn

Besuden, F. (1983), Körperarbeit in einer psychosomatischen Klinik. Materialien Psychoanal. 9, 18

Blanck, G. & Blanck, R. (1974), Angewandte Ich-Psychologie. 2. Aufl., Klett-Cotta, Stuttgart 1981

Blanck, G. & Blanck, R. (1979), Ich-Psychologie II. Klett-Cotta, Stuttgart 1980

Boscolo, L., Cecchin, G., Hoffman, L. & Penn, P. (1987), Familientherapie. Das Mailänder Modell. Modernes Lernen, Dortmund 1988

Boszormenyi-Nagy, I., Framo, L. (Hg.) (1975), Familientherapie. Theorie und Praxis. Bd. I u. II. Rowohlt, Reinbek

Brocher, T. & Sies, C. (1986), Psychoanalyse und Neurobiologie. Zum Modell der Autopoiese als Regulationsprinzip. Frommann-Holzboog, Stuttgart

Castel, R. (1983), Die psychiatrische Ordnung. Suhrkamp, Frankfurt/M.

Ciompi, L. (1982), Affektlogik. Über die Struktur der Psyche und ihre

Entwicklung. Ein Beitrag zur Schizophrenieforschung. Klett-Cotta, Stuttgart
Cohen, J., Kinston, W. (1984), Repression theory: A new look at the cornerstone. Int. J. Psycho-Anal. 65, 411
Cremerius, J. (1977a), Grenzen und Möglichkeiten der psychoanalytischen Behandlungstechnik bei Patienten mit Überich-Störungen. Psyche 31, 593
Cremerius, J. (1977b), Übertragung und Gegenübertragung bei Patienten mit schwerer Überich-Störung. Psyche 31, 879
Cremerius, J. (1979), Gibt es zwei psychoanalytische Techniken? Psyche 33, 577
Cremerius, J. (1981), Die Präsenz des Dritten in der Psychoanalyse. Zur Problematik der Fremdfinanzierung. Psyche 35, 1
Cremerius, J. (1990), Die hochfrequente Langzeitanalyse und die psychoanalytische Praxis. Utopie und Realität. Psyche 44, 1
Cremerius, J. (1991a), Einige Bemerkungen zu »Analyse und Analysieren im Spiegel einer empirischen Studie« von C. Nedelmann u. R. Reiche. Psyche 45, 265
Cremerius, J. (1991b), Bemerkungen zu den Entgegnungen auf meinen Psyche-Beitrag »Die hochfrequente Langzeitanalyse und die psychoanalytische Praxis. Utopie und Realität«. Psyche 45, 271
Dahmer, H. (1973), Libido und Gesellschaft. Suhrkamp, Frankfurt/M.
Damm, S. (1985), Eine an Janovs Primärtherapie orientierte neuartige Methode der Gruppentherapie auf psychoanalytischer Grundlage. In: Kutter, P. (Hg.), Methoden und Theorien der Gruppenpsychotherapie. Psychoanalytische und tiefenpsychologische Perspektiven. Frommann-Holzboog, Stuttgart
Damm, S. (1989), Persönliche Mitteilung.
Deleuze, G., Guattari, F. (1974), Anti-Ödipus. Kapitalismus und Schizophrenie. Suhrkamp, Frankfurt/M.
Dell, P. F. (1986), Klinische Erkenntnis. Zu den Grundlagen systemischer Therapie. Modernes Lernen, Dortmund
Devereux, G. (1973), Angst und Methode in den Verhaltenswissenschaften. Hanser, München
Devereux, G. (1974), Normal und Anormal. Aufsätze zur Allgemeinen Ethnopsychiatrie. Suhrkamp, Frankfurt/M.
Devereux, G. (1984), Ethnopsychoanalyse. Die komplementaristische Methode in den Wissenschaften vom Menschen. 2. Aufl., Suhrkamp, Frankfurt/M.
Dörner, D. (1981), Über die Schwierigkeiten menschlichen Umgangs mit Komplexität. Psychol. Rundsch. 31, 163
Dörner, K. (1975), Bürger und Irre. Fischer, Frankfurt/M.
Emery, F. E. (ed.) (1969), Systems thinking. Penguin Books, Harmondsworth
Erikson, E. H. (1953), Wachstum und Krisen der gesunden Persönlichkeit. Klett, Stuttgart

Faber, F. R. (1984), Ärztliche Psychotherapie in der Praxis. Daten und Thesen. Dtsch. Ärztebl. 81, 3647
Fisch, R., Weakland, J. H. & Segal, L. (1982), Strategien der Veränderung. Systemische Kurzzeittherapie. Klett-Cotta, Stuttgart 1987
Foucault, M. (1969), Wahnsinn und Gesellschaft. Eine Geschichte des Wahns im Zeitalter der Vernunft. Suhrkamp, Frankfurt/M.
Freud, A. (1954), Der wachsende Indikationsbereich der Psychoanalyse. In: Schriften der Anna Freud. Band V. Kindler, München 1980
Freud, S. (1930), Das Unbehagen in der Kultur. Ges. Werke Band XIV. Fischer, Frankfurt/M.
Freud, S. (1937), Die endliche und die unendliche Analyse. Ges. Werke Band XVI. Fischer, Frankfurt/M.
Fürstenau, P. (1976), Die Verlaufsstruktur der nichtfokussierten psychoanalytischen Einzelbehandlung. In: Fürstenau, P. (1979)
Fürstenau, P. (1977), Die beiden Dimensionen des psychoanalytischen Umgangs mit strukturell ichgestörten Patienten. Ein Beitrag zur Erweiterung der psychoanalytischen Praxeologie. In: Fürstenau, P. (1979)
Fürstenau, P. (1979), Zur Theorie psychoanalytischer Praxis. Psychoanalytisch-sozialwissenschaftliche Studien. Klett-Cotta, Stuttgart
Gedo, J. E. (1979), Beyond interpretation. Toward a revised theory for psychoanalysis. Internat. Univ. Press, New York
Gedo, J. E. (1981), Advances in clinical psychoanalysis. Internat. Univ. Press, New York
Gente, H.-P. (Hg.) (1970), Marxismus, Psychoanalyse, Sexpol. Bd. I. Fischer, Frankfurt/M.
Gente, H.-P. (Hg.) (1972), Marxismus, Psychoanalyse, Sexpol. Bd. II. Fischer, Frankfurt/M.
Gill, M. M. (1982), Analysis of transference. Vol. I. Intern. Univ. Press, Madison, Connecticut
Gill, M. M., Holzmann, Ph. S. (eds.) (1976), Psychology versus metapsychology. Psychological Issues no. 36. Internat. Univers. Press, New York
Giovacchini, P. L. (ed.) (1972), Tactics and techniques in psychoanalytic therapy. Vol. I. Science House, New York
Giovacchini, P. L. et al. (eds.) (1975), Tactics and techniques in psychoanalytic therapy. Vol. II: Countertransference. Aronson, New York
Glover, E. (1955), The technique of psycho-analysis. Baillière, Tindall & Cox, London
Goldstein, A. P. (1978), Strukturierte Lerntherapie. Ansätze zu einer Psychotherapie der sozial Benachteiligten. Urban & Schwarzenberg, München, Wien
Grotstein, J. S. (1985), Splitting and projective identification. 3. ed., Aronson, New York, London
Grunberger, B. (1976), Vom Narzißmus zum Objekt. Suhrkamp, Frankfurt/M.

Guntrip, H. (1977), Schizoid phenomena, object relations and the self. Hogarth, London
Haley, J. (1963), Gemeinsamer Nenner Interaktion. Strategien der Psychotherapie. Pfeiffer, München 1978
Haley, J. (1973), Die Psychotherapie Milton H. Ericksons. Pfeiffer, München 1978
Haley, J. (1977), Direktive Familientherapie. Strategien für die Lösung von Problemen. Pfeiffer, München
Hartmann, H. (1939), Ich-Psychologie und Anpassungsproblem. Klett, Stuttgart 1960
Hartmann, H. (1964), Zur psychoanalytischen Theorie des Ich. Klett, Stuttgart
Hautzinger, M. (Hg.) (1981), Kognitive Therapie der Depression. Urban & Schwarzenberg, München, Berlin, Wien
Heigl, F. S., Neun, H. (Hg.) (1981), Psychotherapie im Krankenhaus. Behandlungskonzepte und -methoden in der stationären Psychotherapie. Vandenhoeck & Ruprecht, Göttingen
Heigl-Evers, A., Heigl, F. S. (1980), Zur Bedeutung des therapeutischen Prinzips der Interaktion. In: Haase, H.-J. (Hg.), Psychotherapie im Wirkungsbereich des Krankenhauses. Perimed, Erlangen
Heigl-Evers, A., Heigl, F. S. (1987), Die psychoanalytisch-interaktionelle Therapie. Eine Methode zur Behandlung präödipaler Störungen. In: Rudolf, G. et al. (Hg.), Psychoanalyse der Gegenwart. Vandenhoeck & Ruprecht, Göttingen
Heigl-Evers, A., Heigl, F. S. (1988), Zum Prinzip »Antwort« in der psychoanalytischen Therapie. In: Klussmann, R. et al. (Hg.), Aktuelle Themen der Psychoanalyse. Springer, Berlin, Heidelberg, New York, Tokyo
Heim, E. (1985), Praxis der Milieutherapie. Springer, Berlin, Heidelberg, New York, Tokyo
Helmchen, H. et al. (1982a), Psychiatrische Psychotherapie. In: Helmchen, H. et al. (Hg.), Psychotherapie in der Psychiatrie. Springer, Berlin, Heidelberg, New York
Helmchen, H. et al. (Hg.) (1982b), Psychotherapie in der Psychiatrie. Springer, Berlin, Heidelberg, New York
Hilpert, H., Schwarz, R., Beese, F. (Hg.) (1981), Psychotherapie in der Klinik. Von der therapeutischen Gemeinschaft zur stationären Psychotherapie. Springer, Berlin, Heidelberg, New York
Hoffman, L. (1982), Grundlagen der Familientherapie. Konzepte für die Entwicklung von Systemen. Isko, Hamburg
Hoffmann, N. (Hg.) (1979), Grundlagen kognitiver Therapie. Theoretische Modelle und praktische Anwendung. Huber, Bern, Stuttgart
Jacobson, E. (1977), Depression. Eine vergleichende Untersuchung normaler, neurotischer und psychotisch-depressiver Zustände. Suhrkamp, Frankfurt/M.

Jacobson, E. (1978), Das Selbst und die Welt der Objekte. Suhrkamp, Frankfurt/M.

Jaeggi, E. (1979), Kognitive Verhaltenstherapie. Kritik und Neubestimmung eines aktuellen Konzepts. Beltz, Weinheim, Basel

Janssen, P. L. (1979), Zur Identität verschiedener Berufsgruppen in einer stationären psychoanalytischen Therapie. In: Fischle-Carl, H. (Hg.), Theorie und Praxis der Psychoanalyse. Bonz, Stuttgart

Janssen, P. L. (1982), Psychoanalytisch orientierte Mal- und Musiktherapie im Rahmen stationärer Psychotherapie. Psyche 36, 541

Janssen, P. L. (1983), Behandlungsmodelle der stationären Psychosomatik und Psychotherapie. Prax. Psychother. Psychosom. 28, 95

Janssen, P. L. (1985), Auf dem Wege zu einer integrativen analytisch-psychotherapeutischen Krankenhausbehandlung. Forum Psychoanal. 1, 293

Janssen, P. L. (1987), Psychoanalytische Therapie in der Klinik. Klett-Cotta, Stuttgart

Janssen, P. L., Hekele, W. (1986), Die therapeutische Bedeutung des Malens im Gruppenprozeß psychoanalytischer Behandlungen. Gruppenpsychother. Gruppendynamik 22, 151

Janus, L. (1986), Zur Geschichte der psychoanalytischen Behandlungstechnik. Forum Psychoanal. 2, 1

Janus, L. (1989), Die Psychoanalyse der vorgeburtlichen Lebenszeit und der Geburt. Centaurus, Freiburg/Br.

Joraschky, P., Köhle, K. (1979), Maladaptation und Krankheitsmanifestation. Das Streßkonzept in der Psychosomatischen Medizin. In: Uexküll, T. von (Hg.), Lehrbuch der Psychosomatischen Medizin. Urban & Schwarzenberg, München, Wien, Baltimore

Kanfer, F. H., Goldstein, A. P. (Hg.) (1977), Möglichkeiten der Verhaltensänderung. Urban & Schwarzenberg, München, Wien

Keeney, B. P. & Ross, J. M. (eds.) (1985), Mind in therapy. Constructing systemic family therapies. Basic Books, New York

Kernberg, O. F. (1977), Borderline-Störungen und pathologischer Narzißmus. Suhrkamp, Frankfurt/M., 3. Aufl., 1988

Kernberg, O. F. (1981), Objektbeziehungen und Praxis der Psychoanalyse. Klett-Cotta, Stuttgart

Kernberg, O. F. (1984), Schwere Persönlichkeitsstörungen. Klett-Cotta, Stuttgart 1988

Keupp, H. (1972), Psychische Störungen als abweichendes Verhalten. Zur Soziogenese psychischer Störungen. Urban & Schwarzenberg, München, Berlin, Wien

Keupp, H. (Hg.) (1974), Verhaltensstörungen und Sozialstruktur. Epidemiologie: Empirie, Theorie, Praxis. Urban & Schwarzenberg, München, Berlin, Wien

Khan, M. M. R. (1977), Selbsterfahrung in der Therapie. Theorie und Praxis. Kindler, München

Kinston, W., Cohen, J. (1986), Primal repression: Clinical and theoretical aspects. Intern. J. Psycho-Anal. 67, 337
Klessmann, E. (1982), Symbolisierung von Beziehungen im Katathymen Bilderleben – frühe Objektbeziehungen und späte(re) Familienbeziehungsstörungen. In: Leuner, H. (Hg.), Psychotherapie mit dem Tagtraum. Ergebnisse II. Huber, Bern, Stuttgart
Klessmann, E. (1983), Das Katathyme Bilderleben als Spiegel gestörter Familienbeziehungen bei Kindern und Jugendlichen. In: Leuner, H. (Hg.), Katathymes Bilderleben, Ergebnisse in Theorie und Praxis. 2. Aufl., Thieme, Stuttgart, New York
Kohut, H. (1973), Narzißmus. Eine Theorie der psychoanalytischen Behandlung narzißtischer Persönlichkeitsstörungen. Suhrkamp, Frankfurt/M.
Kohut, H. (1979), Die Heilung des Selbst. Suhrkamp, Frankfurt/M.
Kohut, H. (1984), How does analysis cure? Univ. Chicago Press, New York
Kottje-Birnbacher, L. (1982), Das Katathyme Bilderleben der Dyade als Spiegel von Paarbeziehungen. In: Leuner, H. (Hg.) (1982b)
Kottje-Birnbacher, L. (1983), Erste Ergebnisse der Paartherapie mit dem Katathymen Bilderleben. In: Leuner, H. (Hg.) (1983)
Kottje-Birnbacher, L. (1984), Zur Interventionstechnik beim Dyaden-KB. In: Roth, J. W. (Hg.), Konkrete Phantasie. Neue Erfahrungen mit dem Katathymen Bilderleben. Huber, Bern, Stuttgart
Kraiker, C. (1980), Psychoanalyse, Behaviorismus, Handlungstheorie. Theoriekonflikte in der Psychologie. Kindler, München
Langs, R. (1978), Technique in transition. Aronson, New York, London
Lawrence, W. G. (ed.) (1979), Exploring individual and organizational boundaries. Wiley, Chichester, New York
Lebovici, S. (1978), Das Psychoanalytische Psychodrama. In: Petzold, H. (Hg.), Angewandtes Psychodrama. Junfermann, Paderborn
Leuner, H. (1982a), Katathymes Bilderleben. Grundstufe. 3. Aufl., Thieme, Stuttgart, New York
Leuner, H. (1982b), Psychotherapie mit dem Tagtraum. Ergebnisse II. Huber, Bern, Stuttgart
Leuner, H. (Hg.) (1983), Katathymes Bilderleben. Ergebnisse in Theorie und Praxis. 2. Aufl. Huber, Bern, Stuttgart
Lichtenberg, J. D. (1987), Die Bedeutung der Säuglingsbeobachtung für die klinische Arbeit mit Erwachsenen. Z. Psychoanal. Theor. Prax. 2, 123
Lidz, Th. (1987), Das menschliche Leben. Die Entwicklung der Persönlichkeit im Lebenszyklus. Band I und II. 2. Aufl., Suhrkamp, Frankfurt/M.
Loch, W. (1972), Zur Theorie, Technik und Therapie der Psychoanalyse. Fischer, Frankfurt/M.
Lohmann, H.-M. (Hg.) (1983), Das Unbehagen in der Psychoanalyse. Eine Streitschrift. Qumran, Frankfurt/M., Paris
Lohmann, H.-M. (Hg.) (1984), Die Psychoanalyse auf der Couch. Qumran, Frankfurt/M., Paris

Lorenzer, A. (1974), Die Wahrheit der psychoanalytischen Erkenntnis. Ein historisch-materialistischer Entwurf. Suhrkamp, Frankfurt/M.
Luborsky, L. (1984), Einführung in die analytische Psychotherapie. Springer, Berlin, Heidelberg, 1988
Luborsky, L., Crits-Christoph, P., Mintz, J. & Auerbach, A. (1988), Who will benefit from psychotherapy? Predicting therapeutic outcomes. Basic Books, New York.
Mahler, M. (1975a), Symbiose und Individuation. Psyche 29, 609
Mahler, M. (1975b), Die Bedeutung des Loslösungs- und Individuationsprozesses für die Beurteilung von Borderline-Phänomenen. Psyche 29, 1078
Marcuse, H. (1957), Eros und Kultur. Ein philosophischer Beitrag zu Sigmund Freud. Klett, Stuttgart
Marcuse, H. (1967), Der eindimensionale Mensch. Studien zur Ideologie der fortgeschrittenen Industriegesellschaft. Luchterhand, Neuwied, Berlin
Meltzer, D. (1978), The Kleinian development. Part I–III. Clunie, Pertshire
Miller, E. J. (ed.) (1976), Task and organization. Wiley, London, New York
Miller, E. J., Rice, A. K. (1967), Systems of organization. Tavistock, London, New York
Minuchin, S. (1978), Familien und Familientherapie. 2. Aufl., Lambertus, Freiburg/Br.
Minuchin, S. et al. (1981), Psychosomatische Krankheiten in der Familie. Klett-Cotta, Stuttgart
Minuchin, S., Fishman, H. C. (1983), Praxis der strukturellen Familientherapie. Strategien und Techniken. Lambertus, Freiburg/Br.
Moeller, M. L. (1978), Selbsthilfegruppen. Rowohlt, Reinbek
Morgenthaler, F. (1978), Technik. Zur Dialektik der psychoanalytischen Praxis. Syndikat, Frankfurt/M.
Moser, T. (1986), Das erste Jahr. Eine psychoanalytische Behandlung. Suhrkamp, Frankfurt/M.
Moser, T. (1987), Der Psychoanalytiker als sprechende Attrappe. Eine Streitschrift. Suhrkamp, Frankfurt/M.
Moser, T. (1989), Körpertherapeutische Phantasien. Psychoanalytische Fallgeschichten, neu betrachtet. Suhrkamp, Frankfurt/M.
Ogden, T. H. (1982), Projective identification and psychotherapeutic technique. Aronson, New York, London
Parin, P. (1975), Gesellschaftskritik im Deutungsprozeß. Psyche 29, 97
Parin, P. (1978), Der Widerspruch im Subjekt. Ethnopsychoanalytische Studien. Syndikat, Frankfurt/M.
Pesso, A. (1986), Dramaturgie des Unbewußten. Eine Einführung in die psychomotorische Therapie. Klett-Cotta, Stuttgart
Peterfreund, E. (1983), The process of psychoanalytic therapy. Erlbaum, Hillsdale, New York, London
Petzold, H. (Hg.) (1977), Psychotherapie und Körperdynamik. Verfahren

psychophysischer Bewegungs- und Körpertherapie. 2. Aufl., Junfermann, Paderborn
Petzold, H. (Hg.) (1982a), Die neuen Körpertherapien. 3. Aufl., Junfermann, Paderborn
Petzold, H. (Hg.) (1982b), Angewandtes Psychodrama in Therapie, Pädagogik und Theater. 3. Aufl., Junfermann, Paderborn
Pflanz, M. (1979), Medizinsoziologie. In: König, R. (Hg.), Handbuch der empirischen Sozialforschung. Bd. 14. 2. Aufl., Enke, Stuttgart
Racker, H. (1978), Übertragung und Gegenübertragung. Studien zur psychoanalytischen Technik. Reinhardt, München, Basel
Rad, M. von (1983), Alexithymie. Empirische Untersuchungen zur Diagnostik und Therapie psychosomatisch Kranker. Springer, Berlin, Heidelberg, New York
Reiter, L., Becker, A. M. (1977), Interdisziplinäre Zusammenarbeit und theoretischer Pluralismus: Programme und Probleme. In: Becker, A. M., Reiter, L. (Hg.), Psychotherapie als Denken und Handeln. Methodenvielfalt und Brücken zu Nachbardisziplinen. Festschrift für Hans Strotzka. Kindler, München
Richter, H. E. (1963), Eltern, Kind und Neurose. Psychoanalyse der kindlichen Rolle. Klett, Stuttgart
Richter, H. E. (1972), Die Gruppe. Hoffnung auf einen neuen Weg, sich selbst und andere zu befreien. Psychoanalyse in Kooperation mit Gruppeninitiativen. Rowohlt, Reinbek
Richter, H. E. (1974), Lernziel Solidarität. Rowohlt, Reinbek
Richter, H. E. (1976), Flüchten oder Standhalten. Rowohlt, Reinbek
Richter, H. E. (1977), Die Psychoanalyse und das Problem der sozialen Abhängigkeit. Psyche 31, 865
Richter, H. E. (1979), Der Gotteskomplex. Rowohlt, Reinbek
Rohde-Dachser, C. (1983), Das Borderline-Syndrom. 3. Aufl., Huber, Bern, Stuttgart, Wien
Rosenfeld, H. (1981), Zur Psychoanalyse psychotischer Zustände. Suhrkamp, Frankfurt/M.
Rosenfeld, H. (1987), Sackgasse und Interpretationen. Psychologie Verlags-Union, Weinheim 1990
Roth, J. W. (Hg.) (1984), Konkrete Phantasie. Neue Erfahrungen mit dem Katathymen Bilderleben. Huber, Bern, Stuttgart
Schafer, R. (1976), A new language for psychoanalysis. Yale Univ. Press, New Haven, London, Deutsche Teilausgabe: Eine neue Sprache für die Psychoanalyse. Klett-Cotta, Stuttgart 1982
Scheflen, A. E. (1981), Levels of schizophrenia. Brunner/Mazel, New York
Schmidtchen, S. (1978), Handeln in der Kinderpsychotherapie. Entwicklung und erste Überprüfung einer Theorie des zielgerichteten Therapeuten- und Klientenverhaltens. Kohlhammer, Stuttgart, Berlin, Köln, Mainz
Schneider, H. (1981), Die Theorie Piagets: ein Paradigma für die Psychoanalyse? Huber, Bern, Stuttgart, Wien

Schütz, R. (1983), Körperbezogene Therapien in einer Psychosomatischen Klinik. In: Studt, H. H. (Hg.), Psychosomatik in Forschung und Praxis. Urban & Schwarzenberg, München, Wien

Schütz, R. (1987), Irrtümer in der körperbezogenen Psychotherapie analytischer Orientierung. Ein Versuch zur klärenden Differenzierung. In: Lamprecht, F. (Hg.), Spezialisierung und Integration in Psychosomatik und Psychotherapie. Springer, Berlin, Heidelberg

Schütz, R., Besuden, F., Mang, S. (1988), Das körperliche Selbsterleben als Differenzierungshilfe bei Colitis ulcerosa versus Morbus Krohn. In: Rechenberger, H.-G., Werthmann, H.-V. (Hg.), Psychotherapie und Innere Medizin. Pfeiffer, München

Segal, H. (1983), Melanie Klein. Eine Einführung in ihr Werk. Fischer, Frankfurt/M.

Selvini Palazzoli, M., Boscolo, L., Cecchin, G. & Prata, G. (1975), Paradoxon und Gegenparadoxon. Klett-Cotta, Stuttgart 1978

Selvini Palazzoli, M. et al. (1984), Hinter den Kulissen der Organisation. Klett-Cotta, Stuttgart

Shazer, St. de (1985), Wege erfolgreicher Kurztherapie. Klett-Cotta, Stuttgart 1989

Shazer, St. de (1988), Der Dreh. Überraschende Wendungen in der Kurzzeittherapie. Auer, Heidelberg 1990

Spazier, D., Bopp, J. (1975), Grenzübergänge. Psychotherapie als kollektive Praxis. Suhrkamp, Frankfurt/M.

Spence, D. P. (1982), Narrative truth and historical truth. Norton, New York

Spence, D. P. (1987), The Freudian metaphor. Toward paradigm change in psychoanalysis. Norton, New York, London

Stephanos, S. F. (1979), Das Konzept der »pensée opératoire« und das »psychosomatische Phänomen«. In: Uexküll, T. von (Hg.), Lehrbuch der Psychosomatischen Medizin. Urban & Schwarzenberg, München, Wien, Baltimore

Stierlin, H. (1978), Delegation und Familie. Suhrkamp, Frankfurt/M.

Stierlin, H., Rücker-Embden, I., Wetzel, N. & Wirsching, M. (1977), Das erste Familiengespräch. Klett-Cotta, Stuttgart

Stolorow, R. D., Lachmann, F. M. (1980), Psychoanalysis of developmental arrests. Internat. Univ. Press, Madison, Conn.

Stork, J. (Hg.) (1986), Zur Psychologie und Psychopathologie des Säuglings. Frommann, Stuttgart

Strotzka, H. (Hg.) (1978), Psychotherapie: Grundlagen, Verfahren, Indikationen. 2. Aufl., Urban & Schwarzenberg, München, Berlin, Wien

Strotzka, H. (Hg.) (1980), Der Psychotherapeut im Spannungsfeld der Institutionen. Erfahrungen, Forderungen, Fallbeispiele. Urban & Schwarzenberg, München, Wien, Baltimore

Strupp, H. H., Hadley, S. W. & Gomes Schwartz, B. (1977), Psychotherapy for better or worse. The problem of negative effects. Aronson, New York

Strupp, H. H. & Binder, J. L. (1984), Kurzpsychotherapie. Klett-Cotta, Stuttgart 1991
Szasz, T. S. (1978), Psychiatrie. Die verschleierte Macht. Fischer, Frankfurt/M.
Szasz, T. S. (1982), Schizophrenie. Das heilige Symbol der Psychiatrie. Fischer, Frankfurt/M.
Thomä, H., Kächele, H. (1985), Lehrbuch der psychoanalytischen Therapie. 1. Band. Springer, Berlin, Heidelberg
Uexküll, T. von (Hg.) (1981), Integrierte psychosomatische Medizin. Modelle in Praxis und Klinik. Schattauer, Stuttgart, New York
Viderman, S. (1970), La construction de l'espace analytique. Denoel, Paris
Viederman, M. (1989), Personality change through life experience. The role of ego ideal, personality and events. In: Cooper, A. M. et al. (ed.), Psychoanalysis. Toward the second century. Yale Univ. Press, New Haven, London
Volkan, V. P. (1978), Psychoanalyse der frühen Objektbeziehungen. Klett-Cotta, Stuttgart
Wallerstein, R. S. (1986), Forty-two lives in treatment. A study of psychoanalysis and psychotherapy. Guilford Press, New York, London
Wallerstein, R. S. (1990), Zum Verhältnis von Psychoanalyse und Psychotherapie. Psyche 44, 967
Watzlawick, P. (1977), Die Möglichkeit des Andersseins. Huber, Bern, Stuttgart, Wien
Watzlawick, P., Beavin, J. H., Jackson, D. D. (1969), Menschliche Kommunikation. Formen, Störungen, Paradoxien. Huber, Bern, Stuttgart, Wien
Watzlawick, P., Weakland, J. H. & Fisch, R. (1974), Lösungen. Zur Theorie und Praxis menschlichen Wandels. Huber, Bern
Weiss, J., Sampson, H. et al. (1986), The psychoanalytic process. Guilford Press, New York, London
Wilke, E. (1981), Neuere Ergebnisse in der Behandlung psychosomatisch Erkrankter mit dem Katathymen Bilderleben. Vortrag Bad Lauterberg
Wing, J. K. (ed.) (1978), Schizophrenia. Towards a new synthesis. Grune & Stratton, New York
Winnicott, D. W. (1954), Metapsychologische und klinische Aspekte der Regression im Rahmen der Psychoanalyse. In: Winnicott, D. W. (1976)
Winnicott, D. W. (1974), Reifungsprozesse und fördernde Umwelt. Kindler, München
Winnicott, D. W. (1976), Von der Kinderheilkunde zur Psychoanalyse. Kindler, München
Wirsching, M., Stierlin, H. (1982), Krankheit und Familie. Konzepte, Forschungsergebnisse, Therapie. Klett-Cotta, Stuttgart
Wulff, E. (1972a), Psychiatrie und Klassengesellschaft. Zur Begriffs- und Sozialkritik der Psychiatrie und Medizin. Athenäum, Fischer, Frankfurt/M.

Wulff, E. (1972b), Kritische Sozialpsychiatrie in der Bundesrepublik. In: Dörner, K., Plog, U. (Hg.), Sozialpsychiatrie. Psychisches Leiden zwischen Integration und Emanzipation. Luchterhand, Neuwied, Berlin
Wulff, E. (1980), Nachwort. In: Simons, T. (Hg.), Absage an die Anstalt. Programm und Realität der demokratischen Psychiatrie in Italien. Campus, Frankfurt/M., New York

Nachweise

1. Wandlungen des Verständnisses und der Therapie psychogener Störungen in jüngster Zeit
   Aus: K. P. Kisker u. a. (Hg.), Psychiatrie der Gegenwart. 3. Aufl., Band I. Springer, Heidelberg, Berlin 1986
2. Paradigmawechsel in der Psychoanalyse (angesichts der strukturellen Ich-Störungen)
   Vorgetragen auf der 15. Arbeitstagung des Deutschen Kollegiums für Psychosomatische Medizin Berlin Dezember 1981.
   Aus: H. H. Studt (Hg.), Psychosomatik in Forschung und Praxis. Urban & Schwarzenberg, München 1983
3. Entwicklungsförderung oder Orientierung an der Defizienz? Plädoyer für zielgerichtetes psychoanalytisch-therapeutisches Handeln
   Vorgetragen auf der Jubiläumstagung der Deutschen Gesellschaft für Psychoanalyse, Psychotherapie, Psychosomatik und Tiefenpsychologie (DGPT) Darmstadt Oktober 1989.
   Aus: U. Streeck u. H.-V. Werthmann (Hg.), Herausforderungen für die Psychoanalyse. Pfeiffer, München 1990
4. Progressionsorientierte psychoanalytisch-systemische Therapie. Zur Revision des Therapiekonzepts der Psychoanalyse
   Vorgetragen auf dem XV. Internationalen Kongreß für Psychotherapie Hannover September 1991.
   Aus: Forum der Psychoanalyse 8 (1992), Heft 1
5. Ichpsychologische Konsequenzen der Ausweitung des Anwendungsbereiches der Psychoanalyse
   Vorgetragen auf dem Symposion anläßlich des 65. Geburtstages von Hans Quint und des 10jährigen Bestehens der Klinik für Psychothe-

rapie und Psychosomatik an der Rheinischen Landes- und Hochschulklinik der Universität Essen in Essen Mai 1987.
Aus: P. L. Janssen u. G. H. Paar (Hg.), Reichweite der Psychoanalytischen Therapie. Springer, Berlin, Heidelberg 1989

6. Die Baby-mit-Mutter-Logik und der erwachsene Patient. Zum Umgang mit Frühstörungsmanifestationen in psychoanalytischen Behandlungen
Teile des Manuskripts wurden vorgetragen auf den 16. Norddeutschen Psychotherapie-Tagen Lübeck Oktober 1987 und dem 1. Dortmunder Symposion für Psychotherapie der Westfälischen Klinik für Psychiatrie Dortmund Februar 1989. Aus: P. L. Janssen (Hg.), Psychoanalytische Therapie der Borderline-Störungen. Springer, Berlin, Heidelberg 1990
7. Der Psychoanalytiker als systemisch arbeitender Therapeut. Antizipation eines neuen Berufsbildes.
Vorgetragen unter dem Titel »Analysieren als Beruf« auf der Arbeitstagung der Deutschen Psychoanalytischen Vereinigung Stuttgart November 1979.
Aus: Familiendynamik 9 (1984), 166
8. Das Katathyme Bilderleben aus der Sicht einer differenzierten psychoanalytischen Behandlungstheorie.
Vorgetragen auf der 3. Wissenschaftlichen Tagung der Internationalen Gesellschaft für Katathymes Bilderleben München Dezember 1983.
Aus: Praxis der Psychotherapie und Psychosomatik 30 (1985), 80
9. Psychiatrische Psychotherapie in der Klinik auf systemisch-psychoanalytischer Grundlage
Vorgetragen auf dem Wissenschaftlichen Symposion anläßlich des 65. Geburtstages des Leitenden Arztes der Rheinischen Landesklinik Düren Helmut Koester Düren April 1988.
Aus: E. Knauer (Hg.), Moderne Psychiatriegeschichte. Janssen GmbH., Neuss 1989
10. Stationäre Psychotherapie im Jahre 2000. Die Klinik für psychoanalytisch-systemische Therapie
Vorgetragen auf dem Symposion der Psychosomatischen Klinik Kinzigtal anläßlich des 60. Geburtstages des Ärztlichen Direktors Georg Wittich und des 25jährigen Bestehens der Klinik in Gengenbach Oktober 1990 und auszugsweise unter dem Titel »Psychoanalytische Therapie als neue Erfahrung« auf dem 21. Internationalen Seminar der Österreichischen Gesellschaft für Autogenes Training und allgemeine Psychotherapie Badgastein September 1990.
Aus: F. Sedlak u. G. Gerber (Hg.), Beziehung als Therapie. Therapie als Beziehung. Reinhardt, München, Basel 1992
11. Psychoanalytisch-systemische Teamsupervision im psychiatrisch-psychosomatischen Bereich zwecks Förderung der Teamentwicklung
Auszugsweise vorgetragen auf dem 2. Dortmunder Symposion für

Psychotherapie der Westfälischen Klinik für Psychiatrie Dortmund Oktober 1990.
Aus: P. L. Janssen (Hg.), Psychotherapie durch das Team. Janssen GmbH., Neuss 1992

12. Konsequenzen der systemtheoretischen Orientierung für die psychoanalytische Gruppentherapie
Vorgetragen auf dem Symposion der Medizinischen Einrichtungen der Universität Düsseldorf anläßlich des 60. Geburtstages von Annelise Heigl-Evers Düsseldorf Mai 1981.
Aus: Gruppenpsychotherapie und Gruppendynamik 18 (1982), 68
13. Die Anwendung psychoanalytisch-systemischer Orientierung auf die Gruppentherapie
Teilweise vorgetragen auf der Tagung der Sektion Klinik und Praxis des Deutschen Arbeitskreises für Gruppenpsychotherapie und Gruppendynamik Bad Honnef April 1990.
Aus: Gruppenpsychotherapie und Gruppendynamik 26 (1990), 197
14. Thesen zur Bedeutung von Rahmenbedingungen und rahmenbezogenen Konflikten in der Gruppenarbeit
Vorgetragen auf der Intersektionellen Tagung des Deutschen Arbeitskreises für Gruppenpsychotherapie und Gruppendynamik Düsseldorf November 1985.
Aus: Gruppenpsychotherapie und Gruppendynamik 21 (1986), 363
15. Der institutionelle Aspekt ambulanter Gruppenpsychotherapie
Vorgetragen auf der 8. Arbeitstagung des Deutschen Arbeitskreises für Gruppenpsychotherapie und Gruppendynamik Nürnberg November 1978.
Aus: Gruppenpsychotherapie und Gruppendynamik 17 (1982), 309

Namensregister

Sachregister